基金项目：

2024年湖南省社会科学评审委员会一般项目"周敦颐思想德国传播研究"（XSP24YBC498）阶段性成果

2024年湖南省社会科学评审委员会重点项目"周敦颐理学文化研究"（XSP24ZDI023）阶段性成果

2024年度湖南省普通本科高校教学改革研究项目"数字人文视域下周敦颐理学文化育人研究与实践"（202401001412）阶段性成果

湘南学院中国语言文学校级应用特色学科科研成果

彭欢 著

周敦颐与郴州

濂溪理学研究新论

上海三联书店

总　序

《周敦颐理学研究丛书》的选题范围定位为周敦颐及儒家理学研究。

周敦颐的理学思想，主要体现在《太极图说》和《通书》两部著作中，可以视为一个比较核心的系列。其中《通书》初名《易通》，全称当作《易通书》，通论《易经》六十四卦，而合并为四十章，又糅合《中庸》之"诚"，形成一种《易》《庸》之学。而《太极图说》的主体应当是《太极图》，其《说》匹配其《图》，体例上属于上古图文之学，与《河图》《洛书》同一渊源。但《太极图》流传至今，受到雕版的限制，图形多有差异，宋本《太极图》的图形大约有两种类型，各有错讹，均不完备。而对于《太极图》的授受以及"无极"概念是否成立，南宋已有朱子与陆子的激烈辩论。自朱子、张栻以下历元、明、清、民国，对《太极图说》的注解极多，已构成一个专题系列。《太极图说》言"无极而太极""太极本无极"，就其独到价值而言，应当称为"无极图说"，"太极"是《易传》原有概念，"无极"才是周敦颐的独创，"无极"与"太极"的形上思辨应当是中古时期中国哲学的最大问题。

周敦颐的相关文献，有《濂溪集》《濂溪志》《濂洛关闽书》《近思录》《性理大全》等，并各自构成一个专题系列。《濂溪集》以及《周子书》分在集部和子部，理学部分则大致相同，宋、明、清时期多有编纂刊刻，近年已有影印集成。《濂溪志》是志书体的周敦颐专志，包括周敦颐的理学著作以及以濂溪祠、濂溪书院为中心的诰命、碑记和纪咏，明、清两代刊刻亦夥。《濂洛关闽书》及《宋四子抄释》是周敦颐、二程、张载、朱子著作选编的合集，而得名则受朱子所编《伊洛渊源录》的影响，这类文献也已构成了一个专题系列。《近思录》出于朱子与吕祖谦之手，卷一收录《太极图说》全文，此书传播极广，学子几于人手一册，而《太极图说》亦借以传播推广。《性理大全》为明儒奉敕官修，清代又有御纂《性理精义》，卷一均首录《太极图说》全文。朱子门人陈淳纂《性理字义》，蔡渊、黄榦弟子熊刚大纂《性理群书》，"性理"之名由是而起，明、清两代由于科举的推动，"性理"类读本层出不穷，推动了理学思想的社会普及，近年性理文献也有影印出版。此外，元儒、清儒都编有《濂洛风雅》，汇集理学家的诗作，可以视为理学诗的合集。周子后裔又汇编纪咏诗文为《濂溪遗芳集》，而在各种《周氏家谱》中也往往收录周敦颐的主要著作，可以视为《濂溪集》的别本。

《宋史·道学传》《宋元学案·濂溪学案》等书阐释了周敦颐在中国儒学史上的地位。周敦颐的思想学说经过朱子等人的阐发，再经史馆官修《宋史》的肯定，确定为理学的开山人物，居于濂洛关闽之首，"周程张朱"遂成为理学的正脉。而两宋理学与晚周时期的"孔曾思孟"同条共贯，与老庄道家之类同时并流，诸子十家均以唐虞三代"姚姒子姬"为总源。"姚姒子姬"是中国学术传统的经学、王官学形态，"孔曾思孟"是中国学术传统的诸子儒家形态，"周程张朱"是中国学术传统的理学、道学形态。"姚姒子姬"是中国学术传统的开端，"孔曾思孟"是中国学术传统的上古中兴，"周程张朱"是中国学术传统的中古中兴。中国学术传统上下绵历四五千年，屡蹶屡起而不绝，其大纲谱系称为"道统"，其详见于《伊洛渊源录》《道命录》《道南录》各书。

东亚各国，同文同伦。近数百年以来，理学在古代韩国、日本、琉球、越南的影响极大，古代韩国有《圣学十图》，以周敦颐《太极图》为"第一太极图"，又有《太极问辩》、《太极书撰集辩诬录》，古代日本有各种《太极图述》《太极图说钞》《太极图说解》《太极图说谚解》《太极图说十论》以及多种《太极图》《通书》和《近思录》讲义。理学在时间上有纵向的展开，在空间上又有横向的展开。

理学、道学，义蕴弘深。"理学"又称"道学"，又称"性理学"。推崇"理"而不推崇"欲"，故名"理学"。推崇"道"而不推崇"物"，故名"道学"。《书经》《道经》《论语》《荀子》四种文献俱载尧舜禹三圣心传"人心惟危，道心惟微；惟精惟一，允执厥中"十六字，前两句揭示"人心""道心"的难题，后两句指出"精一""执中"的对策，花开两朵，各表一枝，一面开出后世"道学"的源流，一面开出后世"心学"的源流。秦汉以后，汉学、宋学、理学、道学、心学，乃至实学、考据学，无一不在"道心""人心"的总纲上延展表现。

理学、道学自有其历史使命与当下意义。宋儒认为"人欲横流"是社会文明的大敌，"人于天理昏者，是只为嗜欲乱着他"。理学的精神宗旨萃集于《四书》，而其悲悯蒿目全在《乐记》一篇，所谓"夫物之感人无穷，而人之好恶无节，则是物至而人化［于］物也。人化［于］物也者，灭天理而穷人欲者也"，恰似预言今日人欲横流之困局。

周敦颐（1017—1073），字茂叔，号濂溪，谥元，学者尊称濂溪先生、周濂溪、周元公、周子。北宋中期真宗、仁宗、英宗、神宗时期在世，曾任湖南郴县知县、桂阳知县及郴州知军，故有"三仕郴阳"之说。又在郴州授学二程兄弟，传《太极图》。为此，湘南学院于2022年6月成立周敦颐研究院，12月周敦颐纪念馆建成开放，2023 年获批湖南省社科研究基地，今年又有组织出版《周敦颐理学研究丛书》之举。

周敦颐的理学著作言简意赅，《太极图说》249 字，《通书》2832 字，其他如《爱莲说》119 字，《拙赋》65 字。学者阐发其哲学思想，或揭示其存世文献，不甚容易，非在义理上不厌其精、反复研磨，在文献上尽量扩充、不遗一言不可。

以"周敦颐理学"为主题的学术丛书是海内首次编纂出版。本丛书在已出著作的铨衡寔正方面，未出著作的选题推荐方面，均望得到学界同仁的关注和支持。

张京华

2024 年 3 月写于湘南学院

目　录

前　言

习近平总书记指出：要把马克思主义基本原理同中国具体实际、同中华优秀传统文化相结合。中华优秀传统文化是中华民族的突出优势，要推动中华优秀传统文化创造性转化、创新性发展，不断提高人民思想觉悟、道德水平、文明素养，不断铸就中华文化新辉煌。

理学是两宋时期的儒家学说，是一个时代学术思想的统称，至南宋末期被采纳为官方哲学。在中国思想史的排序中，位于先秦诸子、两汉经学、魏晋玄学、隋唐佛学之后，我们称之为宋明理学。理学的出现对后世政治文化产生了深远影响。它实际上是我国宋、元、明、清四代思想的主流，主掌中国思想界长达七百多年。宋明理学以儒家学说为本位，出入佛老，积极吸收整合佛、道学说，在儒、佛、道鼎足而三的思想格局中维护儒学的正统地位。宋代儒者重拾内圣外王的人伦价值理想，由生机、和谐、光明而肯定人生现实的价值意义。

周敦颐是宋代理学的开创者。他融汇《易经》《中庸》《道德经》等中国经典，并为宋以后的理学家提供了"无极""太极""元贞""至诚"等宇宙本体论的范畴。濂溪理学将天、道、人统一起来，实现"天道性命"的贯通，从宇宙本体论的角度论述人生道德，构筑了具有中国特色的哲学视域。这一独特视角改变了中国哲学重视道德训诫、轻视本体论思辨的倾向。濂溪理学作为中华优秀传统思想文化中兴的文化样态，在宋初匡正世道颓废的痼疾、融汇儒、释、道三家思想为本体，赓续了数千年的儒家正脉。

宋仁宗庆历六年（1046）冬，周敦颐任郴县令，于鱼鲜山建周茂叔读书堂。宋仁宗皇祐二年（1050），周敦颐任桂阳令（今汝城县），于桂阳县衙亲设书匦藏储官文。宋神宗熙宁元年（1068），周敦颐有知郴州军的任命。周敦颐在郴州三次任职经历，古称"三仕郴阳"。这是郴州重要的历史文化资源。郴州地处悠境，充盈清淑之气，是濂溪先生的仕宦之地、遐思之地、过化之地。

为了弘扬中华优秀传统文化，重温濂溪理学，传承地方文脉，笔者撰写了《周敦颐与郴州——濂溪理学新论》一书。全书共分为八章，分别从濂溪先生生平研究、濂溪先生"三仕郴阳"、濂溪先生与"周程授受"、濂溪先生的作品解读、郴州的濂溪祠和濂溪书院考述、郴州纪咏濂溪诗文研究、濂溪先生历史地位概说、郴州濂溪书院碑记等角度展现周敦颐的文化遗产。

当下，以新的人文思路，讲好周敦颐与郴州的故事，揄扬濂溪理学的文化精神，发挥"周程授受"的核心要义，辑录拜谒濂溪遗迹的地方文人，端详纪咏濂溪诗文的经纬，其目的是让郴州濂溪文化更加系统、更加清晰、更加丰富。同时，这也是推进中华优秀传统文化创造性转化与创新性发展，推进马克思主义基本原理同中华优秀传统文化相结合，对郴州这方水土的历史文化进行一次重温。

第一章　濂溪先生生平研究

　　周敦颐（1017—1073），字茂叔，北宋道州营道（今湖南道县）人，世称"濂溪先生"。宋宁宗嘉定十三年（1220）赐谥"元"，宋理宗淳祐元年（1241）封为汝南伯，元仁宗延祐六年（1319）封为道国公。周敦颐是北宋著名的哲学家、思想家、文学家，是宋代理学的奠基人，也是湖湘学派的开创者。周敦颐著有《太极图说》《通书》《爱莲说》《拙赋》《养心亭说》等著作，其思想是人类重要的精神财富。

　　周敦颐为宋初文人，生前的政坛地位和文坛成就并未显赫、突出，其仕途官宦仅限于南方诸地，未及中枢，但他却因"周程授受""廉洁自律""以莲自况"的感人事迹赢得了后人的称誉；其诗歌只有零散的三十余篇作品传世，尚有诗文著述湮没不传，但他却有《爱莲说》这篇隽永之作刻印流传，为他在中国古代文学史上留下了一抹独特的光彩；他虽然著述不丰，却以《太极图说》《通书》赓续儒家道统而传名于后世。南宋湖南安抚使魏了翁疏曰："先生博学力行、会道有元，脉络贯通上接乎洙泗，条理精密下逮乎河洛，以元易名庶几百世之下，知孟氏之后，明圣道者必自濂溪始。"①既对周敦颐"博学力行"的事迹致以褒扬，亦将他与孟氏并举，赞赏他为"明圣道者"。然而当下学界对周敦颐生平的介绍多以各朝濂溪志年谱为资料来源，有鉴于此，笔者在前人整理研究的基础上结合宗谱文献，侧重于濂溪先生的家世名号、生卒月日、仕宦经历，对周敦颐生平事迹做些细枝末节的补充，既以见周敦颐人生经历之一斑，亦可为研究其著述、创作提供知人论世之依据。

第一节　濂溪先生生平之概况

李时人编著的《中国文学家大辞典·宋代卷》有周敦颐小传，兹予摘录如下：

> 周敦颐（1017—1073）原名敦实，避英宗旧讳改今名，字茂叔，道州营道（今湖南道县）人。少孤养于外家，景祐中，以舅父郑向荫，奏补试将作监主簿，授洪州分宁县主簿。为南安军司理参军，移郴州桂阳令。改大理寺丞，知洪州南昌县。改虞部员外郎，通判合、虔二州。熙宁元年，知郴州，为广南东路转运判官。三年，提点本路刑狱以疾乞知南康军，分司南京。家于庐山莲花峰下，门前有溪，名濂溪，学者又称为濂溪先生。六年卒，年五十七。南宋嘉定时赐谥元公。淳祐元年，封汝南伯，从祀孔子庙庭。敦颐博学，善谈名理，精于《易》理，为宋代理学创始人，程颢、程颐皆从之学。在宋代理学家中，他最早提出"文所以载道"说，谓"文辞，艺也；道德，实也"，"不知务道德，而第以文辞为能者，艺焉而

---

① 清嘉庆《道州志》卷七，清嘉庆二十五年刻本，第29页。

已"(《通书·文辞》)。

又云:"圣人之道,入乎耳,存乎心,蕴之为德行,行之为事业,彼以文辞而已者陋矣。"(《通书·陋》)这又开道学家重道轻文之先声。其诗文精粹深密,有"光风霁月"之态(黄庭坚《濂溪诗并序》)。散文如《爱莲说》,以莲花"出淤泥而不染,濯清涟而不妖",比喻君子高风亮节,为脍炙人口的名篇。诗如"花落柴门掩夕晖,昏鸦数点傍林飞。吟余小立阑干外,遥见樵渔一路归"(《春晚》);"三月山方暖,林花互照明。路盘层顶上,人在半空行"(《同宋复古游山颠至大林寺》),意象生动,富于情韵,绝无道学家气。著有《太极图》《易说》《易通》数十篇,诗十卷(潘兴嗣《墓志铭》)。文集在北宋时未有刻本,在南宋时有两种刻本:一为道州守萧一致刻《濂溪先生大成集》七卷,一为萍乡进士易统刻《濂溪先生大全集》七卷,两本互有差误(《读书附志》卷下)。明清时代屡经刊修,现存主要版本有:宋刊本《元公周先生濂溪集》十二卷、年表一卷,明嘉靖十四年刊《濂溪集》六卷,明万历四十年刊《周子全书》七卷,明天启四年刊《宋濂溪周元公集》十三卷,清康熙四十七年张氏正谊堂刊《周濂溪先生全集》十三卷,《四库全书》本《周元公集》九卷。版本丛杂,然经校核,各本篇数文字无大差异。《全宋诗》卷四一一录其诗一卷。《全宋文》卷一〇七三至一〇七四收其文二卷。事迹见潘兴嗣《濂溪先生墓志铭》、朱熹《濂溪先生行实》(《濂溪集》附),《宋史》卷四二七本传。又,宋度正,明周与爵、周沈珂,清吴大镕,近人许毓峰均编有《周敦颐年谱》①。

该条目叙其仕宦、生平遭遇等内容都较为粗略梗概,许多细节付之阙如;

---

① 曾枣庄:《中国文学家大辞典·宋代卷》,中华书局,2004年,第582页。

中间篇幅主要述其著述情况，也有一些遗漏。披检元明清史传资料，元代官修正史，脱脱等编纂定本《宋史》卷四百二十七将周敦颐收入《道学传》中，列于《道学传》之首，程颢、程颐、张载、邵雍皆附载于周敦颐的传记之后，而且赞曰："周敦颐出于舂陵，乃得圣贤不传之学，作《太极图说》《通书》，推明阴阳五行之理，命于天而性于人者，了若指掌。"①《宋史·道学传》有周敦颐传，现摘录如下：

　　周敦颐，字茂叔，道州营道人。元名敦实，避英宗旧讳改焉。以舅龙图阁学士郑向任，为分宁主簿。有狱久不决，敦颐至，讯立辨。邑人惊曰："老吏不如也。"部使者荐之，调南安军司理参军。有囚法不当死，转运使王逵欲深治之。逵，酷悍吏也，众莫敢争，敦颐独与之辨，不听，乃委手板归，将弃官去，曰："如此尚可仕乎！杀人以媚人，吾不为也。"逵悟，因得免。

　　移郴之桂阳令，治绩尤著。郡守李初平贤之，语之曰："吾欲读书，何如？"敦颐曰："公老无及矣，请为公言之。"二年果有得。徙知南昌，南昌人皆曰："是能辨分宁狱者，吾属得所诉矣。"富家大姓、黠吏恶少，惴惴焉不独以得罪于令为忧，而又以污秽善政为耻。历合州判官，事不经手，吏不敢决。虽下之，民不肯从。部使者赵抃惑于谮口，临之甚威，敦颐处之超然。通判虔州，抃守虔，熟视其所为，乃大悟，执其手曰："吾几失君矣，今而后乃知周茂叔也。熙宁初，知郴州。用抃及吕公著荐，为广东转运判官，提点刑狱，以洗冤泽物为己任。行部不惮劳苦。虽瘴疠险远，亦缓视徐按。以疾求知南康军。因家庐山莲花峰下。前有溪，合于溢江，取

---

①　（元）脱脱：《宋史》卷四百二十七，中华书局，1985 年，第 12710 页。

营道所居濂溪以名之。抃再镇蜀，将奏用之，未及而卒，年五十七。

黄庭坚称其"人品甚高，胸怀洒落，如光风霁月。廉于取名而锐于求志，薄于徼福而厚于得民，菲于奉身而燕及茕嫠，陋于希世而尚友千古"。

博学力行，著《太极图》，明天理之根源，究万物之终始。其说曰：

无极而太极。太极动而生阳，动极而静，静而生阴，静极复动，一动一静，互为其根，分阴分阳，两仪立焉。阳变阴合，而生水、火、木、金、土。五气顺布，四时行焉。五行一阴阳也，阴阳一太极也，太极本无极也。五行之生也，各一其性。无极之真，二五之精，妙合而凝，乾道成男，坤道成女，二气交感，化生万物，万物生生，而变化无穷焉。

惟人也得其秀而最灵，形既生矣，神发知矣。五性感动而善恶分，万事出矣。圣人定之以中正仁义而主静，立人极焉。故圣人与天地合其德，日月合其明，四时合其序，鬼神合其吉凶。君子修之吉，小人悖之凶。故曰："立天之道，曰阴与阳。立地之道，曰柔与刚。立人之道，曰仁与义。"又曰："原始反终，故知死生之说。"大哉《易》也，斯其至矣。

又著《通书》四十篇，发明太极之蕴。序者谓"其言约而道大，文质而义精，得孔、孟之本源，大有功于学者也"。

掾南安时，程珦通判军事，视其气貌非常人，与语，知其为学知道，因与为友，使二子颢、颐往受业焉。敦颐每令寻孔、颜乐处，所乐何事，二程之学源流乎此矣。故颢之言曰："自再见周茂叔后，吟风弄月以归，有'吾与点也'之意。"侯师圣学于程颐，未悟，访敦颐，敦颐曰："吾老矣，说不可不详。"留对榻夜谈，越三日乃还。颐惊异之，曰："非从周茂叔来耶？"其善开发人类此。

嘉定十三年，赐谥曰元公，淳祐元年，封汝南伯，从祀孔子庙廷。

二子寿、焘，焘官至宝文阁待制。

《宋史》从周敦颐生平与主要著述两个角度进行概括，也有不详尽之处。披检周敦颐仕宦之地的地方志等资料，明、清官修江西、湖南等地的地方志中虽也有周敦颐其人，但小传也只是略记其在任上经历及"循良""行义"简略事迹。查阅《赣州志》《郴州志》《桂阳志》等地方志的职官表、人物志，所记都较为简略，如《赣州府志》所记：

> 周敦颐，字茂叔，湖广春陵人，学者称濂溪先生。初试主簿，迁分宁，能决疑狱，有声望。部使者荐为南安司理参军，有囚法不当死。运使王逵，性深刻，欲深治之，敦颐独与辩。不听，委手板，曰：尚可仕乎，杀人媚人，吾不为也。欲弃官去，逵悟，囚得免。时茂叔年少不为人所知，兴国宰程珦，假倅南安，视其气貌非常人，与语，果知道者。令二子，明道、伊川师之。及判合州，赵抃为监司，惑于谮口，临之甚威，敦颐处之怡然。既而判虔州，抃为守，熟视其所为，乃大悟，执其手曰：吾几失君，今日乃知周茂叔也。后用赵抃、吕公著荐，擢广东漕运虞部郎中，改提刑。卒谥元公，封汝南伯，从祀庙庭。①

如其仕宦历时最久之地的《郴州总志》卷二十三《名宦志》所记，兹引录如下：

> 周敦颐，字茂叔，道州营道人。大中祥符八年，公父辅成登进士，早卒。仙居县龙图阁郑向其舅也，太君郑氏偕公依之。仁宗景祐间，以舅荫补官，授洪州分宁主簿，调南安司理参军。因荐移郴令，劝农桑，兴学校，以道学倡士，类士皆从化。调为桂阳令，治绩尤著。任四载，改大理

---

① 明嘉靖《赣州府志》卷八，明嘉靖刻本，第2页。

寺丞。熙宁四年，知郴州军，郴与桂盖已三沐先生之遗爱焉。赵公抃、吕公著荐为广南东路转运司判官，转虞部郎中。因疾求知南康军，遂家于庐山峰下，终老焉。嘉靖九年，始定为先儒，从祀西庑名宦，复于旧学之右，立濂溪祠春秋致祭云。

赞曰：自古循良之吏，非才之难，而德之难。况郴地当三省要区，瑶夷杂处，非运德于才，不足以驭边疆。能膺是职者，厥维艰哉！乃读范史所载东汉循吏十二人，而郴有其二，何其盛也！及宋濂溪周子三治郴，以大儒学术发为政事，过化存神之妙，夐乎尚矣，何郴之幸欤！盖择人而畀，非人莫任也。故历汉以来，代不乏治人，人不乏治绩，而此落落数十贤守，独能生有荣号，没见奉祀，才为之欤，抑德为之欤？所为致去思之碑，而流遗爱之涕者，有由然也。三代之直在民，郴岂好诼为哉！[1]（熙宁四年当作熙宁元年。）

诸种地方志中，以其籍贯所属地的《永州府志》卷十五《道国世家》所记较为翔实。从以上辞典条目和史志传论中，我们对周敦颐主要的生平事迹已有一个大略了解，其中尤以其为理学开山、赓续道统的事迹而感人至深，千古传诵。但仍有一些细枝末节不甚清楚，兹再作勾稽。

第二节　濂溪先生姓名与字号

一、濂溪先生姓名

在古代，文人墨客有多种称谓。刘恕《通鉴外纪》："姓者，统其祖考之所自出；氏者，别其子孙之所自分。"濂溪先生的姓为"周"，其籍贯所属地的

---

[1]　清嘉庆《郴州总志》，岳麓书社，2010年，第401页。

《永州府志》卷十五《先正传·道国世家》记载："道州周氏系出姬姓，以国氏其族，汉初封周后于汝南为著望。唐永泰中，廉州太守崇昌始卜居道州宁远之大阳村，其裔孙虞宾之中子从远始迁营道。"① 古人在自称时，一般会加上自己的祖地籍贯，因此，我们常常在文献中看到濂溪先生自称"汝南周敦颐"。

濂溪先生的原名，据史传有两种记载，一作"敦实"，一作"惇实"。两种记载"实"字并无异议。"敦实"一说可见《宋史·道学传》《永州府志·道国世家》等古籍。"惇实"一说出现也较早，南宋时就有流传。南宋有两种宋刻本，一种是宋理宗宝祐四年至景定五年（1256—1264）间编《濂溪先生集》，一种是宋度宗咸淳末年（1273—1274）所编的《元公周先生濂溪集》十二卷。其中咸淳末年编宋刻本学术价值重要，收入中华再造善本。据两个宋刻本记载，周敦颐原名惇实，宋刻《白鹿书院志》《伊洛渊源录》《二程全书》皆采用"惇实"一说。明清史料中也有记载，如明吕柟《周子抄释》、清邓显鹤《周子全书》皆记载周敦颐"初名惇实"。比较两种说法"敦实"与"惇实"，"敦"为古代盛黍稷的器具，有敦厚诚实之意，"敦实"一名应为幼名。《礼记·檀弓上》云："幼名"，孔颖达疏曰："名以名质，生若无名，不可分别，故始生三月而加名，故云幼名也。"② 人在出生的时候无名无字，出生三个月之后，会起名字，这就是"幼名"。惇，厚也。据潘兴嗣《濂溪先生墓志铭》记载："君幼孤，依舅氏龙图公，名子皆用惇字，因以惇名君。"③ "惇实"一名应为濂溪先生依附舅舅后使用。

然部分典籍又有"惇颐""敦颐"的记载。实是因为中华民族源远流长的避讳文化，濂溪先生因避讳而更改过姓名。第一次是"避英宗旧讳，改惇颐"④，

① 清道光《永州府志》卷十五，清道光八年刻本，第641—643页。
② （汉）郑玄注，（唐）孔颖达疏，吕友仁整理：《礼记正义》，上海古籍出版社，2008年，第296页。
③ 金生杨：《宋周濂溪全编》第二册，北京燕山出版社，2021年，第272页。
④ 金生杨：《宋周濂溪全编》第一册，北京燕山出版社，2021年，第3页。

1063年，宋英宗赵曙（原名赵宗实）即位，为避其旧名讳，濂溪改"实"为"颐"，惇字不变。蒲宗孟《濂溪先生墓碣铭》记载："始名实，避英宗藩邸名改颐。"① 朱熹《濂溪先生事状》云"后避英宗旧名改惇颐"，这一次是濂溪先生主动改名。

据濂溪先生摩崖石刻题名，1063年后濂溪先生题名属款皆为"惇颐"，治平三年（1066）周敦颐零陵朝阳岩石刻题名、治平三年（1066）周敦颐零陵澹岩石刻题名、治平四年（1067）周敦颐东安九龙岩石刻题名、熙宁二年（1069）周敦颐肇庆七星岩石刻题名都可以见到这种用法。

第二次更改是濂溪去世116年后，宋光宗赵惇即位，为避其讳，时人将"周惇颐"改为"周敦颐"。后世也多沿用"敦颐"一名，如《周濂溪先生全集》清正谊堂本、《邵康节先生外纪》明万历绣水沈氏刻宝颜堂本、宋赵抃《清献集》四库全书本等古籍。

二、濂溪先生字号

《仪礼·士冠礼》："冠而字之，敬其名也。"贾公彦疏："故君父之前称名，至于他人称字也，是敬定名也。"② 也就是说，成年后，"幼名"不适宜在社交场合中使用，需要一个供平辈、晚辈人称呼的称号，这就是"字"。周敦颐，字茂叔，史料无异议。

世人皆称周敦颐为"濂溪"先生。《周礼·春官·大祝》："号谓尊其名。"③ 号是人在名、字之外的尊称。唐宋年间极为盛行。号一般都有寓意在内，或指向居住地环境、官职、任所、封爵、谥号，或蕴含旨趣抱负和轶事特

---

① 金生杨：《宋周濂溪全编》第二册，北京燕山出版社，2021年，第278页。
② （汉）郑玄注，（唐）贾公彦疏，王辉整理：《仪礼注疏（上）》，上海古籍出版社，2008年，第77页。
③ （汉）郑玄注，彭林整理：《周礼注疏（上）》，上海古籍出版社，2010年，第958页。

征，有些还以生辰年龄、文学意境、形貌特征为号。周敦颐一生仅有"濂溪"一个名号。"濂溪"这一名号是如何得来的呢？

"濂溪"这一名号源自周敦颐故里的溪水。以故里之山水名物为号，自古有之。如陶潜，自号五柳先生，其《五柳先生传》开篇就说明了"五柳先生"的来历："先生不知何许人也，亦不详其姓字。宅边有五柳树，因以为号焉。"①周敦颐字号"濂溪"与陶渊明字号"五柳"如出一辙。据宋刻本《元公周先生濂溪集》中《年表》记载："濂溪在营道之西，距县二十余里，盖营川之支流也，以《营道大富桥古碑记》考之。自有所谓濂水者。盖舂陵溪泉之名，大率多从水，如洞溪、浥泉、渌泉，濂溪亦然耳。……先生既爱庐山之胜，遂卜居山下，因溪流以寓其故乡之名，筑室其上，是为濂溪书堂。学者宗之，号濂溪先生云。"②从《元公周先生濂溪集》的记载我们可以得知濂溪名号的由来，来自道县山水名物。周敦颐思念故里，取故里濂溪之名为书堂之名。

"濂溪"之"濂"字又从何而来呢？"濂"字唐以前古文罕见。徐铉所定《说文解字》及张揖《广雅》只有"廉""溓"，没有"濂"。《说文解字》是中国历史上的第一本字典，成书于东汉。《广雅》是中国古代的一部百科词典，成书于三国时期。北宋初年陈鹏年编《广韵》收录"濂"字。《广韵》是中国历史上第一本官修的韵书。陈鹏年奉旨编撰，在这本书中第一次出现了"濂"字，但是使用不多。

有学者提出"濂"字很可能是周敦颐所创。据朱熹《濂溪说》："若以濂之为字，为出于先生所自制，以名庐阜之溪者，其后累年乃得何君所记，然后知濂溪云者，实先生故里之本号而非一时妣合之强名也。"③朱熹所说，"出于

①　清同治《星子县志》卷十二，同治十年刻本，第39页。
②　金生杨：《宋周濂溪全编》第一册，北京燕山出版社，2021年，第3页。
③　金生杨：《宋周濂溪全编》第二册，北京燕山出版社，2021年，第298页。

先生所自制"，意为"濂"字与周敦颐有关。朱熹所说的"何君"是金华人何子举，号竟居，封朝散大夫，任赣州知州，谥号文直。何子举所撰《先生墓室记》云："先生世家春陵之濂溪，今以故里名行于溢，盖袭春陵旧耳。"①庐山脚下的"濂溪"是周敦颐亲自命名，正与故里溪名相互映照。"濂"字是因周敦颐而流传推广。

朱熹文中所说周敦颐自制"濂"字或与元结有关。朱子《再定太极通书后序》："而'濂溪'之为字，则疑其出于唐刺史元结七泉之遗俗也。"朱子《书徽州婺源县周子通书板本后》："至字之为'濂'，则疑其出于唐刺史元结七泉之遗俗也。"据朱熹所说"濂"字的创字法，很可能是出于唐代刺史元结。元结是唐代的道州刺史。相传在道州东郊有七眼天然泉水，没有名字，元结到道州做刺史，觉得东郊清泉天然甘冽，"乃修其水木，为休暇之处。"所以，他给这七眼泉水命名，他命名的方式也很简单，选择一些寓意非常好的字，给这些字加上水旁，从而造出了新的字，作为泉的名称。"故命五泉，其一曰潓泉，次曰泏泉、次曰浝泉、沴泉、洍泉。"这种创字法影响了"濂"字的产生。

"濂溪"之号有深意。《周礼·春官·大祝》云："更为美称焉"②，号也是文人的美称。周敦颐自名"濂溪"在于以"廉"自况。《元公周先生濂溪集》云："苏文忠公、黄太史皆其同时人，乃专指清廉为义，若先生名之以自况者，不知何也。"③苏轼、黄庭坚二人有清廉之名，周敦颐以"濂溪"为号，正是因为有同道之志。苏轼，一生爱民为民，清正廉洁，在徐州，他亲自带领官员们筑堤坝防洪；在杭州，他疏浚西湖；在惠州，他引泉入城，造福百姓。他的清廉正直，超然洒脱，尊称为"苏贤良"。"苟非物质所有，虽一毫而莫取。"是他

① 金生杨：《宋周濂溪全编》第二册，北京燕山出版社，2021 年，第 292 页。
② （汉）郑玄注，（唐）贾公彦疏，彭林整理：《周礼注疏（上）》，上海古籍出版社，2010 年，第 958 页。
③ 金生杨：《宋周濂溪全编》第一册，北京燕山出版社，2021 年，第 3 页。

一生所坚持的廉洁操守。黄庭坚，在太和县为官时，正值朝廷推行"盐政"，当他听说有官差敲诈勒索百姓时，他当即勃然大怒，随后下令禁止扰民，尊称"黄青天"。他虽然仕途艰难，令人扼腕。但可贵的是，无论是"桃李春风一杯酒"时，还是"江湖夜雨十年灯"时，他都秉持"当官莫避事，为吏要清心"的从政为官主张，秉持着一个儒士的清正廉洁与砥砺为民的高尚操守。黄庭坚清贫一生，"但愿官清不爱钱"是他终身实践的信条，他死后"内无余帛，外无赢财"。而濂溪先生的风骨亦已传承千载。他可谓一身正气两袖清风，一尘不染克己奉公，一丝不苟勤于政务，一生为民乐在其中。周敦颐也如同苏轼、黄庭坚一般，不仅恪守"廉"之信念，更以"濂"为名，取"清廉"之义，以"廉"自况。

宋宁宗赐周敦颐谥号为"元"，因此周敦颐又被称为"元公"。宋宁宗嘉定十三年（1220），由魏了翁请赐谥号"元"，元理宗淳祐元年封汝南伯，从祀孔子庙庭。江广南楚所在皆立书院。元仁宗延祐六年封道国公。

第三节　濂溪先生生卒年月日

周敦颐是湖南、中国、东亚乃至世界的文化名人，对他的纪念活动往往安排在其诞辰或忌日。周敦颐的忌日为宋神宗熙宁六年（1073）六月七日，历代濂溪志记载清晰，而周敦颐的出生月日并无确切记载，因此，需要对周敦颐的出生月日进行考证。

周敦颐出生月日不仅具有时间属性，而且进入纪念日的范畴，体现了现实超越价值，具有中国传统"诞节"礼乐制度的意义。中国传统"诞节"礼制源远流长。南宋洪迈的《容斋随笔·诞节受贺》云："诞节之制，起于明皇（唐玄宗），令天下宴集，休假三日。肃宗亦然，代、德、顺三宗皆不置节名。及文宗以后，始置宴如初。则受贺一事，盖自长庆年至今用之也。"① 可以说"诞节制度"始于唐朝唐玄宗时期，宋朝形成一种礼乐制度和仪式传统。"诞节"礼制的兴起源于中国帝制有稳定统治、协调社会矛盾、教化天下的政治需求。明清统治者承袭这一沿革，将"道之以德，齐之以礼"的儒家思想渗透在节日特殊的仪式性中。

对于周敦颐出生月日的辑佚研究体现儒家礼祭圣贤的人文精神。进行祭祀、举行纪念活动需要有一个明确可靠的时间。然而由于年代过于久远，关于周敦颐的生卒年月日，竟没有统一的记载，其出生月日不明。历代学者也是言人人殊，因此有必要从文献的角度进行考述。

学术研究十分依赖文献资料，近年来，周敦颐研究的文献汇编佳作频出。有《濂溪志八种汇编》（2013）、《濂溪志新编》（2019）、《濂溪志补遗》（2020）汇集了明清较为重要的濂溪文献，有《历代周敦颐文集序跋目录汇编》（2020）按照历史纵向汇集了濂溪文献目录和序言，有《宋周濂溪全编》（2021）集濂溪文献之大成。汇编文集收录散布在国内各大图书馆珍本以及流散于日本、韩国的藏本，既遵循旧章又有突破创新，为学界研究周敦颐著述及濂溪思想提供参照。这些成果著述涉猎图书载体、校雠、书目、版本、校勘等领域，可谓"辨章学术，考镜源流"，极大地推进了周敦颐相关研究。

周敦颐研究的推进也提出了新问题，例如粟品孝教授在《历代周敦颐文集序跋目录汇编》提出"周敦颐出生的具体月日和地点，南宋度正编的《年表》失校""之后的周子文集和年谱也长期未记，但清朝道光十九年（1839）周诰编的《濂溪志》，在《年谱》中则明确写道：'宋真宗天禧元年丁巳，五月五日，先生生于道州营道县之营乐里楼田保。'这一记校依据何在，恐需进一步

---

① （宋）洪迈著，孔凡礼点校：《容斋随笔》，中华书局，2005 年，第 80 页。

考究。"① 粟品孝教授指出，宋度宗咸淳末年《元公周先生濂溪集》的度正《年表》中并未明确周敦颐出生的具体月日，而后的周子文集和年谱罕有记载，但清道光十九年周诰编《濂溪志》七卷中有周敦颐出生月日的明确记载。本节拟从粟品孝教授所提问题出发，广泛搜罗前人各种成说，探究周诰本《濂溪志》月日记载是否为孤例？周敦颐出生月日的最早记载出自何处？哪些年谱长期阙载这一问题？有哪些年谱记载了周敦颐出生月日？其依据何在？

一、历代濂溪集所记

南宋时，世人已经不知周敦颐的生日。据《历代周敦颐文集序跋目录汇编》，宋孝宗淳熙十六年（1189）叶重开有《濂溪集》七卷，宋宁宗嘉定年间有《濂溪集》两种、宋理宗绍定元年（1228）、淳祐初年均有《濂溪集》刊刻，但是以上五种刻板《濂溪集》均已散佚，仅存目录。有两种宋刻本传世，一种是宋理宗宝祐四年至景定五年间（1253—1264）编《濂溪先生集》不分卷有家谱、年谱、太极图，一种是宋度宗咸淳末年所编的《元公周先生濂溪集》十二卷，体例内容最为完整。其中咸淳末年编宋刻本学术价值十分重要，收入中华再造善本，2021年金生扬教授的《宋周濂溪全编》把宋刻本《元公周先生濂溪集》作为首部濂溪文集收录入编。但是两个宋刻本都阙载周敦颐出生月日信息。因此，宋代周敦颐出生月日信息已不可考。

明代濂溪文献无法考证周敦颐出生月日具体信息。明代濂溪文集数量上蔚为大观，较为完整的传世文集已达17种。其中部分文集并未收录周敦颐年谱，如明孝宗弘治年间（1488—1505）周木刻本《濂溪周元公全集》十三卷、明万历三十二年（1604）朱吾弼编《朱子语类·周子之书》、明曹学佺

---

① 粟品孝：《历代周敦颐文集序跋目录汇编》，上海古籍出版社，2020年，第80页。

辑《濂溪集》。因此，仅仅依据此类文献无法考证清晰。还有一部分文集收录了周敦颐年谱，但是所录年谱中均记载周敦颐出生月日为"天禧元年丁巳□月□日"，此类文集语焉不详，也无法得出清晰的结论。例如，明世宗嘉靖五年（1526）吕柟编《周子抄释》二卷、明世宗嘉靖十四年（1535）周伦编（黄敏才刻）《濂溪集》六卷、明世宗嘉靖二十二年（1543）王会编《濂溪集》三卷、明神宗万历二十四年（1596）张国玺刻《周子全书》六卷、明神宗万历三十四年（1606）徐必达校正的《周子全书》七卷、明神宗万历三十七年（1609）林学闵修《濂溪志》四卷、明神宗万历四十年（1612）顾造校刻《周子全书》七卷、明神宗万历四十二年（1614）周与爵辑《宋濂溪周元公先生集》十卷、《世系遗芳集》五卷、明神宗万历间李桢刻本《濂溪志》九卷、明熹宗天启三年（1623）黄克俭辑刻《宋濂溪周元公先生集》十卷、明熹宗天启四年（1624）李嵊慈编《宋濂溪周元公先生集》。

　　历史是延伸赓续的，清代濂溪文献可说明周敦颐出生月日问题。清代濂溪文集共9部，虽然在数量上不及明代，但是文献集纂更为详尽。濂溪集基本上都收录周敦颐年谱，但是大多年谱中均记载周敦颐为"天禧元年丁巳□月□日"出生。例如，清圣祖康熙二十四年（1685）吴大镕修《道国元公濂溪周夫子志》十五卷、清圣祖康熙三十年（1691）周沈珂父子重辑《宋濂溪周元公先生集》十卷附《世系遗芳集》五卷、清圣祖康熙四十七年（1708）张伯行《周濂溪先生全集》十三卷、清世宗雍正六年（1728）周有士重辑《宋濂溪周元公先生集》十卷（改挖自周沈珂十卷版本）、清高宗乾隆二十一年（1756）董榕辑《周子全书》二十二卷、清高宗乾隆四十五年（1780）四库全书本《周元公集》八卷、清德宗光绪十三年（1887）贺瑞麟辑《周子全书》四卷。

　　清代濂溪文集明确记载周敦颐出生月日为"宋真宗天禧元年丁巳五月五日"的有两种，即清宣宗道光十九年周诰编《濂溪志》七卷附《濂溪遗芳集》

一卷、清宣宗道光二十七年（1847）邓显鹤编《周子全书》九卷。另外，还有两种文献有记载，一种年谱刻本、一种宗谱。年谱刻本为王开琸编清道光十二年（1832）永州濂溪书院刻本《先贤道国元公周子年谱》、宗谱为清道光二十八年（（1848）笄山兆四派宗谱。

二、历代濂溪志所记

通过文献整理发现，对周敦颐出生月日有明确记载的文献有四种，分别是清道光十二年永州濂溪书院刻本王开琸辑《先贤道国元公周子年谱》、清宣宗道光十九年周诰编《濂溪志》七卷附《濂溪遗芳集》一卷、清宣宗道光二十七年邓显鹤编《周子全书》九卷、清宣宗道光二十八年（1848）笄山兆四派宗谱。那么，有明确记载的四种文献源流关系如何？年谱所记月日依据又从何而来？还有无其他文献可以佐证参考？

（一）周诰编《濂溪志》影响邓显鹤编《周子全书》

周诰是周敦颐第二十四世孙，编有《濂溪志》。邓显鹤是湖南新化人，嘉庆九年（1804）中举，是宁乡县训导，晚年应聘主讲邵阳宝庆濂溪书院，编有《周子全书》。邓显鹤《周子全书》有"道州濂溪志原本"①字样，受到周诰编《濂溪志》的影响。因"先生二十四代孙诰家刻较胜原本，而编次亦未尽善"。②邓显鹤重刻《周子全书》。

（二）王开琸《先贤道国元公周子年谱》影响周诰编《濂溪志》年谱

王开琸有永州濂溪书院刻本《先贤道国元公周子年谱》，刻于道光十二年，

---

① 金生杨：《宋周濂溪全编》第二十三册，北京燕山出版社，2021年，第25页。
② 金生杨：《宋周濂溪全编》第二十三册，北京燕山出版社，2021年，第24页。

周诰编《濂溪志》刻于道光十九年，二者刊刻时间接近。周诰为后裔、王开琸
为永州濂溪书院院长，二人都活动于永州、道州地区。从理论上看王开琸年谱
有可能影响周诰本年谱。

（三）王开琸《周子年谱》、周诰编《濂溪志》年谱影响笋山兆四派宗谱

首先，笋山兆四派宗谱修于道光二十八年、周诰编《濂溪志》修于道光十九
年、王开琸本《周子年谱》修于道光十二年，笋山兆四派宗谱修谱时间晚于王开
琸本、周诰本，很可能借鉴参考周诰本、王开琸本。其次，周诰编《濂溪志》卷
首牌记为"爱莲堂藏板"，宗谱也有"爱莲堂"牌记。第三，周诰编《濂溪志》、
笋山兆四派宗谱卷首都有萧山汤金钊所作序言，恐有渊源。汤金钊（1772—
1856），字敦甫，一字勋兹，萧山人，是嘉庆四年（1799）进士，又被选为庶吉
士，后来授编修。他在嘉庆十三年（1808）时，入上书房。后来因母亲过世，丁
忧服阕起复后擢为侍讲，又督湖南学政。因为政绩考核优异被提拔，多次升迁，
官至内阁学士。嘉庆二十一年（1816），汤金钊复直上书房。主持江南乡试，任
学政，后历任吏部尚书、工部尚书、户部尚书等官职。汤金钊为周诰《濂溪志》
做序时属款为前湖南学政。汤金钊为兆四宗谱作序属款为前吏部尚书协办大学
士。汤金钊先为周诰编《濂溪志》作序，后为笋山兆四派宗谱作序。据此推论，
周诰编《濂溪志》与笋山兆四派宗谱恐有渊源。最后，笋山兆四派宗谱卷五年谱
"元公年谱叙"中记载"取道州濂溪志所载者参互校勘"[1]，并有"道光壬辰长沙
云樵王开琸增辑"[2]属款。据此推论，笋山兆四派宗谱中的周敦颐年谱以王开琸
《先贤道国元公周子年谱》为底本。因此，笋山兆四派宗谱所记"周敦颐生于天
禧元年五月五日"应受王开琸《周子年谱》、周诰编《濂溪志》年谱影响。

[1] 金生杨：《宋周濂溪全编》第五十册，北京燕山出版社，2021年，第37页。
[2] 金生杨：《宋周濂溪全编》第五十册，北京燕山出版社，2021年，第39页。

（四）吴大镕编《濂溪志》是道光年间诸种《濂溪志》的渊源

康熙二十四年（1685）知道州事吴大镕修《道国元公濂溪周夫子志》是清代最早的濂溪文集，是王开琸版、周诰版、邓显鹤版、兆四派年谱的渊源。周诰编《濂溪志》"重修道州濂溪志叙"记载"道州旧有《濂溪志》，修于康熙二十四年，岁久漫漶，同志诸君慨然重辑"。①

（五）鲁承恩辑《濂溪志》影响吴大镕修《道国元公濂溪周夫子志》

吴大镕修《道国元公濂溪周夫子志》并未记载周敦颐出生月日的准确时间。据粟品孝教授在"周子与朱子：宋明理学的传承与创新"论坛的参会论文，周敦颐确切出生月日信息，来源自明世宗嘉靖十九年（1540）永州同知鲁承恩编《濂溪志》。据粟教授所论：鲁承恩《濂溪志》中收录托名黄鲁直的《元公家本行实》，有"天禧元年丁巳五月二日夜，（周母）郑氏沐浴更衣，至夜五鼓，闻空中音乐嘹亮之声，将曙，五星悬辉于庭，后化为五土堆。于洞中三日，正午，而公生焉"。②粟教授认为，此情节不足为信，但是五月五日周子生，与王开琸版《周子年谱》所载呼应，说明明代中期，在周氏家族内部有此一说。

（六）周冕《濂溪遗芳集》影响鲁承恩辑《濂溪志》

明嘉靖十九年永州同知鲁承恩编《濂溪志》在国内失传。但是地方志中可以查询到相关信息。如明隆庆《永州府志》卷十二《艺文志》载："鲁承恩刊濂溪志六册、周元公年表两册。"③道光《永州府志》卷九下记载："《濂溪志》

---

① 金生杨：《宋周濂溪全编》第二十一册，北京燕山出版社，2021年，第344页。
② 粟品孝教授的论文为《周敦颐若干事迹考述——基于宋儒度正编〈元公年表〉在后世的若干改动及其得失的分析》，为2023年6月10日举行"周子与朱子：宋明理学的传承与创新"论坛会议论文，收录在《周子与朱子——宋明理学的传承与创新》论文集。
③ 明隆庆《永州府志》，明隆庆五年刻本，第4页。

明鲁承恩辑"①。《永州府志》中还有鲁承恩简序:"濂溪在道州,道国周元公实生其地,承恩尝拜先生墓于浔阳,谒先生书院于武昌,今官永州,至先生始生之迹,于故里询诸多士,及先生之裔能言先生之道,而不得其所以言,非记载之未备耶。乃取濂溪志修之,先生之孙博士绣麟请授诸梓。其于斯世斯文未必无小补云。"②

虽然鲁承恩本在国内失传,但是据粟品孝教授考证,韩国首尔大学奎章阁有原本。并且鲁承恩《濂溪志序》全文收录于胥从化编订、谢赆编校《濂溪志》卷之七下。鲁承恩《濂溪志》为濂溪文献"志"一类中的第一本,此"志"并非孤例,仍然可以追溯来源,可以追溯至明孝宗弘治四年(1492)周冕《濂溪遗芳集》,此集"是目前所见明代第一个周敦颐文集版本"③。

周冕编《濂溪遗芳集》也已失传,粟品孝教授在《历代周敦颐文集序跋目录汇编》中收录了方琼的《濂溪遗芳集序》和郑满的《濂溪遗芳集后序》,两篇序跋收录自鲁承恩编《濂溪志》卷之十。方琼为弋阳人,成化乙酉(1465)举人,明弘治、正德年间为道州知州。郑满,字守谦,浙江慈溪人,弘治五年(1493)举人,后任道州知州,弘治十六年(1504)作《濂溪遗芳集后序》。方琼和郑满与道州有很深的渊源,二人在道州为知州期间皆修复过道州濂溪书院,周冕编《濂溪遗芳集》遂请二人作序跋。追溯三者源流关系,可以得出结论,周冕的《濂溪遗芳集》应为各种版本的渊源。

虽然《濂溪遗芳集》主体散佚,只剩下两篇序跋,但是周冕为周敦颐十二世孙,明代宗景泰年间,因濂溪之功而荫及子孙,周冕世袭翰林五经博士,他素有勤学之名,还著有《拙逸集》,面圣受封后,广泛搜集、辑勘濂溪文献。

---

① ② 清道光《永州府志》,清道光八年刻本,第 39 页。
③ 粟品孝:《历代周敦颐文集的版本源流与文献价值》,《河北大学学报(哲学社会科学版)》,2020 年,第 1 期,第 28 页。

因宋本周敦颐《年谱》中对周敦颐出生月日信息失校，而周冕集纂的《濂溪遗芳集》又是明代最早的濂溪文献。同时周冕也是最有可能获得周敦颐家传文献，以增补周敦颐出生月日明确信息的人。综上所述，周敦颐生于"宋真宗天禧元年丁巳五月五日"的记载，很可能出自周敦颐道州家传文献，由周冕而始。

三、周敦颐出生月日问题的学术价值

（一）思想史价值

探究周敦颐出生月日问题，从宏观上凸显濂溪文集的思想史价值。宋元明清濂溪文集既是中国古代文化的重要组成部分，又是理学思想的物质载体。历代濂溪文集的翻刻、集纂体现了文人墨客对濂溪思想的认同。那么，文人们为何如此认可濂溪？这种认同的意义和价值何在？细究之后可以看出，明清文人对于濂溪的认同，其原因在于其官方性和儒家思想赓续的双重认同。从官方性的角度来说，自宋理宗"端平更化"后，经朱熹、张栻、魏了翁等思想家不断推尊，周敦颐成为理学开山之人。元代脱脱在《宋史·道学传》中为周敦颐撰写传记，进一步增强了周敦颐的官方影响。从儒家文化的赓续来说，明清之际理学大兴，周敦颐可配享孔庙，清代文人以理学思想为正统核心，濂溪影响力持续于宋元明清四朝。宋元明清文人对周敦颐的认同，对于濂溪文献的保存、刊刻、修订、校勘无疑起了重要的推动作用。明清两代成为翻刻濂溪系列文献的高峰，周子后裔，各地官员，典籍大家修订、校勘濂溪文献。这些文献以物质形态反映了濂溪思想的传承赓续、代际更迭，具有史料价值，是传播濂溪文化、濂溪思想的重要途径。

（二）保存历史记忆价值

濂溪文集除了具有思想史价值之外还有历史记忆价值，宋元明清四朝濂溪文集是建构周敦颐历史记忆不可替代的物质媒介。周敦颐出生月日信息本应是周敦颐生平中最为重要和最具标志性的信息之一，而自宋以来，周敦颐年谱和年表中此项信息或者阙载或者讳莫如深。这导致周敦颐具体面貌始终模糊不清，无法勾勒出清晰边界，不利于周敦颐形象的记忆传承和理学思想赓续。周敦颐出生月日的信息作为个体的鲜活记忆，存在于北宋特定的时间和空间。从个体记忆到年谱中的文字记忆，在经典化的过程，可能存在着个体记忆的遗忘，在框架化的过程中，也可能存在文字记忆的遗漏。虽然周敦颐行实的整理由南宋朱熹而兴，周敦颐年谱的辑校由朱熹高弟度正而始，个体记忆能够以文字形式书写刊刻，但版本迭代更替，周敦颐生平的历史传播也存在信息遗漏。历代濂溪文集作为整体成为周敦颐历史记忆最重要的载体之一。

（三）版本对比的标志

针对周敦颐出生月日问题进行文献考察，从微观处佐证了濂溪文集的文献价值。王开琡《周子年谱》、周诰编《濂溪志》、邓显鹤编《周子全书》、笄山兆四派宗谱等文献具有辑佚价值，周敦颐出生月日问题为他书所阙载。王开琡《周子年谱》、周诰编《濂溪志》、邓显鹤编《周子全书》、笄山兆四派宗谱等文献具有校勘价值，此四种濂溪文集所收周敦颐出生月日，相较于其他版本，多了一句"五月五日"。此句也可为探究四种濂溪文集的源流关系提供参考佐证。

周敦颐出生月日问题从表象上看精小细微，但是其立意深远悠长。出生月日问题与祭祀、纪念活动密切相关。周敦颐祭祀是儒家圣贤祭祀的重要组成，儒家祭祀以德才为本，体现了宗有德、祭圣贤的历史渊源。从某种意义来说，周敦颐出生月日已经上升为具有礼乐教化意义的节日或纪念日。周敦颐出生月日的辑佚至关重要，正如度正年谱中所记"先生之生，所系甚大。"①

　　周敦颐出生月日的辑佚研究，可以为周敦颐生平研究提供历史考证依据；可以佐证濂溪文集的学术价值；可以体现儒家礼祭圣贤的礼制。经过一代又一代周子后裔、地方官吏、文史学者不遗余力的考辑，濂溪先生的生卒时间最终明确。

第四节　濂溪先生家世与后裔

一、濂溪先生家世

　　至于周敦颐的家世和亲人，可考者较为繁多。周敦颐出生在书香仕宦之家。周敦颐的祖父是周智强，智强生五子，其中两人为进士，一人为迪功郎。长子周识（也作周式）是北宋仁宗天圣五年（1027）王尧臣榜进士，官至汀州上杭令。四子周辅成（周敦颐之父）是北宋真宗大中祥符八年（1015）进士，官至贺州桂岭令（桂岭在今广西贺县境内），累赠谏议大夫。

　　周辅成（？—1032），原名怀成，字孟匡。志清行纯，博学能文，初为黄冈（今湖北黄冈）县尉。大中祥符八年（1015）举进士后，升为桂岭县令。周辅成先娶唐姓之女，与元配唐氏生下周砺。唐氏去世，继娶郑灿之女，即龙图阁学士郑向之妹。

　　郑氏，衡州（今湖南衡阳）人，祖籍开封，"先适卢郎中，卢卒，为谏议公继室"②，生周敦颐。郑氏的哥哥郑向是龙图阁学士，为饱学之士。郑氏先嫁卢郎中，并生有一子（卢敦文）。卢郎中去世后，郑氏再嫁周辅成为继室。她与周辅成结婚的时间为宋真宗大中祥符二年（1009）。

---

①②　金生杨：《宋周濂溪全编》第一册，北京燕山出版社，2021年，第3页。

卢敦文，周敦颐同母异父兄长。为郑氏与其前夫卢郎中所生。卢敦文随母下堂时，年龄还很小，估计在两三岁。当时，周辅成在黄冈任县尉，卢敦文随母在黄冈县署生活。周辅成任桂岭县令后，卢敦文则随母在桂岭县署生活。周辅成辞职回乡时，卢敦文还不到十岁，也只能随母在营道县楼田村生活。

周季淳，周敦颐姐姐。为周辅成与郑氏之女，生于大中祥符五年（1012），长周敦颐五岁。十七岁时出嫁，丈夫名叫陆若瑜，比季淳大两岁。但季淳出嫁一年多，就死于瘟疫。

周敦贲，周敦颐弟弟。为周辅成与郑氏之子，生于宋真宗天禧五年（1021），比周敦颐小四岁。敦贲从小天真活泼，聪明伶俐。但是，就在季淳死后的第三个月即十一月上旬，敦贲突然发病而死。

二、濂溪先生后裔

周敦颐先娶陆氏，陆氏的父亲是陆参，陆氏生周寿，封缙云县君。陆氏亡故后，周敦颐继娶蒲氏，蒲氏后来获封德清县君，生有一子，为周焘。蒲氏是蒲宗孟的妹妹。蒲宗孟（1028—1093），字传正。阆州新井（今四川省南部县）人。北宋时期大臣、词人。神宗熙宁六年（1073），蒲宗孟进官集贤校理，知制诰，累迁至翰林学士、侍读。元丰五年（1082），拜尚书左丞。次年，出知汝州，徙知亳、扬、杭、郓等州。宋哲宗元祐四年（1089），出知虢州。宋哲宗元祐五年（1090），治理河中府。宋哲宗元祐七年（1092），知永兴军，移治大名府。宋哲宗元祐八年（1093），蒲宗孟去世，终年六十六岁。

周寿是周敦颐的长子，字季老，一字元翁，生于合州。元丰五年（1082），周寿登进士第，初仕吉州司户，改秀州知录，终司封郎中。周寿有六子，定居吴中，成为江浙一带周姓始祖。

周焘是周敦颐的次子，字次元，生于虔州。元祐三年（1088），周焘登进士第，为贵池令，迁两浙转运使，知成都府，终朝议大夫，宝文阁待制。周泰有三子，居道州。泰之子缙、絪、緼分承江州、道州祠。周缙的子孙嫡长遂世为宗子。五传至宗文，宗文的长子名为壎，字伯和，克嗣祖训、学易通贯。明初，周壎隐居不仕。周冕，是周敦颐第十二代子孙。明景泰帝六年（1455），朝廷特诏周子子孙，周冕应诏。明景泰帝七年（1456），周冕授世袭翰林院五经博士。周冕有孝友、勤学之名。自明清后，周氏家族繁衍不断，成为永州道国世家。

第五节　濂溪先生青少年事迹

周敦颐出生时，正值周辅成仕途得意之际，加上郑氏的贤惠，周敦颐早年拥有优越的生活条件又受到良好的文化教养，周家既是富贵人家又是书香门第。

一、濂溪先生的童年经历

（一）月岩悟太极

"濂溪之西十里有岩洞，高敞虚明，东西两门入之，若月上下悬中，圆若月望，俗呼月岩。先生好游其间，相传见此而悟太极，想当然而。"[1] 周敦颐的家乡楼田村西五公里处有一处巨大的露天岩洞，称为月岩。大自然巧夺天工，孕育了月岩优美的风景。月岩十分宽阔，有东西两个宽阔的洞门，东洞门长65米、宽40米；西洞门长105米、宽60米。站在月岩洞口，就像来到一座

---

① 　金生杨：《宋周濂溪全编》第十九册，北京燕山出版社，2021年，第456页。

雄伟森严的城池前。走进岩洞里面，仿若身处广阔的清幽庭院。月岩有一岭三洞，无比神奇，天光和月色透入岩洞中，竟然可以形成三个"月亮"，疑似鬼斧神工，独特而曼妙。从东门进，抬头望天，天如一弯新月。前进一步，天上的月就丰满一分；再走一步，那月又丰满一分。到东门和西门的正中间仰望，蓝天当顶，岩形浑圆，此刻空顶之空圈更宛如一轮满月悬空，素雅高洁，唯美至极。进入西门，回看洞顶，可见度逐渐缩小，由"满月"而变"下弦"，到"残月"，最终消失不见。这个奇特的景观为周敦颐的童年提供了极大的乐趣。周敦颐在月岩中读书、学习。故里相传，周敦颐就是看着月岩里的景象，悟出了"太极"的道理。此说虽不可取信，但不可否认的是，清幽的月岩对周敦颐童年的确有积极导向作用。

（二）道山与濂溪

濂溪先生房屋后有一座石山，山势从西至东，逐步隆起，最高处约 30 米，远远望去，像一条匍匐不动的无足大虫，因此有豸岭的名称。在周敦颐被尊为道学开山之后，便有"道山"的名字。明王会的《故里说》云："山之西石壁上有古刻二大字，曰道山。下有石窦深广不可穷，有泉溢窦而出者，濂溪也。清冷莹彻如飞霜喷玉，大旱不涸，积雨不溢，莫知其来之所，自知州方进刻其上曰'圣脉'，故人呼为'圣脉泉'。"[①] 道山下有石洞，深不可测，有泉水溢出，泉水清冷莹澈，大旱之时也不干涸，大雨之后也不满溢。道州知州方进曾在泉水旁边刻上"圣脉"二字，后人都称之为"圣脉泉"。周敦颐家附近有一条小溪，名叫濂溪，濂溪的源头就是"圣脉泉"。宋度宗咸淳丙寅（1266），赵栉夫《大富桥记》云："道州营道县西出郭二十里，有村曰濂溪楼田保，元公

---

① 清道光《永州府志》卷二下，道光八年刻本，第 11 页。

故居实在焉。未至故居二百余步，有水萦纡隐隐如青罗带者濂溪也。溪之上有小石梁横跨乎，青罗带者大富桥也。旧传元公年十三时，钓游之所。"① 濂溪水色明净，如同青罗带，溪水绕过村庄，是濂溪先生童年时嬉戏游玩的天堂。

二、濂溪先生少年经历

（一）濂溪先生的父亲与舅父

"先生年十五，谏议公卒，卜葬营乐里祖居之右。"② 濂溪先生少年丧父，15岁父亲辅成去世，归葬原籍营乐里后，时任龙图阁学士的舅舅郑向派人接妹妹回开封，北宋仁宗天圣九年（1031），年少的周敦颐随母亲由道县入京，投奔在朝廷做官的舅父，从此离开了他的故土。

少年时期对周敦颐的成长产生重要影响的人有两位，一位是父亲周辅成，另一位是舅舅郑向。郑向，字公明，祖籍为开封陈留。他一生仕途顺遂，史载："举进士，为大理评事、通判蔡州，累迁尚书屯田员外郎，知濠州，徙蔡州。召试集贤院，除三司户部判官，修起居注。迁度支员外郎，为盐铁判官。出为两浙转运副使，疏润州蒜山漕河抵于江，人以为便。复为盐铁判官，擢知制诰，同勾当三班院。使契丹，再迁兵部郎中，提点诸司库务，以龙图阁直学士知杭州，卒。"③

在父亲周辅成去世后，郑向以舅代父职。"龙图公知先生远器，爱之如子，公以惇名子，因以惇名先生。"④ 当时郑家的子侄均以惇字为辈，于是郑向也用惇字为濂溪先生取名。周敦颐在舅舅督促下学习经史。宋仁宗景祐三年

---

① 清光绪《道州志》卷七，光绪三年刻本，第212页。
②④ 金生杨：《宋周濂溪全编》第二十三册，北京燕山出版社，2021年，第85页。
③ （元）脱脱：《宋史》卷四百二十七，中华书局，1977年，第12711页。

（1036），"先生年二十，始冠，行谊早闻于时。"①周敦颐 20 岁时，聪慧仁孝的名声已经传播开来，"龙图公以叙例应荫子，乃奏补先生试将作监主簿。"②按惯例郑向有一次推荐子侄后辈做官的机会，他没有把这次机会留给自己的儿子，而是推荐周敦颐担任"将作监主簿"。"将作监"是北宋初年游离于礼部和工部之间的办事机构，主要掌管祭祀活动，后来又发展成为掌管宫室建筑以及器具制造的官署。主簿主管衙门文书簿记，负责查抄、登记钱财出纳等事，类似现代的文秘兼会计。"将作监主簿"为周敦颐的仕官前程铺下了第一块基石。

舅舅郑向不仅关心周敦颐的学业，而且操心周敦颐的前途、婚姻。在郑向和母亲郑氏的安排下，濂溪先生"娶职方郎中参之女"③陆氏为妻。周敦颐父亲来不及考虑的一切，舅父郑向为他做了全面周到的安排。在人生最为重要的成长时期，周敦颐生活在母亲和舅舅无微不至的关爱、呵护中，体会到了温润、绵长的亲情。

（二）濂溪先生守丧鹤林寺

宋仁宗景祐四年（1037），周敦颐 21 岁，舅父郑向于杭州去世。郑向本落籍于衡阳，因疏通润州河道，方便百姓出行的德政受到百姓景仰，史称"疏润州蒜山漕河抵于江，人以为便"④，故此安葬在润州丹徒县（今属镇江市）。同年七月十六日，母亲郑氏去世，葬于润州丹徒县龙图公墓侧。周敦颐为母守制三年并在润州鹤林寺内读书守丧。他的主簿一职，也因母丧而自然注销了。守丧鹤林寺对他一生的仕途和学术积淀有着一定的影响。"先生遂扶柩厝于龙图公墓侧。是岁居润，读书鹤林寺。时范文正公（仲淹）、胡文恭（宿）诸名士

①②③　金生杨：《宋周濂溪全编》第二十三册，北京燕山出版社，2021 年，第 86 页。
④　金生杨：《宋周濂溪全编》第二十三册，北京燕山出版社，2021 年，第 87 页。

与之游。"① 周敦颐借住离墓地不远的鹤林寺，一边守丧，一边读书。润州鹤林寺环境清幽，是读书佳处。赵公豫有诗为证："苍松夹道路，翠竹绕门闾。是处无纷扰，到来怀隐居。"② 读书鹤林寺的濂溪先生已经小有名气，常与当地的一些知名学者相互切磋学问，如寿涯、范仲淹。"润州鹤林寺曾经是和尚寿涯修炼之所。"③ "范仲淹在润州具体究竟多久，无从考证，但景祐四年前后到过润州，是确定无疑的。"④ 由以上两条文献，我们可以得知周敦颐在鹤林寺的交游情况。濂溪先生惟以饱学之士为伴，这种开放性的以文赏会和互相提携知赏的游学风尚，为后续仕宦生涯和文学著述提供促生作用。

第六节　濂溪先生仕宦经历与著述

润州守丧结束后，谋求生活出路成了当务之急，遵循舅舅郑向的安排入仕是濂溪先生职业的最佳选择。自古，做官是封建时代知识分子的主要生活出路和谋生的手段。儒家文化就是入世哲学，平治天下是儒家的最高理想。在经世致用思想支配下，濂溪先生步入仕途便成为顺理成章的事。他出任地方州郡，并逐渐习练文学和经籍才能，为宦济世爱民，颇具名士风尚。

周敦颐的仕宦经历从仁宗康定元年（1040）开始，直到神宗熙宁五年（1072）止。他在江西的洪州（今南昌市）、南昌（今南昌县）、南安（今赣州市）、虔州（今赣州市）、湖南的郴县（今郴州市）、桂阳（今汝城县）、永州（今永州市）、邵州（今邵阳市）、四川的合州（今合川市）、广东等地有过任职经历，担任过县令、知县、通判、知州、转运判官、提点刑狱公事等官职。

---

① 金生杨：《宋周濂溪全编》第二十三册，北京燕山出版社，2021年，第85页。
② （宋）赵公豫：《燕堂诗稿》，四库全书本，第3页。
③ 梁绍辉：《周敦颐评传》，南京大学出版社，1994年，第37页。
④ 梁绍辉：《周敦颐评传》，南京大学出版社，1994年，第39页。

濂溪先生的仕宦经历对其著述也产生重要影响。他所处的时代背景、政治环境、社会条件以及本人的社会经历，势必影响其具体作品。长期任职于州县的社会经历，为其文学创作创造了客观条件。由于我国古代任官回避制度中的籍贯回避制，濂溪先生往往要在当时的交通条件下"宦游"，而"宦游"无疑丰富了他的文学创作。濂溪先生仕宦生涯中，多次担任过"主簿"，"主簿"一职多以收集、保管各类资料为职责。此类官职为其大量阅读、潜心写作提供了便利。仕宦生活对濂溪先生著述的积极影响是显而易见的。

一、初入官场

濂溪先生仕宦生涯早期主要是在江西境内任职，担任了分宁县主簿、芦溪镇（今江西萍乡市芦溪区）代理市征局事务、南安军司理参军等职，为江西之地的民风导引、肃清吏治作出了重要的贡献。

（一）为民请命

宋仁宗康定元年（1040）冬，周敦颐孝满起服，吏部改派周敦颐为洪州分宁县（今江西修水县）主簿，由中央调往地方任职。宋仁宗庆历元年（1041），年仅 25 岁的周敦颐任分宁县主簿。县主簿在北宋时期是仅次于县令的县级官员。周敦颐怀着满腔的热情在分宁县任职，他处事果断，有条不紊地处理日常事务，审理案件，事实清楚，量刑恰当。据度正《年谱》记载："分宁时有狱久不决，先生一讯立辨，邑人惊诧曰：'老吏不如也'，由是士大夫交口称之。"① 分宁县里有一个棘手的案件，原有官吏久久判决不下，周敦颐经过一次审讯，就弄明白了事情的原委，审理结案，人们无不惊诧。士大夫们更是赞不绝口："久拖不决的疑案，周主簿一讯即辨，老吏不如啊！""一讯立辨"，是周

---

① 金生杨：《宋周濂溪全编》第二十三册，北京燕山出版社，2021 年，第 88 页。

敦颐在办案才能上的初次显露,后续仕宦生涯展现的屠奸剪弊、洗冤泽物、政治清明、以人为本的政治主张,从此时初现端倪。翰林学士蒲宗孟在《濂溪先生墓碣铭》中评价"屠奸剪弊,如快刀健斧,落手无留"。①

(二)芦溪镇讲学

不久之后,周敦颐接到调令,前往"湘赣孔道"袁州芦溪镇(今江西萍乡市芦溪县)代理市征局事务。芦溪是袁州辖区内一个商业繁华的集镇,周敦颐在芦溪的工作十分忙碌。尽管如此,他在公务之外,还以教化当地为己任,经常在"公斋"讲授孔孟修身之道,学子纷纷慕名而来,云集听讲。度正《年谱》说:"袁之进士,来讲学于公斋者甚众。""卢溪是个县属小镇,不一定有许多'进士'。但周敦颐边理政边讲学,继承了汉以来官教合一的传统,也为以后吸收二程为弟子作了准备。"②"芦溪讲学"是以文赏会的延续和变体,是濂溪先生寻求文学教化的初步尝试与实践,是其展现文化士族身份的外在表现。同时,讲学对芦溪当地整体文教水平的提高无疑有重要作用。也说明作为诗书传家的官宦后裔,濂溪先生不仅具备了较高的文学修养,其身上习传的清正之风开始不断散发出来。

宋仁宗庆历四年(1044),周敦颐接受吏部派来官员的考察,被评定为才华突出,并据此调往南安军担任司理参军。"军"是宋朝的地方建制,上一级是"路",路下为府、州、军、监,再下一级为县。府、州、军都设有具体办事机构,称之为诸曹,主管官员称参军。周敦颐的司理参军一职,掌管案件复核事务。南安军属江南西路,等同下州,管辖大庚(今江西大余)、南康(今江西南康县)、上犹(今江西上犹)三县,治所设在大庚县。

---

① 金生杨:《宋周濂溪全编》第二册,北京燕山出版社,2021年,第279页。
② 梁绍辉:《周敦颐评传》,南京大学出版社,1994年,第41页。

（三）任职南安

任职南安在濂溪先生早期仕宦生涯中尤为重要。"他在南安虽然只有两年，却做了两件对他一生有重要意义的事。一是抵制王逵的滥刑好杀，树立官声；二是收程颢、程颐为弟子，取得了理学开山的资格。"①

濂溪先生抵制酷吏。周敦颐任南安军司理参军，这是一个小官，职责是掌管刑讼。南安狱中有一名囚犯，依据法律不当判死罪，转运使王逵，要从重严判，属吏无人敢反对，只有周敦颐独力争之。王逵不听，周敦颐宁肯弃官也要坚持。他"置手板归，取告身，委之而去，曰：如此尚可仕乎？杀人以媚人，吾不为也"。②宋初，转运使"以总利权"，后"一路之事，无所不总"，可"纠察军州刑狱"，至庆历中"皆带按察之"③。转运使权力很大，地方官员都不敢得罪。周敦颐将一己利害置之度外，为民请命，他反对"杀人以媚人"。周敦颐为民请命的诚心让王逵感悟，最后依法免除了囚犯的死刑，并向朝廷极力举荐周敦颐。

濂溪先生收二程为徒。庆历六年（1046），程珦代理南安州副职，结识周敦颐。程珦（1006—1090），字伯温，号君玉，河南府伊阳县（今河南省伊川县）人。宋朝时期大臣。程珦是理学大家程颢、程颐的父亲。程珦任虔州兴国县知县并代理南安军通判时，周敦颐任南安军司理参军，二人成为好朋友。程珦认为周敦颐气度非凡、学识渊博，十分欣赏周敦颐的处事原则和治学理念，并邀请周敦颐做程颢、程颐的老师。于是，15 岁的程颢和 14 岁的程颐拜濂溪先生为师，周敦颐在听讼治狱之余又兼任了两个孩子的教学。全祖望在《宋元学案·濂溪学案》的序录中说："濂溪之门，二程子少尝游焉。"④全

① 梁绍辉：《周敦颐评传》，南京大学出版社，1994 年，第 42 页。
② 金生杨：《宋周濂溪全编》第二十三册，北京燕山出版社，2021 年，第 90 页。
③ （宋）马端临：《文献通考》上，中华书局，2006 年，第 557 页。
④ （清）黄宗羲著，全祖望补修：《宋元学案》，中华书局，1986 年，第 509 页。

祖望的这段话指出二程少年时代曾跟随周敦颐学习过。《明道先生行状》有言："先生为学，自十五六时，闻汝南周茂叔论道，遂厌科举之业，慨然有求道之志。"① 这段话也说明了二程少年时期跟随濂溪先生学习，立下了求学成圣的志向。

《朱子语类》记载："濂溪在当时，人见其政事精绝，则以宦业过人，见其有山林之志，则以为襟怀洒落有仙风道气，无有知其学者，惟程太中知之，宜其生两程夫子也。"② 周敦颐生前并不为人们所知，学术影响也不大。人们只知道他"政事精绝""宦业过人"，有"山林之志""襟怀洒落"，有"仙风道气"。但没有人知道他的理学思想，只有程珦知道他的理学造诣很深，并让两个儿子程颢、程颐拜周敦颐为师。二程和濂溪先生在南安的学习时光很快就结束了。庆历六年冬天，周敦颐任郴县县令。也就是说，通过六年的努力，濂溪先生的政治业绩被认可，得到了升迁。二程兄弟也辗转至郴州，继续跟随濂溪先生学习，奠定了他们后来成为理学名儒的根基。

二、濂溪先生三任县令

（一）郴县令与桂阳令

周敦颐自庆历六年（1046）冬，任郴县县令。周敦颐来到郴县，第一件政绩就是"首修学校以教人"。后来，濂溪先生还在郴县东边的鱼鲜山办周茂叔读书堂，继续教导程颢、程颐。周敦颐在郴县共任职四年，皇祐二年（1050），改任桂阳令。这次改任，是出于惯例。周敦颐在桂阳又担任四年县令，治绩卓著，产生了一定政治影响。周敦颐在桂阳任县令期满后，因为朝廷诸公的交相

---

① （宋）程颢、程颐著，王孝鱼点校：《二程集》，中华书局，1981年，第638页。
② （宋）朱熹：《朱子全书》第十七册，上海古籍出版社，2002年，第3105页。

推荐，得到了一个大理寺丞的京官衔头。至和元年（1054），38 岁的周敦颐由桂阳令改知洪州南昌。

（二）任南昌县令施廉政

据史料记载，周敦颐为官清廉，有"至廉""清尚"之称。南昌人潘兴嗣的《濂溪先生墓志铭》记载："在南昌时，得疾暴卒，更一日一夜始苏，视其家，服御之物止一敝箧，钱不满百，人莫不叹服，此予之亲见也。"①铭文记载了濂溪先生的清廉故事"钱不满百"。周敦颐一次得急病昏迷一天一夜，他的朋友潘兴嗣赶来为他料理后事，翻检他的家什，仅有一只破箱，几十文零钱。此时，濂溪先生担任具体官职已经十几年，他正常的薪俸到哪里去了呢？潘兴嗣在《濂溪先生墓志铭》中交代说："君奉养至廉，所得俸禄，分给宗族，其余以待宾客。不知者以为好名，君处之裕如也。"②潘兴嗣是濂溪先生的好友，他曾亲眼见证濂溪先生随身家私仅有一筐，家里所有钱币尚不满百。我们认为潘兴嗣的"亲见"是可以取信的。通过"钱不满百"的事迹，我们不难发现周敦颐的生活起居十分廉洁，朝廷下发的俸禄，都是分给宗族亲戚，剩下的也是用来宴请宾客。不了解他的人认为这是濂溪先生贪图名气的表现，而濂溪先生面对这些话却从容自如，不以为意。

三、濂溪先生任职合州

宋仁宗嘉祐元年（1056），濂溪先生离开南昌，前往合州（今重庆合川）任职。嘉祐元年（1056），濂溪先生由"大理寺丞"迁升为"太子中舍签书"，被皇帝御笔钦点派往合州任判官。判官属"幕职官"，它的全称是"签书判官

---

① ②　金生杨：《宋周濂溪全编》第二册，北京燕山出版社，2021 年，第 273 页。

厅公事",职责是"掌裨赞郡政,总理诸案文移,斟酌可否,以白于其长而罢行之"。①自合州任职开始,记载濂溪先生仕宦经历和相关著述的文献条目逐渐详细。

（一）作《彭推官诗序》

合州任职途中,濂溪先生游览温泉寺,读到彭应求榜诗《宿崇圣院》:"公程无暇日,暂得宿清幽。始觉空门客,不生浮世愁。温泉喧古洞,寒磬度危楼。微晓都忘寝,心疑在沃洲。"濂溪先生十分喜爱此诗。彭应求,庐陵（今江西吉安）人。太宗端拱二年（989）进士,除渠阳推官,擢太子中允。濂溪先生将此诗歌录本,寄送给彭应求之子益州路转运使彭思永,彭思永又向濂溪先生求一短序。宋仁宗嘉祐二年（1057）,濂溪先生遂作《彭推官诗序》。序云:

> 惇实庆历初,为洪州分宁县主簿,被外台檄,承乏袁州卢溪镇市征之局。局鲜事,袁之进士多来讲学于公斋,因谈及今朝江左律诗之工。坐间,诵吉州彭推官篇者六七人,其句字信乎能觑天巧而脍炙人口矣。俄闻分宁新邑宰,上未踰月,而才明之誉巳飞数百里。有谓惇实曰:邑宰太傅思永,即向所诵推官之子也。吉与袁邻郡,父兄辈皆识推官,第为善内乐,殊忘官之高卑,齿之壮老,以至于没,其庆将发于是乎!惇实故又知推官之德。暨还邑局,闻推官之诗益多,亦能记诵不忘。
>
> 十五年,而太傅为刑部郎中直史馆、益州路转运使,惇实自南昌知县就移金署巴川郡判官厅公事。益、梓,邻路也。诉流赴局,过渝州,越

---

① （元）脱脱:《宋史》卷一百六十七,中华书局,1977年,第29页。

三舍，接巴川境。间有温泉寺，舣舟游览。忽睹榜诗，乃推官之作。喜谿读讫，录本纳于转运公。公复书重谢，且曰愿刻一石，若蒙继以短序，尤荷厚意。故序于诗后，而命工刻石，置寺之堂焉。实嘉祐二年正月十五日云。承奉郎守太子中舍佥署合州军事判官厅公事周惇实撰。将仕郎守合州石照县令王梦易题额。①

此序的创作与濂溪先生的宦游有密切关系。先生在芦溪镇讲学期间，"谈及今朝江左律诗之工"，众人都推崇吉州彭推官的诗作，认为其诗歌巧夺天工而脍炙人口。宦游至合州又亲睹彭推官的诗歌，彭推官之子思永向濂溪先生求序，方有后续的《彭推官诗序》。彭思永命工匠将诗序刻石，置于温泉寺之堂。嘉祐二年（1057）正月，合州石照县令王梦易为刻于温泉寺的《彭推官诗序》"题额"。

宋宁宗嘉定十二年（1219），度正任重庆府知军，经友人罗坚甫相告，得知温泉寺有濂溪先生的笔迹。度正如获至宝。恰逢他当时在修缮濂溪先生的年谱，收集濂溪先生的遗文，于是摹刻二石并于嘉祐十四年四月十二日撰写跋文"跟帖"。跋云："此序乃濂溪自述其平日所历，比其他所记最为详备。"②《彭推官诗序》的诞生得益于濂溪先生的宦游经历。在客观上，"宦游"为其创作提供了丰富的素材，润渍着濂溪先生的文学修养。文章自有法度，诗词各有程式。参与此文学雅事的不仅有西游合川的周濂溪、工于诗律的彭推官、恰逢其会的转运使彭思永、石照县令王梦易还有朱门高弟度正。书由心性，以见序者、题者、跋者学识。由文人间的知赏、交游、附会，可见古人审慎敬畏之心。

① （宋）周敦颐：《元公周先生濂溪集》，岳麓书社，2006年，第101页。
② （宋）周敦颐：《元公周先生濂溪集》，岳麓书社，2006年，第102页。

（二）给傅耆讲学

北宋时期，傅耆因濂溪先生的学识，经常向他请教。傅耆，字伯成，遂宁县（今四川遂宁市）人，他是北宋著名蜀学家。濂溪先生在合州做通判时常常给傅耆讲学，之后二人书信不断。濂溪先生在合州时给傅耆写过一封书信，即闻名于世的《与傅耆伯成书》。该信节选如下：

> 惇实顿首傅君茂才足下：昨日饭会上，草草致书，不识已达否？日惟履用休适。惇实自春来，郡事并多。又新守将至，诸要备办。稍有一日空暇，则或过客，或节辰，或不时聚会。每会必作诗，雅则雅矣，形亦劳瘁，故尚未有意思为足下作策问。勿讶！勿讶！
>
> ……惇实顿首傅君茂才足下。三月四日。

濂溪先生此信作于嘉祐三年（1058）三月四日。通过信件内容我们可以了解到，原来濂溪在将这封信寄出的前一日，已有书与傅耆。一连两日寄信傅耆，足见二人的亲密关系。濂溪在信中抒发了公务繁忙、应酬较多的近况，所谓"雅则雅矣，形亦劳瘁"。此时，傅耆还在遂宁家中紧张地准备会试，他常向濂溪请求廷试时"策问"的范文。故濂溪的信中有"尚未有意思为足下作策问"，是说最近比较忙，等改日闲下来再写，还请傅耆不要担心。

（三）结交蒲宗孟

在合州，周敦颐原配陆氏去世，先生续娶蒲宗孟之妹为继妻。蒲宗孟，字传正，阆州新井人。宋仁宗皇祐五年（1053）进士，调夔州观察推官。熙宁元年（1068），改著作佐郎。宋仁宗嘉祐三年（1058）蒲宗孟初见濂溪先生，因其人品与学问所吸引，成为朋友，联姻为亲家。据《濂溪先生墓碣铭》载：

"嘉祐己亥，泛蜀江，道合阳，与周君语，三日三夜。退而叹曰：'世有斯人欤？真吾妹之敌也！'明年以吾妹归之。"① 铭记中说道蒲宗孟经过合州时与濂溪先生畅谈三天三夜，为其才华折服。第二年在蒲宗孟的介绍下，濂溪先生娶其妹为继室，从此，蒲宗孟与周敦颐由朋友进而成为至亲。蒲宗孟与周敦颐交往甚契，蒲宗孟有《寄茂叔虞曹十诗》收录在其《清风集》中，诗与铭相呼应，勾勒蒲宗孟与周敦颐交游的生动图景。

有别于胡宏、张栻、朱熹等人侧重于推崇濂溪先生学术思想，蒲宗孟诗文、铭记中的濂溪先生以德为本、以志为先、以山林意趣为乐，既坚持儒家立场，又有佛道兴趣。《墓碣铭》叙述周敦颐一生的仕宦生涯。蒲宗孟论及濂溪先生的情志时说"仕而必行其志，为政必有能名"②，认为濂溪先生在为政、为学上积极进取，志于求道。蒲宗孟论及濂溪先生儒家立场时说："窃须臾之生，以见尧舜礼乐之盛。"③ 表达濂溪先生以"图太平天下"的仕宦理想。蒲宗孟论及濂溪先生的山林意趣时说："生平襟怀飘洒，有高趣，常以仙翁隐者自许。尤乐佳山水，遇适意处，终日徜徉其间……乘兴结客，与高僧道人跨松萝，蹑云岭，放肆于山巅水涯，弹琴吟诗，经月不返。"④ 濂溪先生"与高僧道人跨松萝，蹑云岭"的精神生活和人生图景隐含栖心物外的山林幽趣及佛道旨趣。

（四）合州任职期间的诗歌创作

濂溪先生在合州创作了四首诗歌，《濂溪集》收录了《读英真君丹诀》："始观丹诀信希夷，盖得阴阳造化机。子自母生能致主，精神合后更知微。"⑤ 根据民国学者许毓峰的《宋周濂溪先生惇颐年谱》、粟品孝教授的《周敦颐与北宋蜀地学者的交往——附周敦颐佚诗三首》考证有三首为历代周敦颐文集和《全宋诗》未收，分别是《天池》《观巴岳木莲》《冠鳌亭（绵竹）》。

---

①②③④⑤　金生杨：《宋周濂溪全编》第二册，北京燕山出版社，2021年，第279页。

天池

清和天气年能几，短蒻轻纱近水涯。

风似相知偏到袖，鱼如通信不惊槎。

笑凭山色倾新瓮，醉傍汀阴数落花。

啸傲不妨明月上，一行归路起栖鸦。

观巴岳木莲

仙姿元是华巅栽，不向东林沼上开。

嫩蕊晓随梅雨放，清香时傍竹风来。

枝悬缟带垂金弹，瓣落苍苔坠玉杯。

若使耶溪少年见，定抛兰桨到岩隈。

冠鳌亭（绵竹）

紫霄峰上读书台，深锁云中久不开。

为爱此山真酷似，冠鳌他日我重来。

明代曹学佺《蜀中广记》评《天池》《观巴岳木莲》："是时濂溪判合州事，来游，二作亦皆轻逸不沾道学气。"①

（五）崇文兴学

"先生在合州，士之求学者甚众，犹称张宗范有文有行，故名其所居之亭曰养心，且语其圣学之要。"②濂溪先生在合州任职，有很多学子慕名而来求

① （明）曹学佺：《蜀中广记》卷十八，四库全书本，第15页。
② 金生杨：《宋周濂溪全编》第二十三册，北京燕山出版社，2021年，第97页。

学，不论贫穷富贵，先生都不拒绝学子。一时之间，合州学子读书求进蔚然成风，人才辈出，多人考取进士，州学名声大振。先生尤为欣赏张宗范。"张子宗范有行有文，其居，背山而面水。山之麓构亭，甚清净。予偶至而爱之，因题曰'养心'。既谢，且求说，故书以勉。"① 张宗范是众人中的楷模，他聘请能工巧匠在山顶修筑了一座八角亭并请周敦颐题写匾额。先生挥毫写下"养心亭"三字，后来还专门写了一篇《养心亭说》。

周敦颐在合州掌管大小事务，主持审理案件，相关文书，都仔细斟酌考量，先提出解决问题的具体措施，再向上级汇报。度正记载："在郡四年，人心悦服。事不经先生手，吏不敢决。"② 度正《年谱》中的周敦颐办事干练，在合州郡四年，同僚心悦诚服，大小事务不经过周敦颐的手，官吏都不敢擅自定夺。

濂溪先生在合州的仕宦生涯并不是一帆风顺的。在合州结识遂宁转运使赵抃时，濂溪先生也曾遭受谗言。赵抃，衢州人，景祐元年（1034）进士及第，曾任泗州通判、虔州知州、参知政事等职。元丰二年（1079），以太子少保致仕，谥号"清献"。在合州的赵抃与周敦颐交游不多。度正《年谱》说："时赵清献（赵抃）惑于谮口，待先生色甚威，先生处之超然。"③ 据《年谱》记载，周敦颐在合州为官时，赵抃恰巧是他的顶头上司。濂溪先生总管合州大小事务，有小人嫉妒贤能，向赵抃进谗言，诋毁周敦颐，说周敦颐独断专行，赵抃听信了谗言，对周敦颐印象不佳，对待周敦颐十分严厉。但周敦颐十分自信，始终相信清者自清、浊者自浊，胸怀磊落，毫不在意。

---

① （宋）周敦颐：《元公周先生濂溪集》，岳麓书社，2006年，第99页。
② 金生杨：《宋周濂溪全编》第二十三册，北京燕山出版社，2021年，第97页。
③ 金生杨：《宋周濂溪全编》第二十三册，北京燕山出版社，2021年，第96页。

四、濂溪先生任虔州通判

宋仁宗嘉祐六年（1061），周敦颐以国子监博士通判虔州，第三次进入江西。虔州是个大郡，管辖十县，包括以赣州市为中心的赣县、兴国、宁都、雩都、石城、瑞金、会昌、安远、龙南、信丰诸县的广大地区，治理起来难度很大。《宋史·职官志》记载："职掌体贰郡政，凡兵民、钱谷、户口、赋役、狱讼听断之事，可否裁决，与守臣通签书施行。"[1]宋代，通判是仅次于知州的要职，权力很大，"体贰"即是副职，一州的副长官。无论是上报还是下发文书，知州与通判同时签署，文书才能生效。

（一）与"铁面御史"赵抃诗歌唱和

度正《年谱》记："既至虔州，知虔州者赵清献也。至是，熟视先生所为，执其手，叹曰：'几失君矣，今日乃知周茂叔也。'荐之于朝，论之于士大夫，终其身。"[2]虔州知州是有"铁面御史"之称的赵抃，当年在合州时赵抃曾听信小人谗言，对待周敦颐十分严厉。这次通过具体工作接触，赵抃发现濂溪先生勤勉执政、才华出众、品行高洁，这才消除误解，与濂溪先生成为挚友。据《赣县志》载："嘉祐六年，知府赵清献、通判周敦颐在赣水东玉虚观讲学。"后来赵抃还多次向朝廷举荐他，在周敦颐以后的仕途和生活中起了重要的作用。

周敦颐与赵抃既是同僚又是挚友，两人交游颇多，在虔州有诗词酬唱之作六首。"先生曾赠诗与赵，赵亦次韵周茂叔国博见赠。"[3]这次诗词唱和濂溪先生的赠诗失传，赵抃的《次韵周茂叔国博见赠》收入《濂溪集》。宋仁宗嘉祐

---

[1] （元）脱脱：《宋史》卷一百六十七，中华书局，1977年，第28页。
[2] 金生杨：《宋周濂溪全编》第二十三册，北京燕山出版社，2021年，第98页。
[3] 许毓峰：《宋周濂溪先生惇颐年谱》，台湾商务印书馆，1986年，第58页。

七年（1062）七月，赵抃被召回朝廷担任侍御史知杂事一职。周敦颐与他同游九江马祖山香城寺，写下《万安香城寺别虔守赵公》一诗。诗如下：

> 公暇频陪尘外游，朝天仍得送行舟。
> 轩车更共入山脚，旌旆且从留渡头。
> 精舍泉声清潴潴，高林云色淡悠悠。
> 谈终道奥愁言去，明日瞻思上郡楼。

诗的开头写道："公暇频陪尘外游，朝天仍得送行舟。"短短14字，写出了他们相处的亲密无间，别离的依依不舍。

赵抃也不忍离去，深情地和诗回赠：

> 顾我入趋尧阙去，烦公出饯赣江头。
> 为逢萧寺千山好，不惜兰舟一日留。
> 清极往来无俗论，道通何处有离忧。
> 分携岂用惊南北，水阔风高万里秋。

他怀着和濂溪先生同样不舍的心情离开了虔州。赵抃虔守任满，周敦颐"出饯赣江头"为之送行。从诗中情况看，两人绝不是一揖即别，而是依依不舍，又相伴做了一次散缓的萧寺之游。临别的话语当然很多，所谈内容，我们不得而知，但从"往来无俗论""道通何处有离忧""谈终道奥愁言去"诸语及所游地点看，推测他们当时大约在谈论禅理。周敦颐是理学大师，对禅学也有精深的研习。赵抃四十岁后即系心禅门。在萧寺之中，谈论共同感兴趣的禅理，让通达透彻的禅家觉悟来慰抚即将离别的人生感伤，这或者正是一种无心

有意的别样安排。诗的最后两句说："分携岂用惊南北，水阔风高万木秋。"虔
州分别之后，虽然赵抃与周敦颐宦迹不同，但仍诗简往来。

《宋史·道学传·周敦颐传》中记载"熙宁初，知郴州。用抃公及吕公著
荐，为广东转运判官，提点刑狱，以洗冤泽物为己任"。在赵抃的举荐下，熙
宁初，周敦颐有知郴州军的任命，后又升为广南东路转运判官。周敦颐在任广
东提刑期间，因为尽心公务，积劳成疾，退隐南康，居于庐山莲花峰下。赵抃
以龙图阁直学士知成都府，再镇蜀地，听闻濂溪先生致仕，上书朝廷，拜章乞
留。朝廷任命到莲花峰下时，濂溪先生已经因病去世。赵、周的相识在蜀中，
而相交、相契乃在虔州，虔州之后，二人仍持续着深挚的友谊，一直到周敦颐
病逝。

（二）雩都留诗文

宋仁宗嘉祐八年（1063），濂溪先生与友人游览雩都，写下《行县至雩都，
邀余杭钱建侯拓、四明沈幾圣希颜，同游罗岩》一诗。诗句云："闻有山岩即
去寻，亦跻云外入松阴。虽然未是洞中境，且异人间名利心。"[①]濂溪先生性爱
丘山，因此"闻有山岩即去寻"。他写这首诗的时间是嘉祐八年（1063）五月
初七，诗歌末句"且异人间名利心"与《爱莲说》互训。

据度正《濂溪先生周元公年表》考证：

> 嘉祐八年癸卯，先生时年四十七。行县至雩都，邀余杭钱建侯拓、四
> 明沈幾圣希颜，游罗岩，正月七日刻石……五月作《爱莲说》。[②]

---

① （宋）周敦颐：《元公周先生濂溪集》，岳麓书社，2006年，第107页。
② 金生杨：《宋周濂溪全编》第一册，北京燕山出版社，2021年，第19页。"正月七日"为
　"五月七日"之误。

从当时的社会背景来看，《爱莲说》作于嘉祐八年五月，"五月十五日先生尝以'爱莲'名其居之堂，并为《爱莲说》以刻石。"①《爱莲说》以拓本的形式流传下来，有跋文："春陵周惇实撰，四明沈希颜书，太原王抟篆额，嘉祐八年五月十五日江东钱拓上石。"②两篇作品虽然文字不同，但主旨有异曲同工之妙，皆是身在尘世，心在物外。

（三）经历"虔州大火"事件

宋英宗治平元年（1064），虔州知州出缺，濂溪先生不得不以通判的名义负责全州政务。冬天，濂溪先生下县巡查，就在这个时刻，虔州发生大火，烧毁民房千余家。朝廷震怒，追责虔州职官。濂溪先生本无直接责任，却并不为自己申辩开脱，认为自己难辞其咎，甘受责罚。因为"虔州大火"事件，濂溪先生移调至偏远荒僻的湖南永州。虽然这次调动带有惩罚性质，但濂溪先生平静地接受了骤起波澜的宦途变迁。

五、濂溪先生通判永州

（一）寄情山水

周敦颐于治平二年（1065）三月绕道江州，游庐山，有《大林寺》，诗云：

三月僧房暖，林花互照明。路盘层顶上，人在半空行。

水色云含白，禽声谷应清。天风拂襟袂，缥缈觉身轻。

---

① 许毓峰：《宋周濂溪先生惇颐年谱》，台湾商务印书馆，1986年，第59页。
② 金生杨：《宋周濂溪全编》第三册，北京燕山出版社，2021年，第99页。

江南西路转运使李大临以诗谒先生于庐山濂溪。同年，李大临丁忧，濂溪先生作《慰李大临才元疏》：

> 惇实顿首：变故不常，窃审尊夫人太君奄弃荣养，伏惟号天永慕，难以胜处。罔极奈何！孝思奈何！敢冀节哀，以从中制，卑情不任苦痛之至，谨奉疏以慰。不宣，谨疏。四月□日，汝南周惇颐疏上。①

治平二年（1065）十二月，濂溪先生途经武昌，以诗寄送蒲宗孟。诗歌无法窥得原貌，只有从蒲宗孟的酬唱中，品读濂溪先生归乡途中的心绪。蒲宗孟诗为《乙巳岁除日收周茂叔虞曹武昌惠书，知已赴官零陵，丙午正月内成十诗奉寄》②。第一首诗云："潇湘流水阔，巫峡暮云疏。不得相从去，春风正月初。"蒲宗孟以"潇湘"之流水淼淼、"巫峡"之暮云卷舒，安抚濂溪先生因虔州大火平移永州通判的郁闷心情。第四首诗云："始彼南康责，谁知睿泽宽。还为半刺史，不失古虞官。"字里行间，寄托对濂溪先生仕途重启的期许，也彰显了濂溪先生矢志不渝、履践志向的价值取向。第七首诗首联为"山水平生好，尝来说退居"，此句与濂溪先生"闻有山岩即去寻，亦跻云外入松阴"中的山林雅趣相合。由蒲宗孟和周敦颐的诗词唱和可知，他们对内在生命意义的追求如出一辙。这正是北宋士人心目中的理想境界，立身处世以儒家道义为凭借，人生理想以寄寓高远的价值为取向。

治平三年（1066），濂溪先生到达永州。周敦颐在永州两年，寄情山水，留下多处题记，如澹岩、朝阳岩。治平三年四月六日，尚书虞部员外郎、通判永州军州事周敦颐，与同僚游永州零陵澹岩，同行者有尚书都官郎中、知军州

---

① （宋）周敦颐：《元公周先生濂溪集》，岳麓书社，2006年，第104页。
② 金生杨：《宋周濂溪全编》第十九册，北京燕山出版社，2021年，第408—410页。

事陈藻君章，郡从事项随持正，零陵令梁宏巨卿。周敦颐亲笔手书题记，石工刻于石上，今石刻已毁灭无存，仅留旧拓。治平三年十二月十二日，周惇颐与荆湖南路提点刑狱公事、尚书职方郎中程濬治之，尚书虞部郎中、知军州事鞠拯道济，同游永州朝阳洞，留下题记。

（二）严于律己

治平三年，濂溪先生在永州任职，永州与他的家乡道州山水相连，正好可以慰藉他三十年宦游的绵密乡愁。正是因为离家乡道州很近，一些亲友便频繁跟他联系。濂溪先生十分挂念故里亲友，有书信《与仲章侄手帖》①传世。信曰：

> 仲章：夏热，计新妇、男女安健。我此中与叔母、季老、通老、韩姐、善善以下并安。近递中得先公加赠官诰，赠谏议大夫，家门幸事！汝备酒果香茶诣坟前，告闻先公谏议也。未相见，千万好将息！不具。叔叔付仲章，六月十四日。
>
> 诸处书立便使周一父子送去。叔母、韩姐传语汝与新妇、侄女、侄儿：各计安好，将息将息！百一、百二附兄嫂起居之问。善善与新妇安安！汝切不得来！不得来！周三翁夫妻安否？周一父子看守坟茔小心否？周幼二安否？如何也？

濂溪先生在书信中向故旧亲友问好。第一问："夏热，计新妇、男女安健。"这是濂溪先生向仲章侄儿的媳妇、孩子们问好。第二问："叔母、韩姐传

---

① （宋）周敦颐：《元公周先生濂溪集》，岳麓书社，2006年，第104—105页。

语汝与新妇、侄女、侄儿：各计安好，将息将息！"这是濂溪先生代蒲氏、长女韩姐向侄儿仲章、仲章媳妇、女儿、儿子问好。第三问："百一、百二附兄嫂起居之问。"这是濂溪先生代自己的儿子周寿、周焘致问候。第四问："善善与新妇：安安安！"这是濂溪先生代次女善善向仲章媳妇问好。第五问："汝切不得来！不得来！"这是濂溪先生嘱咐侄儿仲章安于本分，不要到永州来求官。第六问"周三翁夫妻安否？周一父子看守坟茔小心否？周幼二安否？如何也？"这是濂溪先生向周氏宗亲周一父子、周幼二、周三翁夫妻问安。

从这封家书中，我们可以看到濂溪先生对家人平安的期待。同时，他还嘱咐侄儿不要到任所来。但是，他的侄子周仲章还是从家乡道州赶到永州来探望他，并希望在他那里求个一官半职，周敦颐断然拒绝。周仲章启程回乡前，周敦颐送了些银两和布匹给他，并写了一首诗《任所寄乡关故旧》①让他带回家乡，给父老们看看，以表明自己的政治态度和为官期许。诗云：

> 老子生来骨性寒，宦情不改旧儒酸。
> 停杯厌饮香醪味，举箸常餐淡菜盘。
> 事冗不知筋力倦，官清赢得梦魂安。
> 故人欲问吾何况，为道春陵只一般。

周敦颐借"寄乡关故旧"为名，表明自己的心迹，告诫某些惯于寻津觅径的人，循章按律、公事公办。这首诗共八句，可以分成两段来看，前四句讲为人，濂溪先生日常饮食十分清寒。后四句讲为政，濂溪先生为政非常勤勉。虽然官府事务繁多，他也不知疲倦。还告诉侄子，乡关故旧要是问候近况，就说

---

① 金生杨：《宋周濂溪全编》第十九册，北京燕山出版社，2021年，第385页。

我这样做官只是常态。濂溪先生在信中说"汝切不得来",在诗中说"官清赢得梦魂安",都是在表达对乡关故旧寻津觅径的果断拒绝。但周敦颐不是无情的,从"钱不满百"故事中,我们知道,他常年接济族人,导致他家中存不下钱财。

治平四年(1067)三月一日,周惇颐携二子周寿、周焘和侄儿周立、侄孙周蕃一起回营道扫墓,对家中的祖坟、祖业进行了处置,将离开家乡时留下的十几亩薄田正式移交给望守其家的族人周兴,作为请他常年守墓地的报酬。从濂溪先生处理祖产中可以看出,当时他已经决定不回家乡,选择定居庐山。周敦颐在永州做通判期间还写下《拙赋》,对后世影响颇大。后人在永州通判厅后作"拙堂",刻《拙赋》于石。

周敦颐自40岁任合州判官至50岁任永州通判,实际的官职并未提高,但京官的空衔在不断上涨。宋仁宗嘉祐八年(1063)四月,英宗即位时,大赦天下,百官加爵一等,周敦颐迁虞部员外郎,为六品寄禄官;治平二年(1065)十一月,朝廷举行合享礼,也就是英宗皇后高氏的封后册礼,加恩百官,周敦颐晋比部员外郎;到永州的第二年,神宗登基,加恩百官,周敦颐迁朝奉郎尚书驾部员外郎,简称别驾。

六、濂溪先生代理邵州

治平四年(1067)的五月七日,周敦颐离开永州,去邵州(今湖南邵阳市)代理知州。自永州前往邵州,要经过永州到邵阳的官道,周敦颐在永州市东安县城以北一百里处游览了九龙岩,留下题刻:"治平四年五月七日自永倅往权邵守,同家属游春陵。周敦颐记。"

治平四年十一月,周敦颐到永州上任后不久就去考察州学,去孔庙拜谒先圣。他发现邵州州学地势低洼、破败不堪,而且州学夹在监狱与仓库之间,面积狭隘、建筑压抑、阴暗潮湿。他立即作出决定,择地迁学。熙宁元年

（1068）正月三日新建的邵州州学落成，州学新迁，周敦颐专门写了《邵州新迁学释菜祝文》和《告先师文》，郡民反响甚佳。时任荆湖北路提点刑狱的孔延之写下《邵州新迁州学记》。孔延之（1013—1074），字长源，今江西省峡江县罗田镇人。他是孔子第四十七代孙。宋仁宗庆历二年（1042）考中进士。他曾经担任封州知州，荆湖北路提点刑狱等官职。孔延之在《邵州新迁州学记》中写道："周君好学博通，言行政事，皆本之六经，考之孟子，故其所施设，卓卓如此。"① 可以说孔延之对周敦颐的才学评价很高，认为周子其人其学，继承了孟子的思想。

周敦颐在邵州任职的时间极短，仅半年时间。《宋史》记载，熙宁元年周敦颐有知郴州军的任命，但经赵抃和吕公著的推荐，被擢升为广南东路转运判官。

七、提点广南东路刑狱

（一）升任广南东路转运判官

在广南东路，周敦颐历任两个官职，一个是广南东路转运判官，另一个是广南东路提点刑狱。宋神宗熙宁元年五月，周敦颐升任广南东路转运判官。路是宋代最高的地方行政机构，全国分京城、京东、京西等22路，路设安抚使，转运判官是安抚使的属员。周敦颐担任转运判官期间，足迹遍布广东山山水水。熙宁元年，濂溪先生至连州大云崖留题，至惠州，有诗《题惠州罗浮山》②：

　　红尘白日无间人，况有鱼绯击此身。

---

① （宋）周敦颐：《元公周先生濂溪集》，岳麓书社，2006年，第101页。
② （宋）周敦颐：《元公周先生濂溪集》，岳麓书社，2006年，第109页。

关上罗浮闲送目，浩然心意复吾真。

熙宁二年（1069）正月，周敦颐有端州阳春岩的题名，三月，留下七星岩的题名。熙宁三年（1070），54 岁的周敦颐以虞部郎中任广南东路提点刑狱，走向仕途顶峰。

熙宁四年（1071），濂溪先生在潮州，有诗《按部至潮州题大颠堂壁》①：

退之自谓如夫子，原道深排释老非。
不识大颠何似者，数书珍重更留衣。

在春州，有诗《按部至春州》②：

按部广东经数郡，若言岚瘴更无春。
度山烟锁埋清昼，为国天终护吉人。

（二）巡察端州、洗冤泽物

周敦颐提点广南刑狱期间，以民为本，洗冤泽物，为百姓做了很多实事。提点广南刑狱，具体说来就是掌管辖区内案件复核，以纠误判，并处理久拖不决的疑难案件，还兼有对官员举荐弹劾的责任。熙宁四年（1071），他巡察端州，办了一件令人们称颂之事。端州治所在今广东高要县，因境内有端溪而得名。端溪盛产端溪石，以石质坚实细润而驰名于世，可做端砚，用端砚研墨不滞，发墨快，研出之墨汁细滑，书写流畅不损毫，字迹颜色经久不变，是文人

---

①② （宋）周敦颐：《元公周先生濂溪集》，岳麓书社，2006 年，第 108 页。

珍爱的文房四宝之一。上品端砚，无论是酷暑还是严冬，用手按其砚心，砚心湛蓝墨绿，水气久久不干，故古人有"呵气研墨"之说，位居中国四大名砚之首。北宋熙宁年间，端州知州杜谘下令禁止砚工开坑取石制砚，而把砚石全部霸为己有，人送外号"杜万石"。知州杜谘，利用职权，与民争利。有了州官带头，各级官员纷纷仿效知州杜谘的做法，使得底层百姓怨声载道。周敦颐巡察后，上报朝廷，查处贪官，制止杜谘不当的做法，并请求朝廷下发禁令，从制度上解决弊端，凡在端州供职的官员，取砚石不得超过两枚。他的建议得到批准，从制度上进行约束，收效显著，端州贪风顿息。

周敦颐任提点刑狱后，踏遍了广东的山山水水，到过潮州、端州、惠州、肇庆、韶州、南恩州等地，以"洗冤泽物为己任"。《宋史》记载："先生尽心职事，务在矜恕，以洗冤释物为己任，虽荒涯绝岛，瘴病之乡，皆必缓视徐按，不惮劳瘁。"[①] 广南地区，山林密集，天气潮湿炎热，又多瘴疠，周敦颐事必躬亲，即使是极为偏僻之地，也按制度逐一巡察。熙宁四年夏天，周敦颐积劳成疾，病倒了。又听说母亲在润州的坟茔被水冲击垮塌，于是心怀仁孝的周敦颐请调南康知州。

第七节　濂溪先生归隐及其影响

一、濂溪先生退隐南康

（一）请调南康

熙宁四年（1071）八月初一，周敦颐移知南康军。南康是等同下州的一

---

① （元）脱脱：《宋史》，中华书局，1977年，第12711页。

个军，辖星子（今江西星子县）、建昌（今江西永修县）、都昌（今江西都昌县）三县，属江南东路。周敦颐于熙宁四年第四次进入江西，抵达南康。十二月十六日，先生改葬母亲郑太君于江州德化县濂溪书堂附近的三起山。这年冬天，周敦颐因多病体弱，请求解职。他上交官印后，结束仕途生活。

（二）归隐九江

熙宁五年（1072），56 岁的周敦颐离开官署，回到他在庐山修筑的濂溪书堂，度过了一段闲适安稳的生活。濂溪先生归隐山林后，潜心钻研理学，在濂溪书堂讲学，过了两年无官一身轻的自在日子。周敦颐在《濂溪书堂诗》①中记录了这段闲云野鹤的悠闲时光，诗云：

> 元子溪曰瀼，诗传到于今。此俗良易化，不欺顾相钦。
> 庐山我久爱，买田山之阴。田间有流水，清泚出山心。
> 山心无尘土，白石磷磷沈。潺湲来数里，到此始澄深。
> 有龙不可测，岸木寒森森。书堂构其上，隐几看云岑。
> 倚梧或欹枕，风月盈中襟。或吟或冥默，或酒或鸣琴。
> 数十黄卷轴，贤圣谈无音。窗前即畴圃，圃外桑麻林。
> 芋蔬可卒岁，绢布足衣衾。饱暖大富贵，康宁无价金。
> 吾乐盖易足，名濂朝暮箴。元子与周子，相邀风月寻。

《濂溪书堂诗》由"元子溪曰瀼，诗传到于今"开篇，"元子"指的是唐代文学家元结。《广舆记》记载元结曾居住在瑞昌瀼溪上。元结还写下了多篇与

① （宋）周敦颐：《元公周先生濂溪集》，岳麓书社，2006 年，第 109 页。

濂溪有关的诗歌。因此，周敦颐也在庐山濂溪筑书堂，写下"书堂诗"。由诗歌中"书堂构其上，隐几看云岑"一句可知濂溪先生有闲情逸致，赏庐山青山绿水与层云；由"或吟或冥默，或酒或鸣琴"可知濂溪先生在庐山的日子有诗、有酒、有鸣琴；由"数十黄卷轴，贤圣谈无音"可知濂溪先生尚友古人，与唐贤元结敞开心扉、畅谈经纶；由"窗前即畴圃，圃外桑麻林；芋蔬可卒岁，绢布足衣衾"可知濂溪先生甘享田园生活的平淡与安宁。

宋神宗熙宁六年（1073）六月七日，周敦颐病逝九江，享年 57 岁。

二、濂溪先生归隐的影响

濂溪先生与庐山结缘，始于嘉祐六年（1061）他任职虔州的契机。自古庐山以雄、奇、险、秀的自然风光著称于世，春天可赏繁花似锦、夏天可赏银河倒泻、秋天可赏层林尽染、冬天可赏白雪皑皑。庐山文化底蕴深厚，从陶渊明的"种豆南山下，草盛豆苗稀"，李白的"飞流直下三千尺，疑是银河落九天"到白居易的"人间四月芳菲尽，山寺桃花始盛开"，无数文人墨客留下盛赞庐山的诗篇。庐山是儒释道三家合流的圣地，佛寺兴盛、道观林立，有"北东林、南简寂"的盛名。庐山还是诗家归隐的净土，"五岳寻仙不辞远，一生好入名山游"的李白归隐庐山感叹"庐山秀出南斗傍，屏风九叠云锦张。"白居易的《庐山草堂记》有言："庐山以灵胜待我，是天与我时，地与我所。"濂溪先生归隐庐山也是理所当然。

（一）"濂溪书堂"中的寻根意识

嘉祐六年，濂溪先生爱庐山胜景，有在此定居的想法。他在庐山莲花峰下修建书堂，一条小溪流经山脚，先生以"濂"命名，书堂为"濂溪书堂"。邓显鹤辑《周子全书》记载："先生晚岁寓九江爱庐山之胜，筑室，其地亦名濂溪，示不忘本之意。"①庐山莲花峰小溪与周敦颐家乡的"濂溪"同名，邓显鹤以为先生以"濂溪"命名小溪，有不忘根本之意。濂溪先生一生宦游，曾守御江西、湖南、四川、广东等地，致仕后不选择荣归故里，而是择一山清水秀之地颐养天年。古代山水阻隔，虽因怜惜胜景而自主选择归隐庐山，但内心深处仍然心怀故土，"羁鸟恋旧林，池鱼思故渊"的思乡之情无法排遣。因此，以家乡"濂溪"之名命名庐山无名小溪，寄托"切切故乡情"。

以"濂溪书堂"作为思乡情怀的象征，作为根脉传承的安居之所。濂溪先生宦游则跋山涉水、访胜探幽，退隐则傍水依山、居幽揽胜。傍濂溪而思"濂溪"，是托物言志的寻根行为。"望阙云遮眼，思乡雨滴心"的思乡情怀正是寻根意识的表征。"濂溪"中可见去国怀乡之情与寻根溯源之思互为表里，正如先秦典籍《道德经》所言："夫物芸芸，各复归其根。"

（二）"濂溪书堂"中的理学精神

濂溪先生归隐后在庐山莲花峰下建"濂溪书堂"，这一选择并非全然为了寄情山水、观景揽胜、寄情怀乡，而是折射出明体达用、心怀天下的宏阔气象。周敦颐在与潘兴嗣的交谈中谈道："可止可仕，古人无所必。束发为学，将有以设施，可泽于斯民者。必不得已，止未晚也，此濂溪者，异时与子相从于其上，歌咏先王之道，足矣！"②由此，可以看出周敦颐修建濂溪书堂目的有二，其一为"歌咏先王之道"，其二为"泽于斯民者"。"歌咏先王道统"是为复归孔孟道学，此为"体"；"泽于斯民者"是为阐扬经典，宣文教化，此为"用"。"濂溪书堂"正是濂溪先生寄寓体用合一思想的空间。

体用思想聚合于濂溪书堂的创建之初。《易经·系辞上传》有言"神无方

---

① 金生杨：《宋周濂溪全编》第二十三册，北京燕山出版社，2021年，第77页。
② （宋）周敦颐：《周敦颐集》，中华书局，1990年，第85页。

而易无体"，《论语》说"礼之本""礼之用"。程颐在《易传序》论道："至微者理也，至著者象也。体用一源，显微无间。"① 程子言论中的"至微"之"理"就是"体"，是最高精神本体，"至著"之"象"则是"体"派生出来的现象。而"体用一源"观点由程子发扬，却初显于"濂溪书堂"的设立宗旨中。

体用思想明达于宋儒议论中。胡瑗后学有"今学者明夫圣人体用，以为政教之本，皆臣师之功"② 的言论，并明确地阐述了"君臣父子，仁义礼乐，历世不变者，其体也；举而措之天下，能润泽斯民，归于皇极者，其用也。"③ 宋学后儒以"明体达用"标榜自己的为学宗旨，殊不知在宋初莲花峰下的"濂溪书堂"，周敦颐以"歌咏先王之道""明体"，以"润泽斯民""达用"。

"明体"则歌咏先王道统，复归孔孟道学。周敦颐代理邵州知州时，发现州学地势低洼、潮湿且容易积水，就择地迁州学，勉励学子并"语以圣学之要"。④ 当时孔子四十七代孙孔延之任职荆湖北路提点刑狱，他在《邵州新迁州学记》中写道："周君好学博通，言行政事，皆本之六经，考之孟子，故其所施设，卓卓如此。"⑤ "六经"，是指经过孔子整理而传授的六部先秦古籍。这六部经典著作的全名依次为《诗经》《书经》(即《尚书》)《仪礼》《易经》(即《周易》)《乐经》《春秋》。通常来说，"六经"即为先王政典。孔子及其弟子编修《六经》是在礼崩乐坏的失序时代对上古文明的总结，也奠定了礼乐教化的新秩序，体现了中华文明的根本精神。"此孔子所以贤于尧舜，为生民所未有，其功皆在删定《六经》。"⑥ 如皮锡瑞所说，孔子"晚定《六经》已定万世，尊之者以为万世师表。自天子以至于士庶，莫不读孔子之书，奉孔子之

① （宋）程颢、程颐著，王孝鱼点校：《二程集》，中华书局，1981 年，第 582 页。
②③ （清）黄宗羲：《宋元学案》卷一，中华书局，1986 年，第 25 页。
④ 金生杨：《宋周濂溪全编》第一册，北京燕山出版社，2021 年，第 77 页。
⑤ 金生杨：《宋周濂溪全编》第一册，北京燕山出版社，2021 年，第 169 页。
⑥ （清）皮锡瑞、周春健校注：《经学通论》，华夏出版社，2021 年，第 1 页。

教"。① "六经"中保存了先王治理国家的政治思想，为政教之根源。周敦颐 "歌咏先王道统" "言行政事，本之六经，考之孟子"实际就是遵循以"礼"为中心的先王典章，发扬经学的政教功能。李澄源的《经学通论》说："吾国既有经学以后，经学遂为吾国人之大宪章，经学可以规定私人与天下国家之理想。"② 周敦颐在绍州为官，在政事上以经学为"模范"，在个人言行中以经学为"楷式"，孔延之评论周敦颐在绍州的政治得失，衡量其言语行止，也以经学为权衡。正是因为"经为明道之书，故经学为万古不变之道"。③ 濂溪先生为绍州知州，忧国奉公，复归孔孟。晚年超然林下时，濂溪先生也不忘歌咏先王道统，为宣扬"六经"之典、孔孟之道提供不变之常法。

"达用"则明圣人教学之意，"泽于斯民"。孟子说孔子是"可以仕则仕，可以止则止"。潘兴嗣《墓志铭》记载濂溪先生"可止可仕"，鲜明地表达了周敦颐的政治抱负。孟子还说："古之人，得志，泽加于民；不得志，修身见于世。穷则独善其身，达则兼善天下。"（《孟子·尽心上》）这些言论足以说明周敦颐与孔孟思想一脉相承。至于"束发为学，将有以设施，可泽于斯民"鲜明地体现了周敦颐的政治理想，反映了儒家积极入世的根本精神和北宋初年儒家复兴的历史潮流。

---

① （清）皮锡瑞、周春健校注：《经学通论》，华夏出版社，2021年，第1页。
②③ 李源澄：《经学通论》，文听阁图书有限公司，2008年，第4—5页。

第二章　濂溪先生"三仕郴阳"

　　"衡之南八九百里，地益高，山益峻，水清而益驶。其最高而横绝南北者岭，郴之为州。"①韩愈在《送廖道士序》中称"郴之为州，又当中州清淑之气，蜿蜒、扶舆、磅礴而郁积"②。自古"淑"有善、美之意，用清淑之气形容郴州的山川城邑是极高的评价。"文起八代之衰，道济天下之溺"的韩愈三下岭南，六过郴州。在他眼中，郴州为人杰地灵、钟灵毓秀之所在。

　　郴州的历史沿革从秦置郴县开始，两汉置桂阳郡。隋唐时称为郴州，宋又称军。宋初，太祖置桂阳州，属于荆湖南北二路安抚司，置郴州军，属于湖南道。张浮休《百咏诗序》云："在湘之东南五六百里，其地皆山谷，实岭之北麓，当五岭未开之时，郴为南方极远之地。"③郴州城池建设始于汉代，汉太守杨璆首修郴州城池，后周显德三年（956）重新修筑子城。除州城外，各县城城池建设较为晚近。宋淳熙年间（1174—1189），知县吴镒修筑宜章土城；宋

---

①② （唐）韩愈著，马其昶校注，马茂元整理：《韩昌黎文集校注》，上海古籍出版社，2021年，第287页。

③ （宋）祝穆、祝洙、施和金点校：《方舆胜览》，中华书局，2003年，第448页。

嘉定九年（1216），侍郎周思诚修筑桂阳城；郴州在明洪武年间改为直隶州。郴州下辖郴县、永兴、兴宁、宜章、桂阳、桂东。成化十一年（1475）都御史吴琛修筑桂东土城；正德三年（1508），指挥守备周辅修筑永兴城池。

郴州在群山之间，多高山大泽延绵数百里。郴州有水，因源于黄岑山（骑田岭）而得名黄水，现在一般称郴江。古人将山之南，水之北称为阳。而郴城位于郴江之北而得名郴阳。周敦颐在郴州有三次任职经历，曾担任郴县令、桂阳令、郴州知军，古称"三仕郴阳"。周敦颐一仕郴州，开始于宋仁宗庆历六年（1046）冬，当时周敦颐三十岁，移郴县令，经庆历七年、八年和皇祐元年，任职近四年。周敦颐二仕郴州，开始于宋仁宗皇祐二年（1050），周敦颐三十四岁，就任桂阳令（今汝城县），任职四年。周敦颐三仕郴州，当为宋神宗熙宁元年（1068），周敦颐五十二岁，有知郴州军的任命，但经赵抃、吕公著举荐后，调任广南东路转运判官。这就是周敦颐三次郴州为官的经历。

第一节 任郴县令

宋仁宗庆历六年（1046）有两件事值得被铭记。金秋九月，应滕子京之邀，北宋名臣范仲淹写下传世名篇《岳阳楼记》抒发个体情怀和政治抱负。玄冬来临，循良之吏周敦颐出任郴县县令，郴州成为理学策源之地。

据度正《濂溪先生周元公年表》记载，"是年（庆历六年）冬，以转运使王逵荐，移郴州郴县令"①。纵观周敦颐一生的仕宦经历会发现他以刑问讼狱，明断有方为世人知晓，二十五岁任分宁县主簿时有"一讯立辨"之名；仕途尾声，提点广南东路刑狱后以"洗冤泽物为己任"。周敦颐担任郴县令之前，是

① 金生杨：《宋周濂溪全编》第一册，北京燕山出版社，2021年，第16页。

南安军司理参军，负责掌管南安军的刑讼审讯。北宋淳化元年（990），虔州分割后设置南安军，下辖大庾、南康、上犹三县。周敦颐任职南安军司理参军时刑问诉讼，明断有方，得到荆湖南路转运使王逵的推荐，担任郴县令，由主掌讼狱转变为主政一方。这是周敦颐第一次全面展示个人的政治才华，史志评价周敦颐在郴县政绩卓著。

一、首修县学

周敦颐任期的第一件事就是修建学校，培育人才，这是他任职郴州的首要功绩。据度正《濂溪先生周元公年表》记载："先生首修县学以教人，有《修学记》。"[①] 学校是教育的根本，是人才培育的摇篮，因此，文教兴盛首先要修建学校。郴州东隅文教鼎盛，周敦颐任郴县令期间在州城东三十里的鱼鲜山建周茂叔读书堂。理学大家程颢、程颐，曾跟随濂溪先生在此读书。郴州州学也在郡城东隅，直到宋乾道四年（1168）知州薛彦博迁于城西义帝祠。

周敦颐兴文重教的原因有三重，源于周敦颐从学受教的经历，源于宋初郡县的教育现状，源于庆历新政后，官办学校教育的强化。首先，从周敦颐的从学经历来说，周敦颐十九岁时随舅舅到杭州任职，并在苏州、湖州两地游学，"遂奋然有见于道"。[②] 苏、湖两地游学的经历给周敦颐留下深刻印象，使得他在担任郴县令后以修建学校作为任期的首要任务。其次，北宋初年，由唐朝流传下来的州县乡党官学教育制度基本没有恢复，对人才的需求使得"有责任感的士人又首先起来自觉地分担起培养人才、发展教育的职责了"。[③] 北宋初年，州县乡党官学教育制度颓败，对人才的需求促使教育急速发展。各地办学

① 金生杨：《宋周濂溪全编》第一册，北京燕山出版社，2021年，第16页。
② 许毓峰：《宋周濂溪先生惇颐年谱》，台湾商务印书馆，1986年，第10页。
③ 邓洪波：《中国书院史（增订版）》，武汉大学出版社，2012年，第78页。

兴教风气极盛，书院鳞次栉比。最后，宋代儒官历来重视教化，有兴教立学的传统，在仁宗庆历四年（1044）颁布的贡举新法中允许州县立学，强化了学校教育。《续资治通鉴长编》卷一百四十七记载："乙亥，诏曰：'……州若县皆立学，本道使者选属部官为教授，三年而代。'"①北宋初年，朝野上下极为重视教育。郴县办学是周敦颐在郴县任上的一大政绩。但是，由于年代久远，修学的具体情况不得而知。特别是周敦颐所写《修学记》已经失传，确实是一大憾事。

周敦颐为郴州开创了一个教育鼎盛的局面，为郴州文化教育的传承作出了重大贡献，自周敦颐"三仕郴阳"，濂溪学思想不断，周敦颐每到一处便兴教办学，致力于人才的培养。他在湖南任职十多年，身体力行地设教讲学。据《汝城县志》卷十七记载："按通考，宋初有郡国乡党之学而无州县学。皇祐四年，始诏州县立之。"郴阳地区成为濂溪理学的过化之地，后来郴县、汝城为了纪念周敦颐分别建立了"濂溪祠""濂溪书院"。濂溪书院成为孕育理学精神的摇篮，对于地域思想文化的承上启下意义重大，"濂溪书院"的修建，除了教书育人、教化民风，也给理学思想的阐扬提供了公开平台。

二、初平读书

周敦颐在郴州育人的首要功绩是教导程颢、程颐，除此之外，濂溪先生还为郴州知州李初平讲学。《濂溪先生周元公年表》记载："八年戊子，先生年三十二。知州事职方中外郎李初平知其贤，不以属吏遇之。"②濂溪先生担任郴县令的第三年，他讲学的声望已经传到李初平耳中，李初平十分欣赏先生的才干，与他交往密切。他看到濂溪先生热情办学，非常赞赏，对他很客气，不作

---

① （宋）李焘：《续资治通鉴长编》第一册，中华书局，1995年，第3563—3564页。
② 金生杨：《宋周濂溪全编》第一册，北京燕山出版社，2021年，第16页。

属官看待。《文献通考·职官考一》记载："宋朝设官之制，名号、品秩一切袭用唐旧。"而"官人授受之别，则有官、有职、有差遣。官以寓禄秩、叙位著，职以待文学之选，而差遣以治内外之事"。① 李初平的职方中外郎在北宋前期是六品寄禄官，知郴州军为其差遣。职方中外郎为尚书省兵部职方司副长官，掌天下地图、城隍、镇戍等事。从李初平的官职分析，李初平是武官，不通儒学经义。"尝见李初平问周茂叔云：'某欲读书，如何？'茂叔曰：'公老矣，无及也，待某只说与公。'初平遂听说话，二年乃觉悟。"② 周敦颐每天抽出一定的时间为李初平讲学。这样坚持一年多，李初平居然颇有收获，他正想循此继进，不幸疾病夺去了他的生命，但他读书的愿望得到了满足。李初平知遇周敦颐，周敦颐为知州讲学，并在两年的讲授中深刻地影响了李初平在郴州立学育人的治绩。宋广南东路转运使祖无择在《龙学文集卷七·郴州学记》记载："皇祐五年（1053）七月，郴州新作夫子庙学成，……郴于湘南，介要荒之地，向之为州者，往往陋其俗而不教之使知其方，故旧祠圮毁，而弦诵之音未之闻焉。前年陈君通判是州，与太守李君初平，始谋撤故而新之。……虽肇于李而成功者陈也。"③ 皇祐五年，周敦颐正在桂阳为令，郴州夫子庙学的建立"肇于李"，或有周敦颐以理学道脉化育之功。

清朝学问大家黄宗羲在《宋元学案·濂溪学案》中记录了李初平的问学事迹，黄百家纂辑时，在《宋元学案》中把李初平列为"濂溪弟子"，百家谨案记载："先生为元公上官，有谓不当列弟子者。夫学以传道为事，岂论势位。自古至今，有弟子而不能传道多矣。以先生之虚怀问业，悉心听受，二年有得，与二程同列诸弟子之班，足见先生之盛德，又何嫌哉！"④ 后来全祖望修订

① （宋）马端临：《文献通考》第二册，中华书局，1986 年，第 437—438 页。
② 金生杨：《宋周濂溪全编》第一册，北京燕山出版社，2021 年，第 16 页。
③ 四川大学古籍研究所：《宋集珍本丛刊》，线装书局，2004 年，第 694 页。
④ （清）黄宗羲：《宋元学案》，全祖望补修，中华书局，1986 年，第 529 页。

《宋元学案》时，又将李初平改列为"濂溪讲友"。

三、济众为怀

周敦颐任职郴州还不忘涵养郴州民风。郴州"民俗愿朴而劲"①，韩愈《送廖道士序》云："意必有魁奇、忠信、才德之民生其间。"②自古，郴州民风古朴，有忠信、才德之民。周敦颐任郴县县令期间，更是以一身正气，涵养民风。他不仅为知州李初平讲学，并在李初平去世后"经纪其家"。李初平为人正直，为官清廉。度正《濂溪先生周元公年表》记载："皇祐元年己丑（1049），先生时年三十三。李初平卒，子幼，先生曰：'吾事也。'为护其丧归葬之，往来经纪其家，始终不懈。"③周敦颐在李初平在世时，尽量满足他读书的愿望；在他去世后，又全力料理他的后事，慨然承担了护丧归葬的责任，并始终不懈地照顾他的家庭，表现出对故友的可贵情谊，堪称"道之以德，齐之以礼"的典范。周敦颐为人修身自律，一身正气，济众为怀。他的仁爱之举发自内心，对待亲朋旧交极讲道义。他恪守儒家君子的道德标准，倡导诚信，光明磊落，有着高尚的道德情操。正因为如此，他的言行得到了同代儒士的高度赞赏。潘兴嗣以铭记录周敦颐的义举，"士大夫闻君之风，识与不识，皆指君曰：'是能葬举主者。'"④李初平与周敦颐之间知遇荐赒的交往彰显了北宋士大夫精神的独特气质。陈昭谋在嘉庆《郴州总志》第二十三卷《名宦志》中赞誉周敦颐的治绩，"劝农桑、兴学校，以道学倡士，类士皆从化。"⑤

---

① （宋）祝穆、祝洙、施和金点校：《方舆胜览》，中华书局，2003年，第448页。
② （唐）韩愈、马其昶校注，马茂元整理：《韩昌黎文集校注》，上海古籍出版社，2021年，第287页。
③ 金生杨：《宋周濂溪全编》第一册，北京燕山出版社，2021年，第17页。
④ （宋）周敦颐：《元公周先生濂溪集》，岳麓书社，2006年，第136页。
⑤ 清嘉庆《郴州总志》，岳麓书社，2010年，第401页。

第二节　任桂阳令

度正《濂溪先生周元公年表》记载："皇祐二年庚寅（1050），先生年三十四，改桂阳令。"① 按惯例，县令任职三年后，如果没有升迁，也需要改任。皇祐二年，周敦颐任职郴县四年后，改任桂阳令。陈昭谋在嘉庆《郴州总志》第二十三卷《名宦志》中赞誉周敦颐"调为桂阳令，治绩尤著"。②

周敦颐任桂阳（今汝城）县令，为官清正廉洁。古桂阳县地处郴州东南的大山深处，交通闭塞，经济落后。清代邓显鹤《周子全书》卷首的《周敦颐年谱》中有这样的记载："皇祐四年壬辰（1052），先生年三十六，时于桂阳县厅置木匦一。高四尺，阔视其高加尺焉，以贮官文书，上镂'皇祐四年置，桂阳县令周'十字，而书押于下。"③ 北宋桂阳县，百废待兴，县衙连放置官方文书的柜子都没有。周敦颐制备了一个木匦，即一种匣子。这个木匦高四尺，宽度可以根据需要增加。从木匦上镂刻的"桂阳县令周"等字样可以看出，这个木匦是周敦颐专门用来放置官方文书的。可见周敦颐极为重视官方文书归档整理，建立了完备的文书管理制度，为官立制有方。

明镇江府通判朱守蒙是古桂阳人，他在《桂阳修学记》中谈到周敦颐在桂阳为令，"虽历世久远，而淳风美化之在人心者，尚如一日也。"④ 诸如此类的评价常见于地方志、濂溪祠记等文献中。可见，周敦颐的德行风范已经深入人心。周敦颐在桂阳县为官清正廉洁，以理学育人，治绩卓著。任满后受举荐擢升南昌知县。《周敦颐年谱》记载："皇祐五年癸巳（1053），先生时年三十七，先生在郴、桂皆有治绩，诸公交荐之。至和元年甲午（1054），先生时年

---

① 金生杨：《宋周濂溪全编》第一册，北京燕山出版社，2021年，第17页。
② 清嘉庆《郴州总志》，岳麓书社，2010年，第401页。
③ 金生杨：《宋周濂溪全编》第二十三册，北京燕山出版社，2021年，第92—93页。
④ 清嘉庆《郴州总志》，岳麓书社，2010年，第824页。

三十八。用荐者言,改大理寺丞,知洪州南昌县。"① 大理寺丞是京职,分管大理寺的各项事务。北宋初年,大理寺丞为寄禄官,寄禄官多用于叙迁之阶。他的实际职事是洪州南昌县知县。而且"改任大理寺丞,知洪州南昌县"是以京官知县事。周敦颐在郴州任职八年之后,受到朝野诸公争相称赞,因为治绩突出而擢升,获得寄禄官阶。《重修桂阳县志序》记载:"桂阳号郴之上游,昔周子濂溪曾令会于此,为昔贤过化存神之地。"②

第三节 任郴州知军

周敦颐第三次在郴州的任职经历,有其名而无其实。熙宁元年(1068)初,担任邵州知州的周敦颐,有出任郴州知军的任命。有关记录共五条,分散于《宋史》《湖南通志》、周敦颐年谱、濂溪祠记等文献中。首先,现藏于国家图书馆的善本《宋史·道学传》记载了此任命。明代弘治年间(1488—1505),元代脱脱等人编写《宋史》,以刻本形式保存下来。《宋史·道学传·周敦颐传》中记载"熙宁初,知郴州。用抃公及吕公著荐,为广东转运判官,提点刑狱,以洗冤泽物为己任"。③ 其次,地方志中也记载了这一任命。《湖南通志》中记载周敦颐"熙宁初,知郴州"。④ 第三,清代年谱中记载了这一任命。收录于《宋周濂溪全集》第二十三卷的清道光二十七年新化邓氏濂溪精舍刻本(邓显鹤辑)《周敦颐年谱》中记载了周敦颐知郴州的任命:"时先生有知郴州之命,会赵清献在谏院,吕正献公著在侍从,交荐先生,遂擢广南东路转运判官。"⑤

---

① 金生杨:《宋周濂溪全编》第一册,北京燕山出版社,2021年,第17页。
② 清同治《桂阳县志》,清同治六年刻本,第1页。
③ (元)脱脱:《宋史》,中华书局,1977年,第12711页。
④ 清嘉庆《湖南通志》卷二百一十,清嘉庆二十一年刻本,第24页。
⑤ 金生杨:《宋周濂溪全编》第二十三册,北京燕山出版社,2021年,第105页。

第四，濂溪祠记中也记载了这一任命。《桂阳县志》第二十一卷，清高佑釲《重修濂溪书院记》中记载："熙宁元年，先生知郴州军。赵抃及吕公著荐为广南东路转运司判官。"① 清谢允文《重建濂溪书院记》中记载："公于郴阳，盖三至焉。其时二程来从受业，盛矣哉！"清王喆生《郴州重建濂溪书院记》中记载："宋周元公三仕郴阳，故建书院于州学。"② 这几则文献都说明了一个事实：熙宁元年（1068）受好友力荐，周敦颐三仕郴阳，任郴州军知军。但是还未赶到郴州上任，又擢升广南东路转运判官。

《宋史》、地方志、年谱等文献均提到赵抃和吕公著对周敦颐的简拔。赵抃任虔州知州时，周敦颐是虔州通判，职掌粮运、水利、诉讼等事，赵抃在谏院时谈到周敦颐的才干，吕公著听闻后，以侍读之便举荐周敦颐担任更高职务。《宋周濂溪全集》第二十三卷收录了吕公著的推荐牍文："周敦颐操行清修，才术通敏，凡所临莅，皆有治声。臣今保举，堪充刑狱钱谷繁难任。使如蒙朝廷擢用后犯正入己赃，臣甘当同罪。其人与臣不是亲戚，谨具状闻，伏候敕旨。"③ 世人评价吕公著气量宏阔、具有远见卓识，虽与周敦颐素不相识，只是听闻周敦颐的才德与操守，便极力推荐。而周敦颐在广南东路为官后，也真正做到了名与实一致。士大夫对周敦颐的交荐说明了周敦颐的吏治才干、人格风范得到朝野认可。

史志记载周敦颐在郴州任职期间，被誉为循良之吏，不仅才干卓著而且居官清正。《宋史》四百二十七卷记载，周敦颐"移郴之桂阳令，治绩尤著"。④ 万历《郴州志》记载周敦颐"博学力行，遇事刚果，有古人风，为郴县令，政事精密，严恕务尽道理"。⑤ 嘉庆《郴州总志》记载："郴州之得先生也，郴其

---

① 清同治《桂阳县志》，清同治六年刻本，第 56 页。
② 清嘉庆《郴州总志》，岳麓书社，2010 年，第 937 页。
③ 金生杨：《宋周濂溪全编》第二十三册，北京燕山出版社，2021 年，第 106 页。
④ （元）脱脱：《宋史》，中华书局，1977 年，第 12711 页。
⑤ 明万历《郴州志》，天一阁藏明代方志选刊影印本，上海古籍书店，1962 年，第 3 页。

荣矣哉。"①

士林儒者苏轼、黄庭坚、朱熹都对周敦颐赞誉有加。苏轼曾作诗《茂叔先生濂溪诗呈次元仁弟》，以"先生本全德，廉退乃一隅"赞颂周敦颐品德高洁。诗人黄庭坚盛赞周敦颐的品性，他在《濂溪词并序》中说："舂陵周茂叔人品甚高，胸中洒落，如光风霁月。"朱熹极力推崇周敦颐，《朱子语类》记载："濂溪在当时，人见其政事精绝，则以为官业过人；见其有山林之志，则以为襟袖洒落，有仙风道气，无有知其学者。惟程太中独知之。"②朱熹言辞中对周敦颐在政事、情志、学问三方面的总结极为精准。周敦颐生前声名不显，学术影响也不大。人们只知道他"政事精绝""宦业过人"，有"山林之志""襟怀洒落"，有"仙风道气"。但没有人知道他的理学思想，而程珦慧眼如炬，深知其理学造诣，并让两个儿子——程颢、程颐拜周敦颐为师，终使二程成为宋朝著名理学家。

周敦颐在郴州的仕宦经历影响十分深远。自庆历六年（1046）周敦颐任职郴州开始，周敦颐的故事与精神流传于此近千年，虽经历了时局变迁，但脉络不绝，成为郴州人的集体文化记忆。周敦颐的哲学、政治、文学思想具有开拓性价值。在哲学上，周敦颐是北宋五子之一，宋朝理学思想的开山之人。他上接孔孟，下启程朱，以哲学著作《太极图说》开启中古时期儒学复兴序幕，是儒家思想的正脉。在政治上，周敦颐进取有为、立诚修身、仁德爱民、清正廉洁，是古代廉政思想的核心代表。在文学上，周敦颐创作《爱莲说》，以哲理观"莲"，寄托对理想人格的肯定和追求，开创了"君子莲"意象，其影响家喻户晓。他的哲学思想、政治思想、文学思想在"三仕郴阳"期间化育生成，对郴州后世思想文化产生深远影响。

---

① 明万历《郴州志》，天一阁藏明代方志选刊影印本，上海古籍书店，1962年，第4页。
② （宋）朱熹：《朱子全书》第十七册，上海古籍出版社，2002年，第3105页。

第三章　濂溪先生与"周程授受"

"周程授受"问题，一直是学术界的一大公案。最早就这个问题展开争论的是汪应辰与朱熹，这次争论也直接影响到周敦顾的历史评价和学术地位。在理学官学地位及朱熹集理学之大成的双重影响下，朱熹后学，元、明儒者如吴澄、曹端，陆王心学一派均承认周程之间的师承关系。"周程授受"问题也成为理学"道统"谱系中的"第一"问题。

第一节　"周程授受"与《太极图》

关于"周程授受"的地点、时间，过往的看法截然两分。许毓峰主张第一次授受的地点是江西。第二次授受的地点是郴州。第一次授受的时间是庆历六年（1046），第二次授受的时间开始于庆历八年（1048），"明道与伊川至郴县复从学先生。"[①] 万里对于授受地点并无异议，但他认为："许毓峰所撰之年谱

---

① 许毓峰：《宋周濂溪先生惇颐年谱》，台湾商务印书馆，1986年，第22页。

将'明道与伊川至郴县复从学先生'的开始时间系于庆历八年尚值得推敲。"①

关于第二次授学的具体起止时间，两人也有不同看法。万里主张："二程兄弟第二次从学于周敦颐的起始时间，是在皇祐元年（1049）的下半年，当时程珦受命移任广西龚州知州，从江西赴任广西途中经过郴州，携二子一道会见了时任郴州郴县令的周敦颐。"②他还认为二程从学于周敦颐的结束时间是"皇祐三年（1051）左右，即周敦颐担任桂阳县令的第二年"。③许毓峰认为第二次授学开始时间是庆历八年（1048），结束时间是皇祐二年（1050），即濂溪先生任桂阳令时，"明道、伊川似亦离郴州，随其父程珦居龚州。"④

截然对立的两种意见的背后，皆有相应的学术史基础及证据。关于"周程授受"的讨论，可以从史实途径对周程交游实情进行说明，特别是《太极图》传授的时间、地点问题尚有争论，本节即就此进行探讨。

一、"周程授受"的时间、地点

二程兄弟有两次从学于周敦颐的经历。从年谱、年表等文献记载来看，第一次"周程授受"是指二程兄弟在江西期间奉父命受学于周敦颐。庆历六年（1046），"大理寺丞知虔州兴国县程公珦，假倅南安，视先生气貌非常人，与语，果知道者。因与为友，令二子师之。"⑤可以说，在二程的父亲程珦的意志之下，二程拜周敦颐为师，从此走上了"求道之志"的道路。伊川所作《明道先生行状》记载："先生自十五六时，闻汝南周茂叔论道，遂厌科举制业，慨然有求道之志。"⑥《伊川先生年谱》云："先生名颐，字正叔，明道先生之弟

---

① 欧阳海波：《理学思想与人文汝城》，湖南大学出版社，2013 年，第 174 页。
②③ 欧阳海波：《理学思想与人文汝城》，湖南大学出版社，2013 年，第 179 页。
④ 许毓峰：《宋周濂溪先生惇颐年谱》，台湾商务印书馆，1986 年，第 37 页。
⑤ 许毓峰：《宋周濂溪先生惇颐年谱》，台湾商务印书馆，1986 年，第 18 页。
⑥ （宋）程颢、程颐、王孝鱼点校：《二程集》，中华书局，1981 年，第 638 页。

也。幼有高识，非礼不动（见语录）。年十四五，与明道同受学于舂陵周茂叔先生（见哲宗、徽宗《实录》）。"① 明道先生就是程颢，生于明道元年壬申（1032）；伊川先生就是程颐，生于明道二年（1033）。庆历六年（1046），程颢十五岁，程颐十四。周敦颐还在南安军司理参军任上。北宋淳化元年（990），虔州分割后设置南安军，下辖大庾、南康、上犹三县。南安军司理参军治所在大庾县。庆历六年冬，经转运使王逵推荐周敦颐移郴县令。此时，二程受学于周敦颐还不足一年。二程很有可能在郴州跟随周敦颐继续学习。这就是第二次"周程授受"。

宋仁宗庆历七年（1047），周敦颐莅任湖南郴州郴县令。从表面上看，周敦颐从江西升任湖南，跨越两省，但实际上，从江西大庾到湖南郴州距离很近。两地是东西近邻。周敦颐任郴县令后，二程很有可能跟随至郴州，继续受学。邓显鹤年谱记载："七年丁亥，作书堂于郴之鱼鲜山。"②《湖南通志》第三十五卷也有类似记载："周茂叔书堂在州城东鱼鲜山。"③ 根据以上文献记载，我们可以推论，庆历七年周敦颐在郴县安顿后开设读书堂。第二次"周程授受"开始的时间应该在庆历七年之后，程颢十六或十七岁，程颐十五或十六岁。二程到郴县跟随周敦颐继续学习。

第二次"周程授受"结束的时间应该是皇祐二年（1050），周敦颐任桂阳令的第一年。根据万里的考证"程珦在龚州知州任上有实实在在的两年时间以上"，"离任龚州的时间应该是在皇祐四年的春季某月"。④ 又据清人汪森编《粤西文载》载："姚嗣宗，皇祐初守浔州，继知龚州，平狱讼，定礼仪，百姓顺

① （宋）程颢、程颐、李吁、吕大临辑录：《程氏遗书》，华东师范大学出版社，2010年，第421页。
② 金生杨：《宋周濂溪全编》第二十三册，北京燕山出版社，2021年，第95页。
③ 清嘉庆《湖南通志》，岳麓书社，2009年，第916页。
④ 欧阳海波：《理学思想与人文汝城》，湖南大学出版社，2013年，第184页。

治，有循良之气。"又云："程珦，河南人，皇祐间知龚州。……郡故有畅岩，为前守姚嗣宗吟咏处，珦与其子颢、颐讲学其中，复改为畅岩。"① 根据文献记载，姚嗣宗是"皇祐初守浔州，继知龚州"，程珦是"皇祐间知龚州"，"初"的时间表述早于"间"，姚嗣宗继知龚州的时间很可能是皇祐元年（1049），因此，程珦知龚州可能在皇祐二年。据此推论，皇祐二年，明道、伊川随其父程珦居龚州，离开郴州桂阳县。也就是说第二次"周程授受"的地点，先在郴县和后在桂阳县。

可以说，从南安"授学"之后，二程一直跟随周敦颐来到郴州。二程在郴州"尝见"李初平问道于周敦颐的事迹，也在桂阳（今汝城）留下"予乐"的遗迹。《程氏遗书》有记载"尝见李初平，问周茂叔云：'某欲读书，如何？'……初平遂听说话，二年乃觉悟"。② 二程以"尝见"二字说明与李初平的关系。从时间来看，李初平从庆历六年任郴州知州，庆历八年至皇祐元年闻道，也就是说二程"尝见"李初平是在郴州，郴州是"二程授受"的过化地。南宋桂阳县令周思诚有言："县西五里，有山环合，林木茂翳，而溪流清泻，萦纡其间，土人号其乡为予乐，岂亦因先生而名之欤？思诚窃记明道先生有'过前川而予心乐'之句，盖明道先生尝从先生游也。"③ 南宋时，桂阳已经有"予乐"之乡。而"予乐"一语，则出于程颢（明道先生）的诗："云淡风轻近午天，傍花随柳过前川。旁人不识予心乐，将谓偷闲学少年。""在周敦颐一生的诸多经历过化之地中，或真实，或附会，每每出现许多名为'濂溪''爱莲'等遗迹。但以'予乐'为名者，却仅见于桂阳。"④

---

① （清）汪森：《粤西文载》卷六十三，影印文渊阁《四库全书》，台湾商务印书馆，1986 年，第 7 页。
② （宋）程颢、程颐、王孝鱼点校：《二程集》，中华书局，1981 年，第 638 页。
③ 清嘉庆《郴州总志》，岳麓书社，2010 年，第 792 页。
④ 欧阳海波：《理学思想与人文汝城》，湖南大学出版社，2013 年，第 184 页。

二、传授《太极图》于郴州

"周程授受"所得何学？据《濂溪先生周元公年表》记载："先生手以《太极图》授之。"[1] 濂溪先生阐发天地万物深邃玄远的思想，将万物化生背后的超越理论传授二程。濂溪先生不仅构筑《太极图》为本体的宇宙图示，而且开启"立天之道""立地之道"与"立人之道"的学说，这正是宋代理学形成的基础。

周敦颐在何时、何地"手以《太极图》授之"？

如前所述，二程兄弟在江西第一次从学于周敦颐时，还是少年，从学方向尚未定型，初定"求道之志"；周敦颐不足三十岁，其学术思想亦在发展定型之际。而二程兄弟在郴州第二次从学于周敦颐，二程兄弟求学的方向也日趋稳定，周敦颐的学术思想更加成熟。因此，二程兄弟第二次从学于周敦颐的收获应该更大，传授《太极图》更合理。按照推理应当在郴州第二次授学的时候周敦颐传《太极图》于二程。

从文献流传情况看，最早的《太极图说》《通书》版本来自二程高弟。"绍兴甲子（1144）春正月"二程后学祁宽所作《通书后跋》已有记载："《通书》即其所著也。始出于程门侯师圣，传之荆门高元举、朱子发。宽初得于高，后得于朱，又后得和靖尹先生所藏，亦云得之程氏，今之传者是也。""或云图乃手授二程，故程本附之卷末也。"[2] 这说明，周敦颐著述最早由二程门人弟子侯师圣、尹焞"手授"传出，换而言之，二程最早潜研寻思周敦颐的著述，并传授弟子。

值得关注的还有《宋史》中的记载："侯师圣学于程颐，未悟，访敦颐，敦颐曰：'吾老矣，说不可不详。'留对榻夜谈，越三日乃还。颐惊异之，曰：'非从周茂叔来耶？'其善开发人类此。"[3] 这意味着，周敦颐善于开启后学，不

---

① 金生杨：《宋周濂溪全编》第一册，北京燕山出版社，2021年，第15页。
② （宋）周敦颐：《元公周先生濂溪集》，岳麓书社，2006年，第72页。
③ （元）脱脱：《宋史》卷四百二十七，中华书局，1977年，第5页。

仅教导二程，二程的弟子也一直追随周敦颐请益受业，这使得"周程授受"于郴州毋庸置疑地拥有了合理性。

三、"周程授受"与"称谓不尊说"

"称谓不尊说"是指二程称"周茂叔"，不称"先生"。程颐称"周茂叔，穷禅客"。这是二程语录中非常突兀的称谓。明人丰坊说："二程之称胡安定，必曰胡先生，不敢曰翼之；于周，一则曰茂叔，再则曰茂叔，虽有吟风弄月之游，实非师事也。"[①]朱彝尊也说："弟子称师，无直呼其字者，而《遗书》凡司马君实、张子厚、邵尧夫，皆目之曰先生。惟元公直呼其字，至以穷禅客目元公，尤非弟子义所当出。"[②]其实，二程称"茂叔"，是因为年龄相近，称呼比较亲切，不等于不承认师生关系。仅凭这六字"周茂叔，穷禅客"便认为二程批评周敦颐近禅，进而认为二程对周敦颐全无尊师之意也过于武断。

而且二程也有"周先生"之称。《二程遗书·卷七》："猎，自谓今无此好。"周茂叔曰："何言之易也？但此心潜隐未发，一日萌动，复如前矣。"后十二年，因见，果知未。（本注云：明道年十六七时好田猎，既而自谓已无此好，闻周先生此语后十二年，暮归，在田野间见田猎者，不觉有喜心。）同时，《近思录集解·卷五》四库全书本，《伊洛渊源录》四库全书本也有"周先生"之称的记载。

"周程授受"是中国文化的重要历史事件，并由此影响了宋代新的学术风气与思想趋向的变化。随着学界对北宋思想史更丰富、细腻和深刻的认识，"周程授受"议题或许还会激发出新的解读可能。

[①]（清）黄宗羲、全祖望、陈金生、梁运华点校：《宋元学案》卷十二，中华书局，1986年，第524页。

[②]（清）朱彝尊：《曝书亭全集》，吉林文史出版社，2009年，第586页。

第二节 "周程授受"与《颜子所好何学论》

　　讨论周程授受，《颜子所好何学论》是不可回避的议题。《颜子所好何学论》是程颐游太学时所作，以虚拟问答的形式，构思对孔颜之学的思考。宋仁宗嘉祐二年（1057）胡瑗执掌太学时，以此题考查诸生。胡瑗看到二十余岁的程颐所作此论，"大惊异之，即请相见，遂以先生为学职。"①

　　《颜子所好何学论》论述通过学习可以成为圣人的道理，而宋人少有此论。《颜子所好何学论》或问："圣人之门，其徒三千，独称颜子为好学。夫《诗》《书》六艺，三千弟子非不习而通也，然则颜子所独好者何学也？"伊川先生曰："学以至圣人之道也。""圣人可学而至欤？"曰："然。"程颐一直主张圣人可学之说，程颢也持同样看法。针对"颜子所独好者何学"的疑问，程颐认为颜子独好"圣人之道"。程颐认为"圣人可学而至"的观点，超越众多太学生，具有独特性，使胡瑗"大惊异之"。汤用彤认为魏晋玄学多认为圣人不可至、不能学，隋唐时期流行圣人可至而不可学之说，宋初儒者并没有突破，而程颐认为圣人可学可至，立论有所突破。这种立论与周敦颐有更多一致性。周敦颐在《通书》中就明确说：

　　　"圣可学乎？"曰："可。"（《通书·圣学第二十》）

　　　圣希天，贤希圣，士希贤。伊尹、颜渊，大贤也。伊尹耻其君不为

　尧、舜，一夫不得其所，若挞于市；颜渊不迁怒，不贰过，三月不违仁。

　志伊尹之所志，学颜子之所学，过则圣，及则贤，不及则亦不失于令名。

　（《通书·志学第十》）

---

① （宋）程颢、程颐、王孝鱼点校：《二程集（下）》，中华书局，1981年，第577页。

《通书》中的“圣可学”以及圣希天，贤希圣，士希贤的志学路径，都鲜明体现了周敦颐的圣人之道。程颐提出圣人可学、可至的立论后，说明了理论依据：

> “学之道何如？”曰：“天地储精，得五行之秀者为人。其本也真而静，其未发也五性具焉，曰仁、义、礼、智、信。形既生矣，外物触其形而动其中矣。其中动而七情出焉，曰喜、怒、哀、惧、爱、恶、欲。”（《颜子所好何学论》）

程颐首先提出问题：“学之道如何？”接下来以“得五行之秀者为人”回答所问。这一答案与周敦颐对思想精神的追求“惟人也得其秀而最灵”，有着一脉相承之处。“得五行之秀者为人”之说，来自周敦颐《太极图说》中的“无极之真，二五之精，妙合而凝。乾道成男，坤道成女……唯人也得其秀而最灵”。

在提出圣人可学可至、得五行之秀者为人的立论后，程颐对“学可至圣”予以坚守：

> 后人不达，以谓圣本生知，非学可至，而为学之道遂失。不求诸己而求诸外，以博闻强记、巧文丽辞为工，荣华其言，鲜有至于道者。则今之学，与颜子所好异矣。（《颜子所好何学论》）

程颐开宗明义，指出颜子一生追求研究的是达到圣人的道德和境界。继而程颐指出：圣人是可学而知之。那么什么是圣人的道德境界呢？程颐说：“天地储精，得五行之秀者为人。”五行之秀即仁、义、礼、智、信。做到了五行，就进入了圣人的境界。五行为中，"中正而诚，则圣矣"。后人误以为圣人是生而知之，实际上就远离了圣人之道。在"学可至圣"的理路中，程颐主张"求诸己"，从孟子提出的"万物皆备于我矣"出发，"反身而诚"。因此，《朱子语类》有评价："看程先生《颜子所好何学论》，说得条理，只依此学，便可以终其身也。"①

《颜子所好何学论》中所谈到的圣人之道、五行之秀，均源自周敦颐。由此，可证周程授受关系。朱熹在《太极图通书后序》中曾指出："观《通书》之诚、动静、理性命等章""程氏之说，亦皆祖述其意，而李仲通铭、程邵公志、颜子好学论等篇，乃或并其语而道之。"②在朱子看来，二程阴阳之说、性命之说，都是受到《太极图说》《通书》的影响。而《程邵公志》《李仲通铭》等均是论述《太极图说》《通书》之意，由此突出周敦颐悟道之高，以及"周程授受"的唯一性。朱子在寄给张栻的书信中提到"《太极图》立象尽意，剖析幽微，周子盖不得已而作也。观其手授之意，盖以为唯程子为能受之。程子之秘而不示，疑亦未有能受之者尔"③（《答张敬夫二十》）。在朱熹看来，二程没有将《太极图说》传授给后学，其重要原因在于没有人能"受之者"。

综上所述，二程是受到周敦颐的启发，立下终身追求儒家圣人之道的志向；二程从周敦颐处学习了圣人可学而至的思想及论证思路。

第三节 "周程授受"的影响

关于"周程授受"的影响，美籍华裔学者陈荣捷先生说："二程兄弟一度

---

① （宋）朱熹：《朱子全书》卷十四，清武英殿刻本，第9页。
② （宋）周敦颐：《元公周先生濂溪集》，岳麓书社，2006年，第74页。
③ （宋）周敦颐：《周敦颐集》，岳麓书社，2007年，第11页。

受业于其门下（1046—1047），深受其影响。因其影响，二程兄弟不入试、不猎。"① 二程兄弟跟随周敦颐来到郴州问学，留下"周程授受"的命题，也使得郴州成为理学策源之地。

一、孔颜之乐

"程子云：昔尝受学于周茂叔，每令寻颜子仲尼乐处，所乐何事。"②

"颜子仲尼乐处"是宋明理学的重要话题。孔子曾自述"饭疏食饮水，曲肱而枕之，乐亦在其中矣"（《论语·述而》）。《论语·雍也》中也有"贤哉，回也！一箪食，一瓢饮，在陋巷，人不堪其忧，回也不改其乐"。颜子超脱生死、得失，追求一种内心深处的超然自得，这种自得就是参悟与践行儒家内圣之道的精神之乐。

《河南程氏粹言》也有类似的说法："子谓门弟子曰：昔吾受《易》于周子，使吾求仲尼、颜子之所乐。要哉此言，二三子志之。"③ 濂溪先生以精神人格影响二程，把思想与知识的终极理想定格在内在心性与道德自觉上。

据《通书·颜子第二十三》记载："夫富贵，人所爱也。颜子不爱不求，而乐乎贫者，独何心哉？天地间有至贵至爱可求，而异乎彼者，见其大而忘其小焉尔。"④ 在这一层面，"乐"就是"见其大而忘其小者也"，就是一种呈现于自我心中的最高人生境界，是一种能够从自己的内心、本性中体悟出来的"仁义礼智"的最高境界。这说明，周敦颐教导二程，并没有在"五经"中寻章摘句，而是以一种天地大道与人生追求，"观天地生物气象"，开启二程学术之端。

---

① （美）陈荣捷编著，杨儒宾译：《中国哲学文献选编》，江苏教育出版社，2006年，第398页。
② （宋）程颢、程颐、王孝鱼点校：《二程集（上）》，中华书局，1981年，第15页。
③ （宋）程颢、程颐、王孝鱼点校：《二程集（下）》，中华书局，1981年，第1203页。
④ （宋）周敦颐：《元公周先生濂溪集》，岳麓书社，2006年，第64页。

二、窗前草不除

"周茂叔窗前草不除去。问之云：'与自家意思一般。'"① 绿草初生而生生不息，透露出富于生机的恬静。周敦颐将个人的内在生命与天地自然情景合为一体，窗前之草虽然微弱，却体现着天理的周流贯通。

后来，程颢的"万物之生意最可观"，以"仁"追溯到天地生生不息的倾向，回归纯粹至善的本然状态，无意中启动了一种新的风气。程颢在诗文中有"我心处处自优游""闲来无事不从容"，"闲适""优游"等精神快乐，确实是受到了周敦颐与物为春、以人为善的深刻影响，成为儒家文人的仿效对象。

三、"吾与点也"

"明道先生言：'自再见周茂叔后，吟风弄月以归，有吾与点也之意。'"② 以孔子所述"吾与点也"称赞周敦颐的精神气象。

"吾与点也"的典故出自《论语·先进》篇。孔子与弟子子路、曾皙、公西华在一起，各言其志。子路冒冒失失，抢先回答。冉有、公西华以谦虚的言语表达了自己的志向，而后曾皙惟愿："暮春者，春服既成，冠者五六人，童子六七人，浴乎沂，风乎舞雩，咏而归。"(《论语·先进》) 最后，"夫子喟然叹曰：'吾与点也！'"孔子感叹并赞同盛世中的从容气象，这正是注重个体存在意识的深刻表达。

可以说，在"吾与点也"的背后，呈现儒家文人的真实内心世界，一种恬淡从容的精神意境，而这种理念成为儒学的内在主题，是对儒家思想精神的补充，开辟了宋明理学新的精神方向。正因为如此，"明道先生言：'自再见周

① （宋）程颢、程颐、王孝鱼点校：《二程集》，中华书局，1981年，第60页。
② （宋）程颢、程颐、王孝鱼点校：《二程集（上）》，中华书局，1981年，第59页。

茂叔后，吟风弄月以归，有吾与点也之意。'"① 以孔子所述"吾与点也"称赞周敦颐的精神气象。"河间刘立之叙述明道先生事曰：先生从汝南周敦颐问学，穷性命之理，率性会道，体道成德，出入孔孟，从容不勉。"② 在弟子看来，程颢受周敦颐的影响"从容不勉"，已进入到孔孟所向往的精神气象。

周敦颐思想精神流传于郴州，二程受学于郴州，周敦颐在郴州留下最重要的印记就是教导二程。从地域文化出发，郴州可作为儒学思想传播的高地。

---

① （宋）程颢、程颐、王孝鱼点校：《二程集（上）》，中华书局，1981 年，第 59 页。
② 金生杨：《宋周濂溪全编》第二十一册，北京燕山出版社，2021 年，第 155 页。

第四章　濂溪先生的作品解读

潘兴嗣在《〈濂溪〉先生墓志铭》中指出"〔周敦颐〕有善谈名理，深于易学，作《太极图》《易说》《易通》数十篇，诗十卷"。[①]随后，朱熹又在《太极图通书后序》中作进一步补充："故清逸潘公志先生之墓，而叙其所著之书，特以作《太极图》为首称，而后乃以《易说》《易通》系之，其知此矣。"[②]周敦颐主要著作有《太极图说》《易说》《易通》（即《通书》），还有诗集十卷，但大多已经散佚。现存最重要的是《太极图说》《通书》《爱莲说》《拙赋》《养心亭说》。

第一节　《太极图说》

周敦颐曾以《太极图》"手授二程"，图并说义理精微，历来受到学界重视，是北宋思想学术的奠基之作。早在北宋初年，周敦颐就已经在思考宇宙万物从

---

① 金生杨：《宋周濂溪全编》第二册，北京燕山出版社，2021年，第272页。
② （宋）周敦颐：《元公周先生濂溪集》，岳麓书社，2006年，第73页。

何而来的问题。

周敦颐作为宋明理学的开创者,最大的贡献在于"明天理之根源,究万物之终始",将儒家哲学提升到空前的高度。在《太极图说》中,以"无极—太极—阴阳五行—万物化生—立人极"的内在思维路径,通过儒家经典的创造性诠释,从宇宙生成本原推衍到人伦心性的终极道理,开天道性命相贯通之先河,充分展现新时代文化传承"第二个结合"的精神力量源泉。

《太极图说》作为宋代思想发端的核心话题,分为"图"和"说"两部分,"图"分为五层,表明宇宙的生成,"说"解释图的义理,仅有249字。

无极而太极。太极动而生阳,动极而静,静而生阴,静极复动。一动一静,互为其根。分阴分阳,两仪立焉。阳变阴合,而生水火木金土。五气顺布,四时行焉。

五行一阴阳也,阴阳一太极也,太极本无极也。五行之生也,各一其性。

无极之真,二五之精,妙合而凝。乾道成男,坤道成女。二气交感,化生万物,万物生生,而变化无穷焉。

惟人也,得其秀而最灵。形既生矣,神发知矣,五性感动,而善恶分,万事出矣。

圣人定之以中正仁义,而主静,立人极焉。故圣人"与天地合其德,日月合其明,四时合其序,鬼神合其吉凶"。君子修之吉,小人悖之凶。

故曰:"立天之道,曰阴与阳;立地之道,曰柔与刚;立人之道,曰仁与义。"又曰:"原始反终,故知死生之说。"

大哉《易》也,斯其至矣!

　　"图"分五圈：第一个圈"无极而太极"，诠释天地之道。"无极而生太极"，其实就是《道德经》"道生一"的意思，"太极"作为形而上的本源，不仅是天地未分化的混沌状态，而且是人心未动时的绝对寂静，从这个思想框架过滤而来的有动静、阴阳。那么，"无极"又是什么？为何要在"太极"之上安置一个虚位的"无极"？"无极"是宇宙尚未出现的寂然无为状态，"无极"没有行为的痕迹与形状的累赘，虽然玄虚抽象，但无形无象，切断了寻极穷源的可能。

　　第二个圈，阴静阳动。太极动而生阳，动极而静，静而生阴。阴阳是理解宇宙、自然、社会的一把钥匙。阴阳对立而统一，各自以对方的存在作为自己存在的依据。阴阳相互环抱，互为首尾，你中有我，我中有你。阴阳一刚一柔，一主动一受动，相互运动和相互作用，由此推动着宇宙的发展变化。"分阴分阳，两仪立焉。阳变阴合，而生水火木金土"，在这种阴阳平衡的稳定结果中，又会不断变化，打破原有的态势，在变化之中形成新的结构，即"动而生阳，静而生阴"。因此，在《太极图》中的每一个圈就等于是一个简化的宇宙图示，演化着宇宙万物变化的原理，这一原理就是"互为其根"。

　　第三个圈，水火木金土。阴阳上升、下降形成天地，阴阳变化又产生水火木金土，即五行。"行"即是"道"，五行就是"天道"运行的五个阶段。金是西方之行，木是东方之行，火是南方之行，水是北方之行。木火金水，亦即东南西北，亦即春夏秋冬。由水到木，由木到火，由火到金，由金返回水，土则居中不动，由此构成春夏秋冬，四时顺布。万物不仅基于阴阳，而且基于五行，意味着宇宙万物的运动性、多样性、复杂性。

　　第四个圈，"坤道成女，乾道成男"。宇宙万物均可以区分为阴阳两类。《易经·系辞上传》有"乾道成男，坤道成女。乾知大始，坤化成物"[1]，阴阳

---

① 赵新：《周易述》卷十四，清光绪八年还砚斋全集本。

彼此依赖而存在。男女平等，各司其职，各得其分。坤道乾道对应着阴静阳动。坤和阴虽然是受动的。但却排序在乾和阳之前，因为坤和阴更加接近宇宙万物的本原，所以周敦颐说"主静"。

第五个圈，"万物"，表达着最大范围的关怀。虽然事物都是单一存在的，但是万物一体，万物平等，万物无不相互关联；万物都有生命，万物都体现"道"。在图像上，这一层代表宇宙万物的实存，是最具有感性的表象层面，应当有充盈饱满之象。

太极、阴阳、五行、万物在《太极图》中分别用圆形图示表现出来，构成为解释宇宙万物的基本框架。

"说"也可分为两部分，前半部分论宇宙万物的化生过程，与"图"相对应。后半部分主要聚焦内在的伦理道德，确立起"太极""天"与"心""性"的一整套观念。

归结到人生存在的价值意义何在？从天道转向人道，把人的本性作为善的本原，"圣人定之以中正仁义而主静，立人极焉。"由外在宇宙万物转向内在心性，与野蛮蒙昧划清畛域，特别凸显"中正仁义""主静""立人极"，人要回归本原，确立起生命的价值与意义。这也是《通书》中"寂然不动""无欲故静"的境界，因此，为"人性"符合"太极"的本源状态，借以阐发孔孟的仁义道德，使得人伦的道德原则得到社会的支持，也使天地万物的时空原则有着终极依据。

显而易见，周敦颐这套形而上学观念的确立，不是采用注疏训诂的形式，而是以《易经》为学术依托和思想资源，对其进行融会贯通而发挥利用。一方面，以《易经·系辞上传》"易有太极，是生两仪，两仪生四象，四象生八卦"为理论构架，将"太极"确定为新儒学思想体系的根本枢纽，衍生出"太极动而生阳""阳变阴合，而生水火木金土""万物生生，而变化无穷焉"，以诠释宇宙的终极道理，实现"天道伦理化"。另一方面，又将"人道"纳入宇宙论体系的"天道"之中，"惟人也，得其秀而最灵。形既生矣，神发知矣，五性感动而善恶分，万事出矣。圣人定之以中正仁义而主静，立人极焉。"其中的"立人极"有两个重要目标：一是："中正仁义。"周敦颐将《孟子》中"仁义道德"与《易经》"大哉乾乎，刚健中正纯粹精也"结合起来，提升为至高无上、超越一切的本源。二是"主静"，即去除内心的欲望，《道德经·第三十七章》"不欲以静，天下将自定"。周敦颐吸取道家的修身原则，把"主静"确立为人的无欲、无运动的本源状态，以人道中的"主静"与天道中的"无极"相对应，实现了由"天"转向"人"，把"人"本性中的"善"，与"天"相贯通。表面上看来，"无极""主静"是道家概念中的本源状态与修身原则，但实质上，唯有"圣人"能"与天地合德，与日月合明，四时合序，鬼神合其吉凶"。这也表明，《太极图说》是以"圣人""中正仁义"的儒家立场为圭臬，与佛家的禅定、道家的虚静有所不同。周敦颐将这种转换的儒学叙事融入自己创造性的阐释与理解，让儒家的人生哲学在永恒的宇宙中获得了一种终极价值。《太极图说》篇尾再以易学"立天之道曰阴与阳，立地之道曰柔与刚，立人之道曰仁与义"之说，打通儒学的人伦与天经、地义，通过尽性、达命，追问天地万物与人伦道德的终极真理，"原始反终"，将"太极"作为宇宙自然结构的原则和道德伦理的人性本原，并提升至与"天地参"的超道德本位，建构出人与其他生命个体的价值关系。

如果说，周敦颐所建立的形上哲学体系，解决了唐宋以来儒学天道性命之学的基本问题，那么，取道教中的"无极"纳入儒学思想体系，提出"无极"概念，以表示穷极寻源的追问。面对儒学式微的局面，借"太极"作为宇宙万物生成的最初本源，以《易》贯群经来明圣人之道，开启了儒学发展的新模式。在这一关注中，首句"无极而太极"是最值得注意的，首句在宋代就有三种不同版本：朱熹注本作"无极而太极"，九江家藏本为"无极而生太极"，《国史·濂溪传》作"自无极而为太极"。众所周知，儒家经典中只有"太极"而没有"无极"的概念。朱熹等理学家解"无极而太极"为"无形而有理"，激烈批评"无极而生太极""自无极而为太极"等表述，认为"无极"是先于"太极"的宇宙本源，是"无所依据，而重以病夫先生（周敦颐）""浅见之士犹或妄有讥议"，要求将九江家藏本、洪迈《国史》校正为"无极而太极"，删掉"生""自""为"等词。实际上，在这命名变化的背后蕴含了深刻的意味：一方面，包含了宋明诸儒对周敦颐学术思想中儒、道融合的理解，引发了后世对《太极图说》的不同阐释；另一方面，又有出自朱熹自身立场的叙述，以及围绕"理""气""性"等问题的延续与辩论。

总体来看，周敦颐通过"天道伦理化"与"伦理天道化"的双向建构，以《太极图说》来诠释《太极图》，开启具有宋学特征"以图为说""以图解经"的"图示"学术模式，改变了传统经学的诠释方式和理论视域。他将"太极"奠基在新的终极依据上，一方面使儒家伦理从内（心性）到外（天道）获得了形上依据，重建道德本原的思想秩序，确立起生命的价值与秩序；另一方面，使佛道理论进入儒家学说，而新的儒家学说有效地超越和涵盖了佛道思想，完成了以儒学为核心的思想综合，同时也有效地取代和抵制了佛道理论。这种理路，不但为理学的发展提供了形而上学基础，而且给后世儒者诠释"天道性命"之学提供了更多的文化资源，促成理学萌生。尤其是朱熹与吕祖谦同编的《近思录》，首设"道体"一目，以《太极图说》开篇，指出，"后出晚进于义理之本原，虽未容骤语。苟茫然不识其梗概，则亦何所底止？列之篇端，特使之知其名义，有所向望而已。"[①] 以《太极图说》为起点，周敦颐完成了以"理"

---

① 张京华译注：《近思录新译》，三民书局，2005 年，第 622 页。

为中心的道学体系建构，开启了宋元明清时期诸儒议论性理学说。程朱理学家继承发扬周敦颐的本体论思想，以表面辟佛道而暗中借鉴佛道思想的方式开辟了宋代儒家的新思路，以此回应时代的挑战。明《宋元学案》《道学传宗》等作为儒学"学案体"的典籍，充分肯定了周敦颐在思想史上的学术地位。沿着"无极而太极"轨迹开展思辨，明代罗钦顺、王夫之在适时修正的基础上提出"太极虽虚而理气充凝"等观点。清代陆陇其、张伯行等人为代表的诸儒，开启了清代学术治经返古的时代风气。东亚诸国把《太极图说》作为学术和思想的典范，开创性理学说，承担起宋明以后东亚汉文化圈探讨理学问题的思想基因。

第二节 《通书》

周敦颐存世著作并不多，《太极图说》《通书》都可以视为他的哲学代表作。朱熹曾说"《太极图》得《通书》而始明"。黄百家论及濂溪先生立言之功，曾用"阐发心性义理之精微"概括，能够称得上阐发心性、义理之精微的作品除了《太极图说》之外，还有《通书》。

一、《通书》与《太极图说》的关系

朱熹有言："《通书》者，濂溪夫子之所作也……本号《易通》，与《太极图说》并出程氏以传于世，而其为说实相表里。"[①] 朱熹精研《通书》近三十年，撰写《通书》多篇跋文、后序，是周敦颐理学思想传播的有力推手。他在《通书后序》中谈到二者"实相表里"，明确了《通书》对《太极图说》的承继

---

① （宋）周敦颐：《元公周先生濂溪集》，岳麓书社，2006 年，第 71 页。

关系。后在《南康本》序中有又有详细论证，他说"盖先生之学之奥，其可以象告者，莫备于太极之一图。若《通书》之言，盖皆所以发明其蕴，而《诚》《动静》《性理命》等章为尤著。程氏之书，亦皆祖述其意，而李仲通铭、程邵公志、颜子好学论等篇，乃或并其语而道之"。① 根据朱熹的论证，《太极图说》代表周敦颐在学理上对终极命题的探寻，《通书》则阐发《太极图说》的精义，特别是《诚》《动静》《性理命》等章节正是《太极图说》在义理上的延续。周敦颐《太极图说》的思想体现在《通书》中，并且将《太极图说》传给二程。

朱熹这段话耐人寻味，首先《通书》与《太极图说》相互配合，《通书》中"诚"为"纯粹至善"之义，与"太极"相通，是天地万物的本源，是对终极真理的确认。《宋史》所言，"自宋儒周敦颐《太极图说》行世，儒者之言五行，原于理而究于诚。"② 《宋史》所说的"究于诚"就是在强调"诚"的本源性。其次，《太极图说》与《通书》相映衬，《太极图说》曾说"五行，一阴阳也；阴阳，一太极也；太极，本无极也"，由太极而产生两仪，阴阳二气相互作用和变化，而产生出水、火、木、金、土为代表的万物，万物生生，而变化无穷。反过来看，万物统一于五行，五行统一于阴阳二气，阴阳统一于太极，即由五而二，由二而一。这种对太极、阴阳与五行关系的阐述，《通书》有类似的表述："二气五行，化生万物。五殊二实，二本则一。是万为一，一实万分。万一各正，大小有定。"③ 最后，《太极图说》强调"圣人定之以中正仁义而主静，立人极焉。""主静"一词就是要达到人心未动时的绝对寂静，《通书》中恰恰谈到"寂然不动，诚也"的心灵境界，这正是从"诚"的角度呼应"主静"说，也是进一步阐发"立人极"的奥义。

---

① （宋）周敦颐：《元公周先生濂溪集》，岳麓书社，2006年，第74页。
② （宋）周敦颐：《元公周先生濂溪集》，岳麓书社，2006年，第5页。
③ （宋）周敦颐：《元公周先生濂溪集》，岳麓书社，2006年，第62页。

二、《通书》与"立人极"

《易·系辞》开篇明义:"天尊地卑,乾坤定矣,卑高相陈,贵贱位矣。"①
《易·系辞》以天道推衍人道,这种以天道定人道的秩序论常见于孔孟儒家思想。孔孟一系的生命哲学缺乏宇宙论、本体论的思考,较少谈及道德意识的合理性问题。自先秦以来,儒家思想被视为不证自明、天经地义的道德原则,后来者只需要肯定其价值,遵循其行为范式,很少有人去思辨它的本体论意义。正是因为孔孟一系哲学缺乏宇宙论、本体论而显得无根不定,无法与有系统本体论的玄学、佛学相媲美。周敦颐通过一系列抽象概念构建人道本体、精神道德的论断,在重述《易》《庸》基础上,恢复儒家生命哲学。

周敦颐在《太极图说》中说道,"唯人也得其灵而最秀。形既生焉,神发知矣,五性感动而善恶分,万事出矣。圣人定之以中正仁义,而主静,立人极焉。"不难看出,这是濂溪在论述了宇宙生成论之后而彰显其文章主旨之辞。而《通书》延续《太极图说》中"惟人也,得其秀而最灵"思路"立人极",通俗地说,"立人极"就是肯定人的价值,就是放逐物质性,将精神性与主体性提升到本体论地位。在《通书》的哲学世界中,人的地位空前高涨。"在人类认识自身、自我觉醒的历程中,迈出了十分可贵的一步。"② 这不仅在儒家思想史上,而且在整个中国思想上都具有极为重要的作用。

祁宽在为《通书》所作跋文中指出"此书字不满三千,道德、性命、礼乐、刑政,悉举其要,而又名之以通,其示人至矣"。③ 如果用现在的话来说,《通书》的内容包括自然、心性、道德、教化、政治、礼乐文化等方面。《通书》凡四十章,内容广涉生命的各个层面。第一至三章论"诚"挺立道德本

① 郭彧译注:《易经》,中华书局,2006年,第2页。
② 郑万耕:《易学与哲学》,上海科学技术文献出版社,2013年,第85页。
③ (宋)周敦颐:《元公周先生濂溪集》,岳麓书社,2006年,第73页。

体；第四章论"圣"展示终极目标；第五、六、八、十、十五、二十、三十一章，论"静""慎动""改过""志学""爱敬"，彰显个体道德修养的方式；第七、十二、十三、二十一、二十四、二十五、二九、三十二、三十五、三十七、三十八章，论家、国及其治理如礼、刑、教育等方面，触及群体社会层面；第二十七章论"势"，综论历史演变层面；第十七、十八、十九、二十八章，论艺术，上升至对美的感悟。周敦颐"立人极"的目标，以道德本体和终极意义为旨归，用"诚"统贯诸篇，形成了完整的道德哲学、生命哲学的体系。这里，我们不妨尝试从"立人极"的角度，分析《通书》中秩序性与人的主体性的关系，虽然不能纵览濂溪理学的全貌，也可以管窥周敦颐有关自然、性命、道德、礼乐刑政、理想人格、师道等问题的思考。

儒家哲学是以人为中心的文化，周敦颐对中国哲学"人"的概念进行阐扬，论及"内圣外王"之道的同时阐释个体人格立命之精微。所谓的"立人极"的视角，其实就是回答"反求诸己"的问题。换句话说，就是直面人的主体性叙述话语。《通书》的哲学意涵趋向于"人""善"，并且是有意识地高扬"人"和"善"的理想价值，这是周敦颐对于人性很积极、很正面的肯定，是对于自孔孟以来的儒家社会价值观念和生活方式的认同和皈依。《通书》对圣人之道、君之道、师之道、士之道的回答深刻影响了两宋以后的儒家思想发展。

1. 圣人之道

"圣人"之意涵有超越"人"的价值取向。自先秦以来，"圣人"的概念就在中国古典学术体系中占据重要位置，它直接指向儒家经典命题"内圣外王"中的道德属性。"圣"本有"记忆力强，知识渊博"[①]之义，先人对于"圣"的

---

① 　徐中舒：《甲骨文字典》，四川辞书出版社，1998 年，第 1287 页。

概念早有解释，《国语集解》释曰："圣，通也。"①"神""圣"也可以并举。古代典籍中，"神"多指天地日月运行的普遍规律，属于神秘莫测的存在。《尚书·尧典》曰："乃命羲和，钦若昊天，历象日月星辰，敬授人时。分命羲仲，宅嵎夷，曰旸谷。寅宾出日，平秩东作。"由此可知，"神"为天之道，代表日月星辰，宇宙演化。《中庸》云："诚者，天之道也；诚之者，人之道也。诚者，不勉而中，不思而得，从容中道，圣人也。"郑玄作注："言诚者，天性也；诚之者，学而诚之者也。"孔颖达疏："'诚者'天之道也，唯圣人能然。"②经《中庸》所提，汇集郑玄的注，孔颖达的疏，我们对"圣人"的认知基本清晰，"圣人性合天道，也就被排除在人道之外。这样，圣人便与天相等同，生来就'诚'，完全被神化了。"③

《通书》则不同，以"圣"为人道。已故湖南省濂溪学研究会会长梁绍辉先生认为，"《中庸》以'圣'为天道，周敦颐以'圣'为人道。"④此论断呼应了故明儒刘宗周的评价："《通书》一编，将《中庸》道理又翻新谱，直是勺水不漏。第一篇言'诚'，言圣人分上事。句句言天之道也，却句句指圣人身上家当。"⑤刘宗周所论进一步阐发"圣人"为人之道。周敦颐在《通书》开篇《诚上第一》中言："诚者，圣人之本。"也就是说周敦颐认为"圣人"的根基是"诚"。以"诚"为本，"圣人"可以"至"，这种说法为人的主体性的高扬奠定哲学根基，也直接引发了宋明理学对"圣人"可学的思想讨论。

"诚"从何而来？周敦颐在《通书》中继续写道："'大哉乾元，万物资始'，诚之源也。'乾道变化，各正性命'，诚斯立焉。纯粹，至善者也。"⑥"大

① 徐元诰：《国语集解》，中华书局，2002年，第512页。
② （清）阮元校刻：《十三经注疏》，清嘉庆刻本，中华书局，2009年，第3542页。
③④ 梁绍辉：《太极图说通书义解》，海南出版社，1991年，第76页。
⑤ （清）黄宗羲：《宋元学案》第一册，中华书局，1986年，第482—483页。
⑥ （宋）周敦颐：《元公周先生濂溪集》，岳麓书社，2006年，第55页。

哉乾元，万物资始"语出《易经》，"诚"来自"元"，万物化生的动力之源。周敦颐结合《易经》与《中庸》，将"圣人"视为"人之道"的序列，而这样的"圣人"也具备了"诚"的属性，是至纯、至善的人。"诚"既概括了宇宙自然的特点又是伦理价值之源。由此理路，周敦颐在《通书·圣学第二十》中明确地回答："圣可学乎？曰：可。"①作为倡导"圣人可学"的先驱，周敦颐敢于打破汉唐以来被"神化"的圣人形象，重塑"圣人"作为"人"的一面。这直接反映了宋代思想的转向，由广阔的外部世界转向人、人的主体性、人的内心。正如同葛兆光先生所说，宋代思想家有两个"思考的时尚"，一个是"将知识与思想推至终极本原处，追问知识与思想之合理性依据"，另一个是"将终极本原的合理性依据，由外在的天地宇宙转向内在的心灵人性"。②

美国华裔哲学家陈荣捷还谈到，除了"诚"之外，"幾"是《通书》中最为重要的概念，"'幾'字意指一种原动力，行动的内在源泉，不可见的端倪，人趋善或趋恶的抉择点。于此幾微之地，人必须至诚无欺地面对他的道德本性，才能得其中庸而无过与不及。如此，周子将静态转为动态了。"③由"诚"到"幾"，也是由"体"达"用"，意味着把握本体从而达到圣人之境。《通书》构建了本源性、主体性、到实践性的思想理路。周敦颐的圣人观实际上是宋代文人士大夫主体性觉醒的哲理性表达，传达了社会群体对"圣人"身份认同的企慕。

2. 君之道

《通书》对"君之道"的探讨体现在"势第二十七""公第三十七""家人睽复无妄第三十三"等章节。《通书·势第二十七》从天下之情势的角度综论，

---

① （宋）周敦颐：《元公周先生濂溪集》，岳麓书社，2006 年，第 63 页。
② 葛兆光：《中国思想史》，复旦大学出版社，2013 年，第 179 页。
③ ［美］陈荣捷编著，杨儒宾译：《中国哲学文献选编》，江苏教育出版社，2006 年，第 403 页。

《宋元学案》称"造化在手，宇宙在握"，梁绍辉称"提起全章之纲"。周敦颐还提出谁来治理国家、社会的问题。在他的设想中，治理国家、社会的最佳人选是圣人。他还一并提出了治国理政的参考："圣人之道，至公而已矣。或曰：'何谓也？'曰：'天地至公而已矣。'"（《公第三十七》）"天地至公""圣人至公"是这段话的核心主旨。"至公"思想源自先秦以来的"法天"说，《易经·谦卦》云"天道亏盈而谦益"，意思是说天道日月的运动变化，盈满则亏损，谦损则增益，也就是"满招损，谦受益"。这就是说天道是至公无私的。在《礼记》中有"大道之行也，天下为公"的论断，圣人因没有过分的欲求，所以能"至公"。在周敦颐看来，人道也是如此，人有了私欲，也会失其公。只有圣人才能做到真正的"至公"，而寻常人难以企及。

《通书·家人睽复无妄三十二》从修齐治平的角度阐发"君之道"。"治天下有本，身之谓也；治天下有则，家之谓也。本必端。端本，诚心而已矣。则必善。善则，和亲而已矣。心不诚，则身不可正；亲不和，则家不可齐……是治天下观于家，治家观身而已矣。身端，心诚之谓也。诚心，复其不善之动而已矣。"（《家人睽复无妄三十二》）周敦颐借"家人""睽""复""无妄"四卦突出修身、齐家、治国的内圣外王之道。他尤为重视修身和齐家，视二者为治天下的根本。修身以"诚"为本，治家以"和"为标准，治天下始于修身齐家。这正与先儒明德、治国、齐家、修身之说相呼应。"欲明明德于天下，先治其国。欲治其国者，先齐其家，欲齐其家者，先修其身。"（《大学》）"明明德于天下"，包括自我的明其明德，也包括天下人的明其明德。要"明明德于天下"必须先治其国，国家都没治好，天下就治不好。要治理好一个国家，必须先治理好小家。《通书》在《大学》先论的基础上，再次强调君王治理国家要遵循"物有本末，事有终始"的道理。

《治第十二》中从人君之心的角度切入君之道，"十室之邑，人人提耳而教且不及，况天下之广，兆民之众哉！曰：'纯其心而已矣。'……纯者，不杂之谓；心，谓人君之心……仁、义、礼、智四者，动静、言貌、视听无违之谓纯。心纯则贤才辅。贤才辅则天下治。纯心要矣，用贤急焉。"纯心是治理天下的根本条件，也是为官为政的基本要求，"就人君而言，化民必先化己，治己方能治人。"①《礼记·大学》中谈到格物、致知、诚意、正心、修身、齐家、治国、平天下八个条目，是内圣外王之道，周敦颐衍生了其中的"正心"为"纯心"，是思想理路上的进步。

如果《太极图说》是通过《易》图演绎宇宙万物化生的过程，那么《通书》则是"发明其蕴"，阐释《易》《庸》的义理以建立宋代儒学思想体系。

3. 师之道

古代典籍中有"人"和"民"之分，两者具有文化意义上的区别，"人"是高贵者，"民"是简单的，由"民"成为"人"是可以成为的，可以教化的，而此过程中，师的作用无可替代。"或问曰：'曷为天下善？'曰：'师'。曰：'何谓也？'曰：'性者，刚柔善恶，中而已矣。'"（《通书·师第七》）怎样能使天下都向善呢？答案是弘扬师道。"故圣人立教，俾人自易其恶，自至其中而止矣。故先觉觉后觉，暗者求于明，而师道立矣。师道立，则善人多；善人多，则朝廷正而天下治矣。"（《通书·师第七》）《通书》从何以使天下人都向善入手，再立师道，强调教育对"立人极"的作用，在赓续《中庸》思想上又有革新，"将师的职责确立在如何'率性'上，变对道的理论探求为对'性'的培养教育。"② 这就是说北宋士大夫对师者的职责的思考有了重要转折，由重行范表率转移到尤为注重人的内在心灵人性。"圣人立教""自至其中而止"，而这

---

① 梁绍辉：《周子太极图说通书解义》，海南出版社，1991年，第125页。
② 梁绍辉：《周子太极图说通书解义》，海南出版社，1991年，第104页。

种"中"是后天形成的，这就明确了弘扬师道的重要性。如何弘扬师道？"故先觉觉后觉，暗者求于明，而师道立矣。"师道有教也有学，先觉之人启迪后觉之人是教，后觉的人主动求学于明悟的人是学，在教与学的过程中，师道得到确立。"不愤不启，不悱不发，举一隅不以三隅反，则不复也。"（《通书·圣蕴第二十九》）在"圣蕴第二十九"中，周敦颐强调圣人教人要等到求教者想了解，而不能了解的时候才开导，想言说又说不出口才说出。其实这就是突出问学的内在性、主动性。正因为《通书》中的师道说更为重视人的心灵、人性的内在向度，才能由"师道立"直指"善"的维度，而"师道立，则善人多；善人多，则朝廷正而天下治矣"。师道立则可传道、授业、解惑，根据圣人可学的理论，师道立有助于天下的大治，也就是说教育可以治国。

4. 士之道

周敦颐不仅对圣人之道、师者之道提出了自己的见解，建构了由士、至贤、成圣的儒学话语体系，而且还尤为突出志学的重要性。《通书·志学第十》："圣希天，贤希圣，士希贤。伊尹、颜渊，大贤也。伊尹耻其君不为尧、舜，一夫不得其所，若挞于市，颜渊不迁怒，不贰过，三月不违仁。志伊尹之所志，学颜子之所学。过则圣，及则贤，不及则亦不失于令名。"① "圣人"是儒家话语体系中的理想人格，"人"的存在林林总总，"圣人"是人的根本形态。周敦颐按照境界的高低，将人分为士人、贤人、圣人三等，构建了希贤崇圣的路径。从"希贤""崇圣"的进路来看，周敦颐将"圣希天，贤希圣，士希贤"与《太极图说》中的"主静""中正仁义"的思想并重，勾勒出读书人追求贤人的境界，贤人追求圣人的境界，圣人追求天理的前进趋势，实现人的伦理

---

① （宋）周敦颐：《元公周先生濂溪集》，岳麓书社，2006年，第59页。

道德价值的超越，实现"人"对"天"的回归。引导士人立伊尹的志向，学习颜回的学问，超过则成为圣人，赶上则成为贤人，赶不上也有好名声。在士人追慕贤人、贤人趋同圣人、圣人追求天理的过程中，尤为强调"君子以道充为贵，身安为富""道德高厚，教化无穷"精神价值，这些精神价值引导人向内观醒、反求诸己，阐发人的主体性意义，最终实现精神层面的超越。

《通书·志学第十》中提到的希贤崇圣之路又如何到达呢？周敦颐在《通书·圣学第二十》中作了回答，他说："'圣可学乎？'曰：'可'。曰：'有要乎？'曰：'有'。请问焉曰：'一为要。一者无欲也。无欲则静虚、动直。静虚则明，明则通；动直则公，公则溥。明通公溥，庶矣乎！'"此处的"一"指的是"纯一"，意思是学圣、成圣的要领。按照《通书》所说，成圣的条件有两种。首先为"一为要"，就是"纯一为要"，这是指一种没有欲望、心灵净化的精神状态。其次在于"无欲"，"无欲"才能"静"、才能"明"、才能"通"，才能成就圣人。周敦颐不仅重视"圣"，还重视"公"，提出了"无欲则圣，无私则公的明确命题"。[①] 而贤人、士人都可以学而成圣。这种精神层面的超越，深深影响着宋明儒者。程颐在《颜子所好何学论》进一步阐发："凡学之道，正其心，养其性而已。中正而诚，则圣矣。君子之学，必先明诸心，知所养，然后力行以求至，所谓自明而诚也。故学必尽其心。尽其心，则知其性，知其性，反而诚之，圣人也。"[②] 从程颐的文章可以看出，他受到周敦颐的影响，对"君子之学""孔颜之乐"深有感悟，能够从内在体验出发，以明心、知性、力行为实践原则，凸显了濂溪理学在儒家伦理道德的价值。

《通书》"士希贤""贤希圣"的思想内核产生了群体性的精神影响。五峰胡氏曰："通书四十章，周子之所述也。……今周子启程氏兄弟以千古不传之

---

① 梁绍辉：《太极图说通书义解》，海南出版社，1991年，第150页。
② （宋）吕祖谦编，齐治平点校：《宋文鉴》卷九十八，中华书局，1992年，第1376页。

妙，其功盖在孔、孟之间矣。"朱子曰："《通书》文虽高简，而体实渊悫，且其所论，不出乎修己治人之事，未尝剧谈无极之先、文字之外也。"西山真氏曰："周子因群圣之已言而推其所未言者，于图发无极二五之妙，于书阐诚源、诚立之旨。……道之全体焕然复明者，周子之功也。"明儒曹端在《通书总论》中说："此书皆发端以示人者，度越诸子，直与易、诗、书、春秋、语、孟同流行乎天下。"黄氏瑞节曰："周子二书，真所谓吐辞为经者。……周子上承孔、孟之说遂定，而二书与语、孟并行矣。"[①]《通书》中可以学为圣贤的认知，透漏出中国古代思想中本源性终极追寻的巨大影响，以及对士这一群体的精神塑造，深刻彰显儒家"学以为己"的价值理念。

在思想史上，由士之道、师之道、君之道再到圣人之道，周敦颐开启了宋代儒学。他的思想预示着宋后学术发展的趋向。无怪乎黄宗羲、黄百家《宋元学案》评价道："孔孟而后，汉儒止有传经之学，性道微言之绝久矣。元公崛起，二程嗣之，又复横渠诸大儒辈出，圣学大昌……若论阐发心性义理之精微，端数元公之破暗也。"[②]周敦颐理学思想，以思想融合与创新变易作为儒学的内核，持续显现出巨大的生命力，不仅为弘扬优秀传统文化提供了重要资源，也为学术思想的赓续提供了现实参考。

第三节 《爱莲说》

濂溪先生的《爱莲说》是千古名篇，《爱莲说》的文学旨趣值得反复品读。伴随着对濂溪先生精神境界的追思、对《爱莲说》隽永文辞的企慕，"爱莲"

---

① （明）曹端著，王秉伦点校：《曹端集》卷二，中华书局，2003 年，第 25—27 页。
② （清）黄宗羲、全祖望著，陈金生、梁运华点校：《宋元学案》卷十一，中华书局，1986 年，第 482 页。

也成为郴州文人纪咏的恒常主题。

一、《爱莲说》的文学解读

千古名篇《爱莲说》，不仅是历代文人歌咏濂溪的典范之作，也是中学课本中的名篇，名播天下：

> 水陆草木之花，可爱者甚蕃。晋陶渊明独爱菊。自李唐来，世人甚爱牡丹。予独爱莲之出淤泥而不染，濯清涟而不妖，中通外直，不蔓不枝，香远益清，亭亭净植，可远观而不可亵玩焉。
>
> 予谓菊，花之隐逸者也；牡丹，花之富贵者也；莲，花之君子者也。噫！菊之爱，陶后鲜有闻。莲之爱，同予者何人？牡丹之爱，宜乎众矣！

自晋陶渊明以来，说菊已经成为雅事，唐代别集提及"菊"的诗高达 600 多首；唐朝以来，赏牡丹花是唐代长安的文化盛事，《全唐诗》提及"牡丹"的诗高达 200 多首；自《诗经》起，莲已用于起兴，历代咏莲之作蔚为大观。但《爱莲说》独出机杼，虽然仅有 119 字，不仅说莲，而且说菊说牡丹，不仅说宋，而且说晋说唐。濂溪先生以象征的手法赏花之风骨，彰显三种不同的价值观："菊"为"霜下杰"，生于郊野，长于篱下，傲霜独立，不与丛花争艳，为"花之隐逸者也"；"牡丹"为百花王，娇艳夺目，雍容华贵，为"花之富贵者也"；唯有"莲"，清洁高雅，"出淤泥而不染，濯清涟而不妖""中通外直，不蔓不枝""香远益清，亭亭净植"，具有高贵的品质，为花之"君子"。

三种植物，周敦颐对莲花给予最高赞誉。刘熙载在《艺概》中说："咏物隐然只是咏怀，盖个中有我也。"[①]《爱莲说》的咏叹也正是作者的自况，在描

---

① 刘熙载：《艺概》，上海古籍出版社，1978 年，第 129 页。

摹和凸显中寄托淡泊以明志、宁静而致远的人文思想。细读《爱莲说》，我们可以感受到周敦颐在朝虽非达官显要，也"职思其忧"；生前虽非宿德鸿儒，也可称"行敏而学博"。其思想内蕴超越了历史和传统价值取向。"士之仕也，犹农夫之耕也。"① 周敦颐身为士大夫，既是知识文化的承载者，也是政治理想的践行者。他将追求政治事功和文化事功视为自己的人生目标，但其内心世界又超越了流俗，呈现出一种重建道德理想、匡正世风、超然物外的价值取向。

莲花的"出淤泥而不染"，正是心无外物、洁身自好的表征。"真宗以后，确认权力的合法性已经成为过去的历史，而确认思想秩序的合理性，却在内忧外患的刺激下成了新的焦点，深藏在士人心底的更深的忧患开始浮出水面。"② 由此可知，士大夫们焦虑的痛点在于北宋社会思想文化领域的危机。由于北宋重文的统治倾向性，迅速膨胀起来的士人阶层意志，重实用主义的政治策略成为当时的时代思潮。尤其是真宗、仁宗二朝，虽说政治平顺，但仍成守成之势，日渐富裕的社会生活逐渐丧失了对道德的同一性的认同。周敦颐则不同于流俗。在他心里，功名富贵不是人生目标，追求精神的怡然自得，才是自己的人生理想。因此，以"莲花"代表士人君子形象，貌似写花抒情，实则托物言志。

在周敦颐看来，精神的怡然自得既不是简单的"出世"，也不是表面的"入世"，而是通过超越和返归，寻求得志的契机和空间。黄庭坚眼中的周茂叔："好读书，雅意林壑，初不为人窘束世故，权舆仕籍，不卑小官，职思其忧。论法常欲与民决讼，得情而不喜。其为小吏，在江湖郡县，盖十五年，所

---

① （宋）朱熹：《四书集注》，岳麓书社，1987年，第832页。
② 葛兆光：《中国思想史》第二卷，复旦大学出版社，2013年，第269页。

至辄可传。"①吕陶有言："春陵周茂叔，志清而材醇，行敏而学博，读《易》《春秋》探其原，其文简洁有制，其政抚而不柔。与人交，平居若泛爱，及其判忠谀，拯忧患，虽贲育之力，莫亢其勇。"②作为地方官员，周敦颐"不卑小官"，操守慎严，又"政事精绝""抚而不柔"，有超越世俗、超然物外的志向。他既不像陶渊明辞官悠然南山下，也不同唐人极爱牡丹的秾丽和富贵，而是以"莲"作为心灵追求与精神守望，在"出世"与"入世"之间寻找一种恰当的均衡。虽然以推恩荫补出仕而被提拔为提点刑狱，但他始终恪尽职守。

终其一生，周敦颐以"莲花"自况，做到中正仁义，遵循儒家"中和"之道。尽管"在州、县两级地方官的岗位上徘徊"，但具有以家国为己任的忧患意识，以内圣外王为目标的践行意识，忠于职守，历任政绩显著，诸如分宁判案、邵州新迁学宫、治理端州砚台等等皆有美谈。闲暇之余，他另寻新境，与士人游历山水，酬唱题咏，忘怀名利，过着无忧无虑的神仙生活，兼具励精图治者的风范与林泉隐逸者的风貌。

"莲之爱，同予者何人？"正如范仲淹在《岳阳楼记》中"微斯人，吾谁与归？"的谓叹一般，这是疑问也是自我的坚守与确认，与北宋的时代气息和周敦颐的个人秉性不无关联。周敦颐以莲为爱的价值取向，造成了后世儒者对他的崇高评价。黄庭坚称赞："茂叔短于取名而惠于求志，薄于徼福而厚于得民，菲于奉身而燕及茕嫠，陋于希世而尚友千古。"③程颢说："自再见茂叔后，吟风弄月以归。有'吾与点也'之意。"④在"仕"与"隐"之间，周敦颐凸显着儒家为学、修己、治人的"有为"价值理念，又有善处穷通之际的儒学涵养。

---

① （宋）周敦颐：《元公周先生濂溪集》，岳麓书社，2006 年，第 122 页。
② （宋）周敦颐：《元公周先生濂溪集》，岳麓书社，2006 年，第 117 页。
③ （宋）周敦颐：《元公周先生濂溪集》，岳麓书社，2006 年，第 132 页。
④ （宋）周敦颐：《元公周先生濂溪集》，岳麓书社，2006 年，第 112 页。

周敦颐通过《爱莲说》寄寓了一种修身而不出世，"出淤泥而不染"的人生哲学。在隐逸之"菊"与世俗之"牡丹"之间，彰显着以君子（莲花）人格为标准的价值导向，推动了后人向"为君子""学圣人"方向发展。

二、《爱莲说》与郴州题咏

自古咏"莲"就是诗文中常见的创作主题。《诗经》中有"彼泽之陂，有蒲与荷"（《陈风·泽陂》)，汉乐府有"江南可采莲，莲叶何田田"，唐代温庭筠有"应为洛神波上袜，至今莲蕊有香尘"，南宋杨万里有"接天莲叶无穷碧，映日荷花别样红"的诗句。而在明清时期的郴州也出现了众多与"莲"相关的文化印记，当时的文人不仅咏莲，而且"爱莲"。

那么，为什么会有这么多《爱莲说》的题咏呢？近年来有学者相继讨论《爱莲说》是否写于郴州的问题，是不是《爱莲说》创作于郴州呢？其实，关于《爱莲说》的创作时间和地点，早有定论。《濂溪先生周元公年表》有记载："（嘉祐八年）行县至雩都""五月作《爱莲说》"①。尽管《爱莲说》作于雩都，即今天的江西赣州罗岩，但《爱莲说》因周敦颐曾守御郴州而广泛流传？呼应"莲之爱，同予者何人？"，郴州文人以此传递历史精神，由此建构了郴州地域文化中关于"爱莲"的历史。

"爱莲"的历史文化体现在郴州的物质文明和精神传统中。自宋以来，以"爱莲"为核心内涵的主题建筑无声地言说着"香远益清"的人文价值。"（濂溪书院）阁前为堂，堂下有池，即先生所凿爱莲池遗址也"②，郴县治东有"爱莲阁"，县南有"濂溪阁"，桂阳、桂东濂溪书院均有"爱莲池"，作为周敦颐"爱莲"文化的衍生，这些亭台楼阁皆是郴州地域文化中以莲为爱的象征。"池

---

① （宋）周敦颐：《元公周先生濂溪集》，岳麓书社，2006年，第235页。
② （明）钱绍文：《桂阳县志》卷二十，清同治六年刻本，第57页。

开爱莲"代际衍生，构成为一个隽永美好的题咏体系。

郴州"爱莲"的历史文化蕴含在以廉自律的精神传统中。嘉定十三年（1220）桂阳县令周思诚、主簿萧允恭始建濂溪祠，主祀周敦颐，并以二程等诸儒配享，并建有濂溪堂、光风堂。周思诚在《桂阳濂溪祠记》特别突出："邑之士尚能记盗火前，县厅有木柜一，其高四尺，其阔视其高加尺焉，以贮官文书，其上镂'庆历四年置，桂阳县令周'，凡十字，而书押于下，实先生时旧物。"① 这则记载隐藏着深刻的精神传统，可与潘兴嗣《先生墓志铭》"在南昌时，得疾暴卒，更一日一夜始苏。视其家，服御之物，止一敝箧，钱不满百，人莫不叹服，此予之亲见也"② 的记载相互印证，更重要的是反映出周敦颐为政清廉，赞扬其为官之道，朱熹更是在《濂溪先生事实记》中称赞："自少信古好义，以名节自砥砺，奉己甚约，俸禄尽以周宗族，奉宾友，家或无百钱之储。"③

"爱莲"的历史文化题刻在丹崖石壁和史志文献。在郴州丹崖石壁中，有题咏"爱莲"的石刻。嘉靖三十六年（1557）郴州府学教授曾廷珂来到飞天山，徜徉山水吟诗作文，借助周敦颐"爱莲"的精神意象抒发个体情思，将"濂溪独爱莲，续后孰相俦？"刻在郴州的丹崖间，使得飞天山成为明清士大夫题咏的风雅奇观。在郴州的史志文献中，本土诗人在诗歌中寄寓"爱莲"情怀，诸如康熙中郭于镐《爱莲池》"泛咏爱莲说，载歌池上篇"。乾隆中何永清《爱莲池》"城东水一湾，云影聚其间。远香溢淤泥，玉色颒腕颜"。郴州文人墨客吟咏"爱莲"不绝如缕，这些作品与《爱莲说》互文、映衬，不仅扩展了"爱莲"的吟咏空间，也突出《爱莲说》源远流长的价值意义。在扩展意义的

---

① 清嘉庆《郴州总志》，岳麓书社，2010年，第792页。
② （宋）周敦颐：《元公周先生濂溪集》，岳麓书社，2006年，第136页。
③ 金生杨：《宋周濂溪全编》第二册，北京燕山出版社，2021年，第267页。

背后，宋明以来的诸多诗赋或刻于摩崖石刻，或存于史志文献，精神价值与人文理想结合，构筑了人与自然融合的天人之境，同时也形成自然山水之外的石刻文本景观。

第四节 《拙赋》

《拙赋》短小精悍，全文66字，虽然不如《爱莲说》流传广泛，但也是独出机杼、意深旨远的名篇：

> 或谓予曰："人谓子拙。"予曰："巧，窃所耻也，且患世多巧也。"喜而赋之曰：
>
> 巧者言，拙者默；巧者劳，拙者逸；巧者贼，拙者德；巧者凶，拙者吉。呜呼！天下拙，刑政彻。上安下顺，风清弊绝。

"天下拙，刑政彻。上安下顺，风清弊绝"，这是治平四年周敦颐为永州通判时所作《拙赋》，这既是周敦颐的政治立场，也是为官的政治期许，言简意赅，殆有深意。

一、《拙赋》的创作动机

周敦颐为何在担任永州通判时有感而作《拙赋》呢？从知人论世的角度来说，文学创作与作家的个人经历密切相关。而《拙赋》的诞生与濂溪先生在虔州和永州的经历不无关系。

周敦颐在虔州的宦途生涯似乎并不平坦。据度正《周元公年表》记载，嘉祐八年，濂溪先生正在江西虔州任上，民家失火，"焚千余间""时先生季点外县，不自辨明，遂对移通判永州。"① 永州与虔州，无疑是周敦颐为官仕途中的一点点"意外"。虽为"对移"，但虔州失火，万千百姓遭于池鱼之殃，而因此事，周敦颐移永州通判，这多少有些贬谪意味。到永州后，归乡近家，面对"不自辨明"的讥讽，亲朋好友的嘘寒问暖，周敦颐感慨万千，写下了《拙赋》这首诗文。此文的诞生有着特殊的创作动机，也折射了周敦颐的为宦心境，"拙"之一字被赋予了别样的意义。换言之，《拙赋》中，周敦颐将"拙"视为自己的施政原则，面对守土失责，不计政治得失，以"守拙"自勉。

二、《拙赋》的意蕴旨归

《拙赋》之"拙"有什么样的意蕴和旨归呢？《说文》中的"拙"，意为不巧也，《广雅》中的"拙"意为钝也，都含有不灵活之意。先秦典籍中，也有对"拙"的运用，如《抱朴子》："每动作而受嗤，言发口而违理者，拙人也。"② 《管子·法法》："虽有巧目利手，不如拙规矩之正方圆也。"③ 而真正把"拙"上升到哲学范畴的是老子的"大巧若拙"。④ 老子认为最灵巧的东西就如同笨拙的。王弼进一步解释"大巧因自然而成器，不造为异端，故曰拙也"。⑤这进一步强调了"拙"指向事物本来的样子，遵循自然之道，取质朴、简淡之意。诸如《韩非子》中"巧诈不如拙诚"，《颜氏家训》所谓"巧伪不如拙诚"都是老子质朴、简淡意义的生发。老子从辩证法的角度理解"拙"的内涵，将"巧"与"拙"对立，将"拙"上升到本体论的高度，这也直接影响了后世对"拙"的理解。

---

① 金生杨：《宋周濂溪全编》第十九册，北京燕山出版社，2021年，第385页。
② （晋）葛洪：《抱朴子》，上海古籍出版社，1990年，第10页。
③ 梁运华校点：《管子》，辽宁教育出版社，1997年，第54页。
④ 刘康德：《老子直解》，复旦大学出版社，1997年，第158页。
⑤ 楼宇烈、王强集校释：《道德经》，中华书局，1980年，第123页。

　　治平四年，周敦颐作《拙赋》，作为赓续儒家思想、开拓宋明理学之人，《拙赋》中的"拙"之意又有相应拓展。《中庸》有言："诚者，天之道也；诚之者，人之道也。"周敦颐延续《中庸》中关于"诚"的讨论，视"诚"为"圣人之本"①。从天人合一的理论视角来看，周敦颐认为"诚"不仅指向天道，还是圣人之道，是人性之本源。而在《拙赋》中，周敦颐以"拙"为尊，实际上，是赋予"拙"以"诚"的义理内涵，丰富了"拙"的意蕴。使"拙"之意，上升到本体论意义的高度。此一拓展对理学发展影响深远。"其显著标志，就是周敦颐在《拙赋》中把'巧'与'贼'、'拙'与'德'相联系，从而生成了可以被称为'巧贼拙德'的重要理学范畴。"②《拙赋》突出了抑"巧"、扬"拙"、本"诚"的阐释理路，张栻更将《通书》与《拙赋》并举，"先生著《通书》及《拙赋》，皆行于世，而又尝俾学者求'孔颜所乐'何事。噫！以此示人，亦可谓深矣。"③

三、《拙赋》的价值与影响

　　《老子》以"巧"和"拙"对比，《拙赋》抑"巧"、扬"拙"、本"诚"，"可谓深矣"之"拙"具有何种价值呢？《拙赋》有言："巧者言，拙者默；巧者劳，拙者逸；巧者贼，拙者德；巧者凶，拙者吉。"④巧者虚浮不实，花言巧语，不择手段；拙者性情朴实，忘怀得失。巧者终日忙碌；拙者与民休息；巧者心机用尽，拙者政令简约，不妄作为，回归到天地之大德；巧者急功近利，忙于蝇营狗苟，难免招惹是非，拙者遵从内心，修养自己，推己及人，为善

---

① （宋）周敦颐著，陈克明点校：《周敦颐集》，中华书局，1990年，第12—14页。
② 王培友：《两宋理学"巧贼拙德"的涵蕴、诗歌表达及后世接受》，《清华大学学报（哲学社会科学版）》，2021年第1期，第100—110页。
③ （宋）张栻著，杨世文点校：《张栻集》，中华书局，2015年，第911页。
④ （宋）周敦颐：《元公周先生濂溪集》，岳麓书社，2006年，第100页。

必吉。四组概念的对立与对比，营造了一种充满张力的价值内蕴，表达了对"拙"的理解。惟有"尊拙""守拙"，才能"上安下顺，风清弊绝"。字里行间，透露的是周敦颐淡泊功名利禄，把百姓的心安，民众的养息作为自我定位，足见其开阔的胸襟，旷达的性情。好友何平仲《题茂叔〈拙赋〉》唱和道"伪者劳其心，机关有时阙。诚者任其真，安知拙为拙"①，巧就是伪，拙就是诚，即是天道，"舍伪存诚"就是追溯到儒家的仁义道德，就是最大的"拙"。

周敦颐"尊拙"的思想的影响。从功用角度来看，周敦颐的《拙赋》影响了一座城市的历史，在濂溪故里留下"拙堂""拙岩""拙榻"的"三拙石刻"，引起了后人的历史"记忆"。南宋零陵郡丞曾迪建"拙堂"，以"濂溪先生作《拙赋》，故名。"②正如同失意还乡的御史王献臣，取晋代潘岳《闲居赋》中"拙者之为政"之意命名拙政园一样，曾几也因濂溪先生《拙赋》中的"拙者德"命名"拙堂"，期望"能庶几乎（濂溪）先生之拙"③。

从道德论角度来看，陆游的老师曾几作《永州倅厅拙堂记》，曾几以柳宗元、颜真卿等人之"拙"勉励他的子侄曾迪，其言："宗元附王叔文、韦执谊，规权逐私，察其实与司马安何以异？颜鲁公拙于生事，举家食粥者数月。"④《旧唐书·柳宗元传》记载，唐顺宗即帝位后，王叔文、韦执谊掌权，重用柳宗元，但恰逢任职不久，王叔文改革失败，柳宗元被贬谪为邵州（今湖南邵阳）刺史，在赴任途中，又被贬为永州（今湖南零陵）司马。柳宗元在瘴疠横生、崎岖阻塞的环境中，抒发愤懑，作《乞巧文》，用"臣有大拙，智所不化，医所不攻，威不能迁，宽不能容"的语句传递"抱拙终身"的信念；颜真卿官至刑部尚书，大旱之年竟"举家食粥"，皆因"拙于生事"。曾几以柳宗元、颜真卿等人之"拙"称赞周敦颐"由拙以入于道，真有志者"⑤，曾几探讨"拙"

---

① （宋）周敦颐：《元公周先生濂溪集》，岳麓书社，2006年，第121页。
②③④⑤ 明隆庆《永州府志》卷八，明隆庆五年刻本，第11页。

的话语，是从道德角度展开的，曾幾的表述实际上遵循了"道"的原则，是在"立德"，由"拙"入儒家圣人之道的思路，也是从合理性的角度进行的思想探索。

从处世为官的心性来看，"先生拙守一篇赋，赢得高风万古清。"① 胡寅任永州知州，改拙堂为康功堂，"既去，永人思之，于通判厅事后作堂祠之，题曰'康功'。"② 胡寅追随周敦颐以"拙"为中心的思想理念，不仅"为人"要拙，"为官"更需要拙。"濂溪先生作《拙赋》，慨然有使天下还淳返朴之意。"③

受到"尊拙"思想的影响，高佑釲也尤为认同"拙"的思想，对《拙赋》爱不释手，他说："尝读先生所著《拙赋》有云：'天下拙刑政彻，上安下顺，风清弊绝。'"《拙赋》提出了一个以"守拙"为根本，摒弃"伪巧"，莫用心机，敢于担当，与"道"同体的理念。这一理念从个人精神境界提升中解决社会现实问题，追求中正平直的人格，注意精神锤炼，以"守拙"之心酬酢官场之变。可以说，周敦颐开辟了"拙于用事"的新方向。

第五节 《养心亭说》

孟子曰："养心莫善于寡欲。其为人也寡欲，虽有不存焉者，寡矣；其为人也多欲，虽有存焉者，寡矣。"予谓养心不止于寡焉而存耳，盖寡焉以至于无。无则诚立明通。诚立，贤也；明通，圣也。是圣贤非性生，必养心而至之。养心之善有大焉如此，存乎其人而已。

---

① 清道光《道州府志》卷七，清光绪三年刻本，第 37 页。
② 金生杨：《宋周濂溪全编》第十三册，北京燕山出版社，2021 年，第 297 页。
③ 曾枣庄、刘琳主编：《全宋文》第三百四十八册，上海辞书出版社，2006 年，第 185 页。

　　张子宗范有行有文，其居背山而面水。山之麓，构亭甚清静。予偶至而爱之，因题曰"养心"。既谢，且求说，故书以勉。

　　嘉祐元年，已至不惑之年的周敦颐升为太子中舍签书，调任合州判官。为了改变合州文化的落后状况，周敦颐决定开办州学。合州乡绅张宗范的私家花园背山临水、环境清幽，十分适宜读书学习。张宗范敬佩周敦颐，十分爽快地把私家花园捐献出来作为办学用地。办学期间，张宗范在学士山修建八角亭，请周敦颐命名。周敦颐挥毫而就"养心亭"，后以"养心"为题，撰写了《养心亭说》，刻于亭内。孟子曰："养心莫善于寡欲。其为人也寡欲，虽有不存焉者，寡矣；其为人也多欲，虽有存焉者，寡矣。"[1]孟子说养心重在寡欲。周敦颐认为养心不仅在于寡欲，更在于无欲，节制到趋近无欲的状态，就能立真诚，有真诚的本性，就能成为贤人；明事理，就能达到圣人的境界。所以周敦颐认为无欲是养心的最高境界，而无欲境界的探索就在于个人修养的形成与发展之中。

　　以孟子之言为引，周敦颐提出了自己"无欲"的观点。"予谓养心不止于寡焉而存耳，盖寡焉以至于无"，修心养性的关键不能止于寡欲，而是最后要达到无欲的境界。与《菩提偈》中的"本来无一物，何处惹尘埃"倒有几分异曲同工之妙，讲究心中的一个"无"字。心中无所念，无所思，无所系，方成"无欲"。"无则诚立明通。诚立，贤也；明通，圣也。"周敦颐认为无欲方能达到纯粹至善，明白通达。纯粹至善才能"贤"，明白通达方为"圣"。而无欲就没有私欲的干扰，就能达到"贤""圣"之境。他还提出了"无欲故静"，所谓"静"，即安定、安宁，周敦颐认为"圣人之道，仁义中正而已矣"，在他看来，

---

① （清）阮元校刻：《十三经注疏》，中华书局，2009 年，第 6047 页。

人若能"无欲",内心得到安宁,那么仁义中正这些道德的本性也便能充分显现出来了。

　　周敦颐在合州任职期间,一心为民,刚正不阿。他的下属铜梁县令吕陶评价:先生为政原则性非常强,抚而不柔。他真正做到了为政"无欲",贤圣通民。清末林则徐也提到"壁立千仞,无欲则刚",高山因为没有钩心斗角的凡世杂欲才如此的挺拔。强调为官必须坚决杜绝私欲,才能像大山那样刚正不阿,挺立世间。"无欲"之光,隔着悠久的历史长河依旧璀璨如初。周敦颐一生廉洁守正,"无欲"为本,至诚通明,遂达圣贤之境界。

　　无欲的最高境界是至圣。"是圣贤非性生,必养心而至之。"在《养心亭说》中,周敦颐提出了养心至圣的观点。"学至圣人"是理学的修养目标,此前,天纵至圣的观点普遍流行,他们认为圣人都是天生的。而周敦颐则颠覆了这一观点,他认为圣人不是天生的,而是靠后天修养而成。所谓圣贤,并不是与生俱来的,必是养得此心纤毫无染、通透如洗的澄明境界。那么到底怎样才算是一个合格的圣人?或者说成为一个圣人需要具备哪些能力呢?周子说:"寂然不动者,诚也;感而遂通者,神也;动而未形,有无之间也,幾也。诚精故明,神应故妙,幾微固幽。诚、神、幾曰圣人。"①周子的意思是圣人需同时具备精诚、神应和研幾的能力,而养心则是至圣的基本。"养心之善有大焉如此,存乎其人而已。"这句话的意思是修养心性能有这样的良善作用,全在于自己而已。如想达到圣人之境界,需靠个人之努力,在追求个人修养的道路上,孜孜不倦,持之以恒,坚定理想追求,朝圣人境界靠近。在理学的观点中,做人的极致,是圣贤。而至圣之中心,在于自己。善于修身养性的人,其实就是善养志气,不为血气所使,故而年弥高而德愈邵,活到极致,就活出了

---

① (宋)周敦颐:《元公周先生濂溪集》,岳麓书社,2006年,第57页。

生命的本色。养生的极致，是养心。

真正的养心，并非简单的养身，而是涵养生命返璞归真、自在自足的素简状态。这正是周敦颐的精神写照。"颜子一箪食、一瓢饮，在陋巷，人不堪其忧，而回不改其乐。夫富贵，人之所爱也。颜子不爱不求，而乐乎其贫，独何心哉！"① 颜回处于这样的环境中也不在乎外物，而更加追求个人的修养境界，他钦佩颜回并效仿他，为官多年，他仍然两袖清风。官场并不缺赃滥的人，但这些都与周子无关，他内在的人格修养让他成了一个洁身自好，不慕名利，正直无私，不媚权贵的人。在注重自己人格修养的同时，他也重视教化。每到一处为官，他首先想到的是修德进业、兴办教育、淳化百姓、重视教化。周子清楚地知道修性在己的道理，加强民众的个人修养，方能使社会更加和谐美好。这些哲学家、思想家治国的理念存在于中国，存在于学而优则仕以及重视文治的传统里，在先秦诸子百家中就已萌芽，在宋代理学中则达到顶峰，而周子就是其中难以逾越的一座高峰。

合川城下学士山，八角亭《养心亭说》，理学开山述"养心"之论，传圣贤之说，授为人之道。《养心亭说》为人们修身养心提供了准确的方法论述，周敦颐以己之身为后世树立了圣贤之榜样。以"无欲"为基，至善通达，克己修身，方是立身处世之道。

第六节　濂溪先生诗歌代表作

周敦颐在中国哲学史上有着很高的地位，但他传世之作言辞简练、意义精达。在文学上，周敦颐没有直接的诗论，以《爱莲说》声名最盛。周敦颐的

---

① （宋）周敦颐：《元公周先生濂溪集》，岳麓书社，2006 年，第 64 页。

诗歌散佚严重，传世很少，历代学者都有辑补。《全宋诗》"以清康熙张伯行刊《正谊堂集·周濂溪集》为底本，校以清乾隆董榕辑《周濂溪集》、影印文渊阁《四库全书·周元公集》等。辑录之集外诗附于卷末"①，一共收录周敦颐诗三十三首。在为数不多的传世诗歌中，最为特别的当属《任所寄乡关故旧》《行县至雩都，邀余杭钱建侯拓、四明沈幾圣希颜，同游罗岩》。

一、《任所寄乡关故旧》

治平三年（1066），周敦颐任永州通判，归乡后，给家乡父老写了一首诗，"老子生来骨性寒，宦情不改旧儒酸。停杯厌饮香醪味，举箸常餐淡菜盘。事冗不知筋力倦，官清赢得梦魂安。故人欲问吾何况，为道舂陵只一般。""舂陵"是周敦颐故里，却"只一般"，此句有感而发，可以说是道出了周敦颐为官永州的弦外之音。自天圣九年（1031），周敦颐"偕母仙居县太君自营道濂溪入京师"②，前后算来已有 35 年。此次归乡近家，不免近乡情怯。但更让人焦虑的是，家乡的亲友见周敦颐在本地为官，奔走相告，希望他用官员的身份为家族办事。迫于无奈，周敦颐给家乡父老捎上《任所寄乡关故旧》，用诗的语言，表白心志："老子生来骨性寒，宦情不改旧儒酸。停杯厌饮香醪味，举箸常餐淡菜盘。事冗不知筋力倦，官清赢得梦魂安。故人欲问吾何况，为道舂陵只一般。"

对宗祠亲族开篇自称为"老子"，可见周敦颐生性骨傲，态度强硬，直白的语言直接表明，虽然身居高位，但拒绝因亲情而尸位素餐。"骨性寒""旧儒酸"，则指明了自己儒士清流的原则不会改变，以克己奉公的生活态度，表达了对正直为官信念的坚守。"厌饮香醪"，"常餐淡菜"，崇尚节俭，不趋炎附

---

① 北京大学古文献研究所：《全宋诗》卷四，北京大学出版社，1992 年，第 5061 页。
② 金生杨：《宋周濂溪全编》第一册，北京燕山出版社，2021 年，第 3 页。

势，不追求荣华富贵。这几句诗读来虽然气氛有些衰飒、但却相当写实——以此告诫家乡父老要安于本分，不要寻津觅迹求得私情，体现了其气质秉性，即清廉为官。然则，这是否意味着周敦颐是一个不近情理、不食人间烟火的人呢？事实上，周敦颐外出为官，一直心系家乡父老，在《濂溪集》中就有写给族人的书信，诸如《付二十六叔》"知安乐，喜无尽"①，《又书与三十一叔》："诸叔母、诸兄长座前，诸弟、诸侄安乐，好将息！好将息！"②《与仲章侄手贴》："未相见，千万好将息！"③ 函札往返，说几句问候，报一声平安，可见其自称"宦情不改旧儒酸"，其实不过是对人情势利的痛恨，对家乡父老的关爱诲引。"官清赢得梦魂安"，是周敦颐一生为官的最好见证。他洁身自爱，不钻营人事情欲，心绪舒卷，因此能理直气壮地说自己为官真正做到了"梦魂安"，这也是他思想品行中的闪光点。

何谓"为道舂陵只一般"？从周敦颐一生经历来看，他为官几十年，政治上颇有才干。世事磨炼，他早已习惯不慕名利，不贪图富贵，不谋一己之私，即使是回到家乡，一如既往，也应当保存"平淡之心"。故谓"为道舂陵只一般"，实为寄意遥深。即使身处困境，却仍然保持廉洁自律的精神，由此也足见其胸襟的开阔，性情的旷达。

如果说，清廉带给濂溪的是贬谪和落寞，那么，廉洁的背后则是自得与恬静。《任所寄乡关故旧》凸显的是一个清正廉洁而有些墨守成规的"穷酸腐儒"形象。在充满情感与诱惑的宦业中，周敦颐用"官清"维护自己的名声，难免会引来不少怨言，但仕途挫折而不减其志。作为一个容不得伪言伪行的地方官员，周敦颐并不是守在书斋的道学先生，他到永州后，在为政余暇，追求清雅的人生趣味。"知者乐水，仁者乐山"，周敦颐与朋友游览题咏，寻访旧迹，吟

①②③（宋）周敦颐：《元公周先生濂溪集》，岳麓书社，2006年，第104页。

咏性情，诸如永州朝阳岩、九龙岩、澹岩、含晖岩都有他的足迹。他将世间烦恼、人生苦乐、政坛风云都付之九霄云外。濂溪先生廉洁自守，纯洁高雅，皭然不污，用自然朴素的表现形式反映出意蕴深远的人生感悟。诗歌字里行间，不难体会他清廉与静默之中的陶然。这种"陶然"，也赢得了后世的广泛赞誉，其独具魅力的人格品行、正直廉洁的官箴，更是宋以后儒学家精神气象的一种新风尚。

二、《游罗岩》

在《游罗岩》诗中，行文之间显露出他时有慕神仙高隐之意：

> 闻有山岩即去寻，亦跻云外入松阴。
> 虽然未是洞中境，且异人间名利心。

周敦颐何以"雅好佳山水"，由此诗可见一斑。开篇以山水入诗，抒情主人公听闻有山岩之景便立即去寻找，在云雾中行走，在松树下伫立。"云雾"，"松树"两者意象浑融无间，构成一幅自然山野之景。在周敦颐旷达的胸怀之中，一切名利皆为身外之物。

《爱莲说》中有"出淤泥而不染，濯清涟而不妖"一句，人皆称周敦颐独爱莲，而据此处的"亦跻云外入松阴"之语，恐怕不然。"松"为岁寒三友之一，以顽强向上、不屈不挠的精神品质，积极向上、不畏艰辛的人生态度为诗家偏爱。濂溪先生此处也爱"松"之正直、高洁。以"松"之意蕴论濂溪先生的胸襟，不难看出他对生命自然的喜爱。他爱的是一种生生不息的力量，是他对自然生生之道的敬畏。

周敦颐的诗歌以意象体现内心的情志。他不只爱莲，还爱松，爱众生万物。濂溪先生有"窗前草不除""与自家意思一般"之语。周敦颐住所窗前杂草丛生，但他却从不去除，锄人问之，答曰："与自家意思一般。"体现出了对自然微小生命的尊重，愿与生生不已的自然融为一体的选择以及一种天地境界。胡云翼先生认为："周敦颐的诗毫无理学的酸腐气，自有一种幽趣，决不是理学派的诗可比。"诚如此言，周敦颐诗清幽脱俗，也颇有理趣、颇具格局。他"雅好山水，复其为人"，他人品高洁、心性脱俗、淡泊名利。在山水徜徉中，周敦颐更是自然简淡，清朗雅洁，其在山水流恋中已得山水之性，故而有"光风霁月"之评，沐人如春风，感人如朗月。

周敦颐何以见慕"洞中"而薄"人间"？"虽然未是洞中境，且异人间名利心。"一句提到抒情主人公认为这虽然不是洞天胜景，但也与人世间的名利之场大不相同。在周敦颐看来，富贵是常人共同追求的对象，但以富贵为人生目的，只是俗人对于生活的态度。一个君子必须超越于追求富贵，见于大而忘却小，这样才可以在内心充盈平静与快乐，可见其意志不以世俗实利为转移。据年谱记载，周敦颐曾有一次得急病濒死，他的朋友潘兴嗣赶来为他料理后事，翻检其家什，却仅有一只破箱，几十文零钱。后来，潘兴嗣在《濂溪先生墓志铭》中写道："在南昌时，得疾暴卒，更一日一夜始苏。视其家，服御之物，止一敝箧，钱不满百，人莫不叹服，此予之亲见也。"[1] 而周敦颐历官数十载，他的薪俸都去哪里了呢？据《濂溪先生墓志铭》："君奉养至廉，所得俸禄，分给宗族，其余以待宾客。不知者以为好名，君处之裕如也。"[2] 濂溪先生不以名利为念，不桎梏于物的人生态度，使其诗歌中充满了徜徉山水、乐不思蜀的清趣。故而《纪事本末》说周敦颐"好读书，雅意林壑，不为人事窘束，世故拘牵。"[3] 从周敦颐诗句中处处体现其雅好山水而淡泊名利的品性。

①② 金生杨：《宋周濂溪全编》第二册，北京燕山出版社，2021年，第272页。
③ （明）陈邦瞻：《宋史纪事本末》卷二十一，明万历刻本，第20页。

作为一个传统士人，周敦颐心怀天下，入仕为官，这是儒家知识分子的人生理想。他自二十岁始因舅父的荫恩入仕，宦游三十年，虽政事精绝，却终其一生辗转州县一级官职，始终未能显达。长期的沉于下僚，使其深感仕途艰难，名利扰人，而不改其志。在宦海途中，周敦颐以"莲花"喻"君子"，做到不偏不倚，遵循儒家"中和"之道，致君泽民。任职时，服官施政以行道，诸如分宁判案、邵州新迁学宫、治理端州砚台等等，修己治人，将复兴尧舜之道为期许，施展政治抱负，实现内圣外王的目标。然濂溪先生又不拘泥于经济仕途。诗人兼取佛道，也可感受到内心的平静安然，有超然外物的人生境界。

同游罗岩一诗有道家风尚。周敦颐淡泊名利，好佳山水，脱俗拔尘，寄情山水消心中块垒。他历经宦海沉浮之后，深感世俗的名利扰人，身心都难以得到解脱，只有进入澄净幽深的大自然，才能归真返璞，重获淡泊洒脱之志，从而表现出雅意林壑的人生理想。

诗似素描，勾勒出抒情主人公超凡脱俗之胸襟与气度。古代士人常感慨人生无常，于贫与富、仕与隐中摇摆，而周敦颐以冲淡平和的艺术表现力将二者辩证地融于一体。诗如其人，其人如诗。周敦颐诗歌承继风雅余绪，形成了雅正明洁、古朴平易的诗风。诗人以宁静、淡泊之心境，书写胸中丘壑之志。诗的意境深远，格调高雅，与宋初诗坛风气息息相通。周敦颐人品光明豁达，洒脱高雅。今时今日，我们不妨从周濂溪当年吟风弄月之处，嗅得氤氲书香，探得濂洛风雅，寻得周子理学之奥妙。他那雅好山水的意趣推动了后世学者向"为君子"，"远名利"，"学圣人"的方向不断迈进。

周敦颐的诗文以《爱莲说》《拙赋》《养心亭说》《任所寄乡关故旧》《游罗岩》等最负盛名，虽然他没有诗论传世，但"文以载道"的观点都贯穿其主要诗文作品中。《通书·文辞第二十八》云："文辞，艺也；道德，实也。""不知务道德而第以文辞为能者，艺焉而已。"① 周敦颐重"道德"，突出文艺作品的意识形态和价值属性，这种文艺观受到其泛道德论的哲学体系影响而略显偏颇，但宋初诗文有思想内容贫乏空虚，脱离社会现实，缺乏真情实感的弊病，在这种特殊的文化语境中，"文以载道"又是十分必要的。

---

① （宋）周敦颐，陈克明点校：《周敦颐集》,《中华书局》, 1990 年，第 35—36 页。

第五章　郴州濂溪书院（濂溪祠）考述

《广雅》记载：院，垣也。南宋王应麟所著的《玉海》说："院者，取名于周垣也。"①《增韵》记载：有垣墙者曰院。所以，书院就是指有围墙的房子。书院一称最早出现于唐玄宗开元年间（713—741）。唐代的书院分为官方所设书院和私人所建书院两类。唐代官方书院先后叫作乾元书院、丽正书院和集贤书院。书院在当时只是作为朝廷藏书、校书之所，并非教育士子的教育机构。

官方书院设立之初，多用于藏书。《新唐书·艺文志》详细说明了官方书院藏书经过："初，隋嘉则殿书三十七万卷，至武德初，有书八万卷，重复相糅。王世充平，得隋旧书八千余卷，太府卿宋遵贵监运东都，浮舟溯河，西致京师，经砥柱舟覆，尽亡其书。贞观中，魏徵、虞世南、颜师古继为秘书监，请购天下书，选五品以上子孙工书者为书手，缮写藏于内库，以宫人掌之。"②官方书院承担藏书功能之外，还是官方修书、校书场所。"玄宗命左散骑常侍，昭文馆学士马怀素为修图书使，与右散骑常侍、崇文馆学士褚无量整比。会幸

---

① （宋）王应麟，玉海明修：《玉海》卷一百六十七，元至元六年庆元路儒学刻本，第31页。
② （宋）欧阳修：《新唐书》卷五十七,四库全书本，第2页。

东都，乃就乾元殿东序检校。"①

后来官方书院还有"掌刊辑古今之经籍"的职责。《唐六典》载："集贤院学士，掌刊辑古今之经籍，以辨明邦国之大典。"②除了刊辑经籍之外，书院还负责荐举贤才和提出某些建议，供选用和参考。官方书院的概念由朝堂延伸至四方，文人读书和私人讲学的地方也可以称为书院。"特别是11世纪的头一年即咸平四年（1001），真宗下诏，在州县官学之外，同样给聚徒讲习的地方颁发九经，这无异于承认书院等私学的合法性，更鼓励了社会上的文化事业。"③书院渐渐发展成为具有藏书、讲学、育人功能的机构，如岳麓书院、石鼓书院。

郴州的书院发展兴起于北宋，兴盛于南宋，延展到清末而走向式微。北宋历史上曾开展了三次兴学运动，一是宋仁宗庆历四年范仲淹主持的"庆历兴学"，二是宋神宗熙宁年间王安石主持的"熙宁兴学"，三是宋徽宗崇宁年间蔡京主持的"崇宁兴学"。北宋三次兴学对于振兴教育，推动官学发展无疑产生了积极作用。

然而到南宋时期，官学声名不佳、学风不良，官学育才、取才的功能式微。官学百弊丛生，南宋理学家们应时而发，将书院作为传道、授业、解惑的重要场域，在他们同心协力下，南宋书院的发展再现生机。特别是自朱熹白鹿书院后，各地纷纷效法，郴州的书院也顺时而蜂起。

周敦颐曾三仕郴阳，前后近八年，政绩显著。他的仕宦生涯也可以说是别样的书院讲学生涯，为官一任即建造书院，兴教讲学，前有袁州芦溪镇讲学、郴州周茂叔书堂讲学，后有合州养心亭促学，赣水东玉虚观讲学，绍州州学讲

① （宋）欧阳修：《新唐书》卷五十七，四库全书本，第3页。
② （唐）张九龄：《唐六典》卷九，四库全书本，第13页。
③ 葛兆光：《中国思想史》，复旦大学出版社，2001年，第156页。

学。特别是其理学思想的推行，理学鼻祖地位的确立，更对郴州书院教育的发展起了巨大的推动作用。早在北宋庆历六年（1046）任郴州县令时，他便倡导兴学校以教人，撰写了《修学记》。他辞世之后，凡是他曾经推动建设的书院、有过讲学活动的州县，都取用周敦颐自号来定名书院。郴县、桂阳（今汝城）县均创办了濂溪书院。经过元明清三朝的发展，书院更是遍及郴州乡里。除了延续至清朝的濂溪书院外，著名的书院还有桂阳的龙潭书院、鉴湖书院；临武的麓峰书院、双溪书院，嘉禾的珠泉书院、凤山书院、东山书院；资兴的观澜书院、汉宁书院、辰冈书院；永兴的安陵书院；宜章的养正书院；桂东培英书院等等。

第一节 濂溪书院（濂溪祠）的历史沿革

郴州、汝城、桂东、永兴四地都有濂溪书院，自南宋起延续至清末。建立时间最早的是宋宁宗嘉定十三年（1220），桂阳县令周思诚兴建的濂溪书院（祠）。其次是南宋嘉熙三年（1239）郴州修建的濂溪书院（祠）。排在第三位的是清康熙三十二年（1693）桂东修建的濂溪书院（祠）。最后是兴建于同治六年（1867）的永兴濂溪书院（祠）。

一、郴州濂溪书院历史沿革

郴州濂溪书院历时久远，几经兴废，自南宋兴起，明孝宗弘治年间复立，清康熙年间重建。南宋嘉熙三年（1239），郴州在州城内成德堂东新建了濂溪祠，祠临近东塔岭，面对相国书堂。南宋宝祐四年（1256），王镕为郴州知州，郴人在旧有濂溪祠的基础上，新建了濂溪书院，书院位于东塔岭相国书堂的西侧，义帝陵之东。濂溪书院设一堂四斋，分别命名为"聚奎""立道""合德""得秀""修吉"。宝祐五年（1257），又增加了君子亭、仰高台，爱莲池。

明孝宗弘治七年（1494），湖臬佥都御史吴淑巡察荆南，适临郴州。郴州众生欲借此时机，复立濂溪祠，迁建城南门外右。明弘治年间建于州内的濂溪书院毁于明末寇乱。

清康熙三十五年（1696），湖广衡州府通判兼摄直隶郴州事谢允文在州城南旧址上，重建濂溪书院。康熙五十七年（1718），知州范廷谋重修。雍正十年（1732），知州华文振修葺，邑绅何惟默、达恂叔侄等捐学田为馆师束修。乾隆四年（1739）。知州胡星捐修爱莲池，复建君子亭。乾隆十七年（1752），知州谢锡佐重修，又于大门外添设火房、看司房。乾隆二十八年（1763），兴宁知县赫伸重建。乾隆三十三年（1768），署州事谢仲元捐修，规制始备。1950 年，省立三师附小随迁濂溪书院。1979 年，濂溪书院拆除扩建学校，即郴州市第九完全小学。1996 年，新建的濂溪书院位于郴州市爱莲湖风景区。

二、汝城濂溪书院的历史沿革

汝城古称桂阳，宋宁宗嘉定十三年（1220），邑令周思诚于县署大成殿右庑西南，始建濂溪祠，以祀周敦颐。宋理宗宝祐元年（1253），邑簿李劲请于邑令黄遂，又建祠于学宫前，曰"希濂堂"，以祀周敦颐，并祀邵雍、程颢、程颐、张栻、朱熹，名曰"六君子祠"。后来毁于寇乱。明洪武六年（1373），邑令李原复建濂溪阁于县厅之东，阁内有濂溪先生肖像。明永乐年间，濂溪阁毁于寇乱。明成化年间，邑令桂显疏通并深挖旧有爱莲池，仍旧复建濂溪之楼，并且将县学中的周敦颐像置于楼中，用于祭祀。明正德年间，邑人御史范辂请巡抚毛伯温发白金六十两，嘱邑令陈德本将濂溪阁改建于县西南桂枝岭麓，后来阁楼毁坏不存。明嘉靖二十五年（1546），邑令刘翔因濂溪阁远在城外，仍旧将其迁于爱莲池旧址。明嘉靖三十二年（1553），兵使潘子正到桂阳县巡视，濂溪祠复建于桂枝岭。明嘉靖三十三年（1554），邑令徐兆先奉督学林懋和之令，在原有濂溪祠基础上增构讲堂和学舍，安排老师教导学子，正式命名为"濂溪书院"。清顺治八年（1651），桂枝岭濂溪书院为红寇所毁。清康熙四年（1665），知县黄应庚奉命，在桂枝岭故址修建三间房屋，令僧人守护。清康熙九年（1670），邑令盛民誉，在书院旁另修庵堂，迁去佛像，将濂溪先生木主奉于濂溪书院中堂而专祀，岁久房屋又损毁。清乾隆五年（1740），邑令胡醇悫用捐建考棚的余金重修濂溪书院。清嘉庆九年（1804），邑绅范毓洙与县邑诸绅在县西的金凤岭，建乡关濂溪书院（即现址）。

清光绪三十三年（1907），清政府下令各府州县改书院为学堂，濂溪书院改为濂溪高等小学堂。民国二年（1913），学堂改为县立第二高等小学。民国七年（1918），第二高小再改为第二联合高等小学。民国三十一年（1942），县教育科命名为私立濂溪小学。1950年，县教育科命名为城西高小。1968年，濂溪书院停办。

1989年，汝城县人民政府公布乡关濂溪书院为县级文物保护单位。2000年，汝城县人民政府将濂溪书院交由文物部门管理。2001年，中共汝城县委、汝城县人民政府组织全县人民开展抢救维修濂溪书院募捐活动，按文物"修旧如旧"原则对濂溪书院进行抢救维修。同年郴州市人民政府公布其为市级爱国主义教育基地。2002年，湖南省人民政府公布濂溪书院为省级文物保护单位。2005年，濂溪书院经过整体修缮及广场建设，正式向公众开放。2010年，濂溪书院进行局部维修和周边环境整治，并设九个展室。

三、桂东、永兴濂溪书院历史沿革

清康熙三十二年（1693），桂东修建濂溪书院。书院后有濂溪祠，祠上建魁星阁，祠前为爱莲池，池上为君子亭。沿祠左右建讲堂，两旁各有精舍数十间，置藏书数千册，以备诸生参考研习。知县洪钟题额"濂溪书院"。同治五年（1866），知县刘华邦将濂溪书院迁建于南门外三台山之麓。旧院改作试院。

同治六年（1867）永兴县建濂溪祠，因"邑人思公德谋所以立祠"。

第二节　濂溪书院碑记（濂溪祠记）系年丛考

郴州各县濂溪祠形式多样，有专祠、有合祠。万历《郴州志》中记载郴州县学之东立濂溪书堂、濂溪祠堂；《湖南通志·桂阳县》中记载"六君子祠在县学前祀宋周元公，二程子绍子朱子张栻"[①]；《湖南通志·桂东县》记载"濂溪祠在县学宫内祀宋周子"[②]。经考证，郴州、桂阳、桂东、永兴均有濂溪遗迹，祠记、书院记高达14篇。其中，郴州5篇，桂阳6篇，桂东2篇，永兴1篇，这些祠记从不同角度推动濂溪理学的传播，成为周敦颐思想接续发展的重要力量。

自古郴州文人士大夫、地方官员热衷于创设书院，自周敦颐"三仕郴阳"，郴州士人因纪念理学开山周敦颐开创濂溪书院，濂溪理学思想余波不断，体现在郴州地区文人士大夫和地方官员所书濂溪书院（祠）记中。郴州濂溪书院（祠）记的发展进程、创作范式和思想主旨集中体现了理学思想的衍变。探究濂溪书院（祠）记的实用性品格和精义本旨可以了解郴州地区理学思想嬗变。

郴州濂溪书院（祠）记是如何兴起的？宋元明清四朝有哪些书院（祠）记？创作者的学统来历如何？郴州濂溪书院（祠）记的思想开拓又体现在哪些方面？本节拟从濂溪书院（祠）记与理学传播衍变视角出发，对郴州濂溪书院（祠）记的创作情况作探讨分析。

[①]　清光绪《湖南通志》卷七十七，清光绪十一年刻本，第32页。
[②]　清光绪《湖南通志》卷七十七，清光绪十一年刻本，第34页。

一、郴州濂溪书院记作品统计

关于郴州濂溪书院记的作家和作品，今据湖南及郴州各类地方志所收录濂溪书院记作品情况统计，按照作品系年和书院所在区域列表如下：

作　者	书院记	作品系年	朝代
周思诚	《桂阳濂溪祠记》	宋宁宗嘉定十五年（1222）	宋
王　湜	《新建濂溪祠堂记》	宋理宗淳祐二年（1242）	
陈兰孙	《新建希濂书院记》	宋理宗宝祐四年（1256）	
何孟春	《郴州濂溪祠记》	明孝宗弘治七年（1494）	明
刘　节	《重修濂溪阁记》	明世宗嘉靖二十五年（1546）	
罗洪先	《濂溪书院记》	明世宗嘉靖三十三年（1554）	
高佑釲	《重修濂溪书院记》	清圣祖康熙九年（1670）	清
谢允文	《重建濂溪书院记》	清圣祖康熙三十五年（1696）	
王喆生	《郴州重建濂溪书院记》	清圣祖康熙三十五年（1696）	
洪　钟	《濂溪书院记》	清高宗乾隆二十一年（1756）	
邹　杰	《重修濂溪祠记》	清高宗乾隆六十年（1795）	
范毓洙	《濂溪书院记》	清仁宗嘉庆十一年（1806）	
刘华邦	《新建濂溪书院记》	清穆宗同治五年（1866）	
陈祖书	《新建濂溪祠记》	清穆宗同治六年（1867）	

从以上14篇作品可知，郴州地区濂溪书院记、祠记启于宋、承于明、兴于清。

二、郴州濂溪书院（祠）记系年丛考

郴州濂溪书院（祠）记篇目众多，有些记文在文尾署明写作时间，可以清晰分辨；有些记文在文中叙事中暗含写作时间，需要推论；还有些记文没有相关信息，需要通过其他典籍考证。

1. 文尾署明写作时间（4 篇）

王湜《新建濂溪祠堂记》（宋理宗淳祐二年，1242），谢允文《重建濂溪书院记》（清圣祖康熙三十五年，1696），王喆生《郴州重建濂溪书院记》（清圣祖康熙三十五年，1696），陈祖书《新建濂溪祠记》（清穆宗同治六年，1867）。

2. 据文中叙事可考（8 篇）

周思诚《桂阳濂溪祠记》（宋宁宗嘉定十五年，1222）

记云："嘉定十三年六月，思诚叨令兹邑，入境诣学，谓学必有先生祠，乃巍然独存大成殿，其门庑遗址尽没于蒿莱，惟一厅一寝室，傍无他屋，欲求拜先生之遗像，而竟莫知所向……嘉定十五年六月吉日，思诚率诸生释菜于先生之祠。"① 知记当作于祠告成之后，即宋嘉定十五年（1222）。

陈兰孙《新建希濂书院记》（宋理宗宝祐四年，1256）

记云："宝祐丙辰，始作希濂精舍于泮之左，示学者有本也。舍以希濂名。……经始于五月之丁巳，告成于十月之壬申。"② 知记当作于精舍竣工之后，即宋宝祐四年（1256）。

何孟春《郴州濂溪祠记》（明孝宗弘治七年，1494）

记云："迄弘治甲寅秋，湖臬金宪宜兴吴公淑，分巡南道，所过郡庠，咸入整饬。洎临郴……郡守承令，夷荒拓地，饬陋为新，亭构养心，池开爱莲。冬季功迄以告公。"③ 知记当作于祠竣工之后，即明弘治七年（1494）。

刘节《重修濂溪阁记》（明世宗嘉靖二十五年，1546）

---

① 清嘉庆《郴州总志》，岳麓书社，2010 年，第 792 页。
② 日本藏中国罕见地方志丛刊：嘉靖《湖广图经志书》第十四卷，书目文献出版社，1991 年，第 5 页。
③ 明万历《郴州志》卷十二，明万历刻本，第 6 页。

记云："嘉靖丙午年，吾郡人刘子翔令兹邑，深以获继大贤之后为幸，亟图兴复，捐俸为倡，鸠工市材，力不劳民，财不费官。重屋为阁，立公木主祀于其上。"① 知记当作于建阁之后，即明嘉靖二十五年（1546）。

罗洪先《濂溪书院记》（明世宗嘉靖三十三年，1554）

记云："嘉靖己酉，知县刘君翔病其外远，改筑池上，胥隶伺窃，嚣突弗处。癸丑，宪使潘公子正廉之返其故处。明年甲寅，督学宪使林公懋和采诸生朱孔堂等议，行县加饰。于是知县徐君兆先实勤咨度起废增美。讲堂学舍，次第就绪，将群诸生诵习其中，遂命孔堂征记于予。"② 知记当作于，行县加饰之后，即明嘉靖三十三年（1554）。

高佑釲《重修濂溪书院记》（清圣祖康熙九年，1670）

记云："康熙乙巳，会上官檄修义学，邑令黄应庚，就桂枝岭故址筑室三楹，仍以书院名。其右旧有大士庵，亦遭焚毁，守僧请命于主者，迁佛像供祠中。庚戌冬，盛君筮仕桂阳，蠲俸庀材，命僧别建大士庵，迁去佛像，特置先生木主，奉于中堂，而专祀焉。而属佑釲记之。"③ 知记当作于书院重修之后，即清康熙九年（1670）。

邹杰《重修濂溪祠记》（清高祖乾隆六十年，1795）

记云："乾隆岁庚寅，邑初建考棚，黄陂胡公命以余赀重加修造，规制坚朴，内外整齐。客岁之冬又复毁坏，……于乾隆二十三年为始，复归县管。……乾隆六十年，前任邑侯白公以义学束脩菲薄，每年给谷六十石与馆师为束修膏火之资，后任照结。"④ 知记当作于增补束修膏火之后，即清乾隆六十年（1795）。

---

① 清同治《桂阳县志》卷二十，清同治六年刻本，第 11 页。
② 清嘉庆《郴州总志》，岳麓书社，2010 年，第 823 页。
③ 清同治《桂阳县志》卷二十，清同治六年刻本，第 58 页。
④ 清同治《桂阳县志》卷二十，清同治六年刻本，第 87 页。

范毓洙《濂溪书院记》（清仁宗嘉庆十一年，1804）

记云："岁甲子，县中诸同志谋建立乡学，兼营束修膏火之费，以便后之
学者。因设立捐籍，随所乐输，以襄厥事。卜地于西城外，周子当年吟弄处，
与其祠堂，隔水一溪。计工三万有奇，计费三千有奇。讲堂斋舍，轩豁明爽，
倚窗而望，则夫云淡风轻之景，光风霁月之怀，仿佛斯在。因榜其额曰濂溪书
院，志渊源所自来也，而属余为之记。"① 知记当作于谋建乡学之后，即清嘉庆
十一年（1806）。

3. 据别书可考（2 篇）

洪钟《濂溪书院记》（清乾隆二十一年，1756）

嘉庆《桂东县志》卷十四《名宦》："洪钟，号绣谷，湖北公安人，进士，
乾隆二十一年知县事，才能明敏、厘剔积弊。不数月，政简刑清，几无讼者。
又以兴学校、端士习为务，日集邑文士讲学、辨义利分甚晰，见人片善辄奖，
劝令勿怠，为作序记以传。悉载艺文，有不善者含容徐导之，久之人自愧。改
修邑志未竟，以疾去。百姓哭送，依依不忍舍，口占诗以别，日病眼蒙眬按
盛。"② 知记当作于知桂东县之后，即清乾隆二十一年（1756）。

刘华邦《新建濂溪书院记》（清穆宗同治五年，1866）

同治《桂东县志》卷五《学校》："新建濂溪书院，邑南门外，三台山之麓
前为爱莲池，进为大门、耳房，处院斗两廊鳞比进为讲堂，再进濂溪先生祠，
厢房山长居焉，几榻悉具，前后绕以垣墙。先是城内有濂溪书院，同治五年邑
令刘华邦始至，课士于书院，见前为试院，地既隘狭，后栋斋舍亦。仅人文蔚
起，学校考棚均宜宏其规模，遂集邑绅议劝捐改建，而于城内书院增号添座改

---

① 清同治《桂阳县志》卷二十，清同治六年刻本，第 95 页。
② 清嘉庆《郴州总志》，岳麓书社，2010 年，第 849 页。

为严溪试院。"①知记当作于清穆宗同治五年（1866）。

从以上 14 篇作品的系年可知，郴阳地区濂溪祠记、书院记书于宋朝有 3 篇、明朝有 3 篇、清朝有 8 篇，其中清朝祠记、书院记最为丰富。因此，郴州地区濂溪书院记、祠记启于宋、承于明、兴于清。

三、郴州濂溪书院的地域分布

如果从濂溪书院所在的地理分布来看，绝大多数书院分布在周敦颐仕宦之地。郴州有王湜《新建濂溪祠堂记》、陈兰孙《新建希濂书院记》、何孟春《郴州濂溪祠记》、谢允文《重建濂溪书院记》、王喆生《郴州重建濂溪书院记》；桂阳有周思诚《桂阳濂溪祠记》、刘节《重修濂溪阁记》、罗洪先《濂溪书院记》、高佑釲《重修濂溪书院记》、邹杰《重修濂溪祠记》、范毓洙《濂溪书院记》；桂东有洪钟《濂溪书院记》、刘华邦《新建濂溪书院记》；永兴有陈祖书《新建濂溪祠记》。这些濂溪书院记分布地区依次如下：郴州州府所在地（5 篇）、桂阳县（6 篇）、桂东县（2 篇）、永兴县（1 篇）。濂溪书院记创作的地域集中在郴州地区东部，与江西南安府（今赣州）接壤。

第三节　濂溪书院碑记（濂溪祠记）创作范式

郴州濂溪书院记的创作者多为文人士大夫，具体可分为两类，一类是官员，此类作者创作的书院记"重在记录书院营建始末"；一类是理学家，此类创作者"在记岁月之外，阐明书院本旨、进学大端"。②

---

① 清同治《桂东县志》，清同治五年刻本，第 45 页。
② 胡晓、钱建状：记其本末与书其大者：南宋的书院与书院记，《江海学刊》，2021 年第 5 期，第 222—231 页。

一、郴州濂溪书院记中的"本末"之记

《大学》云："物有本末，事有终始。"①本为木之根、末为木之梢，本末为事物的根本与细节，事情的原委与经过。14篇濂溪祠记、濂溪书院记，真实地记录了郴州地区濂溪书院兴废的本末。

1. "本末"之记与文本自觉

濂溪书院记创作的目的为记录营建本末。书院记的创作时间，一般都在书院营建工程结束不久，如道州州学教授王湜作濂溪祠记时所云"明年冬，书来告成，且属记"。②书院记创作目的，一般为记录营建始末，如南宋周思诚作《桂阳濂溪祠记》云"敬叙立祠之巅末"③；清洪钟作《濂溪书院记》云"爰综其事，以镌诸石"。④有些书院记为学者受邀记之本末，如衡阳陈兰孙作濂溪书院记云"诸生固请记其事"⑤；何孟春作《郴州濂溪祠记》云"乃走伻属乡人何孟春为记"⑥；罗洪先作《濂溪书院记》云"讲堂学舍，次第就绪，将群诸生诵习其中，遂命孔堂征记于予"⑦；高佑釲作《重修濂溪书院记》云"属佑釲记之"⑧；范毓洙作《西关乡学濂溪书院记》云"因榜其额曰濂溪书院……而属余为之记"。⑨还有些书院记体现了文人士大夫"记录"的自觉，如陈兰孙作《新建希濂书院记》云"请退而笔其说"⑩；王喆生自述为濂溪书院作记"予退而书

① 张燕婴、王国轩等译：《四书》，中华书局，2007年，第106页。
② 日本藏中国罕见地方志丛刊：（嘉靖）《湖广图经志书》第十四卷，书目文献出版社，1991年，第7页。
③ 清同治《桂阳县志》卷二十，清同治六年刻本，第1页。
④ 清嘉庆《郴州总志》，岳麓书社，2010年，第849页。
⑤⑩　日本藏中国罕见地方志丛刊：（嘉靖）《湖广图经志书》第十四卷，书目文献出版社，1991年，第5页。
⑥ 明万历《郴州志》卷十二，明万历刻本，第6页。
⑦ 清嘉庆《郴州总志》，岳麓书社，2010年，第823页。
⑧ 清同治《桂阳县志》卷二十，清同治六年刻本，第58页。
⑨ 清同治《桂阳县志》卷二十，清同治六年刻本，第95页。

为记"①；刘节作《重修濂溪阁记》云"以昭来世云"②；刘华邦作《新建濂溪书院记》云"既以告学者，因援笔记之"③；陈祖书作《新建濂溪祠记》云"愿共勉之！是为记"。④可见，记录书院本末也是书院记创作者的自觉追求。

2."本末"之记与叙事详尽

就文体属性而言，濂溪祠记、书院记都属于记体文，从写作对象角度而言，祠记和书院记属于营建类记体文，文体规范已有定论。明代吴讷《文章辨体序说》就说："大抵记者，盖所以备不忘。如记营建，当记日月之久近，工费之多少，主佐之姓名，叙事之后，略作议论以结之，此为正体。"⑤郴州濂溪书院记始于南宋宁宗朝，书院记文体已经较为成熟，文人士大夫在记中融叙述、议论于一体，既有营建记正体的规范，又有濂溪书院记鲜明的创作特色。从文体规范来说，濂溪书院记中叙述建学始末、记录营建工费、回顾学校历史、说明作记缘由，其叙事详尽。

祠记、书院记的叙事主要有三方面。第一，记述文人士大夫兴建始末，"包括选择地址方位、募集人力钱款、协调官员分工等"⑥。如清范毓洙《西关乡学濂溪书院记》"岁甲子，县中诸同志谋建立乡学，兼营束修膏火之费，以便后之学者。因设立捐籍，随所乐输，以襄厥事。卜地于西城外，周子当年吟弄处，与其祠堂，隔水一溪。计工三万有奇，计费三千有奇"。⑦明刘节《重修濂溪阁记》"相义者，邹教谕文振，魏训导宗仪。董工者，典史周襕，邑义士朱

① 清嘉庆《郴州总志》，岳麓书社，2010年，第823页。
② 清同治《桂阳县志》卷二十，清同治六年刻本，第12页。
③ 清同治《桂东县志》，清同治五年刻本，第46页。
④ 清光绪《永兴县志》卷四十九，清光绪九年刻本，第58页。
⑤ （明）贺复征辑：《文章辨体汇选》卷五百六十，四库全书本，第2页。
⑥ 倪春军：《宋代学记文研究》，复旦大学出版社，2021年，第75页。
⑦ 清同治《桂阳县志》卷二十，清同治六年刻本，第97页。

孔韶、朱永淳、朱显耀，而邑学弟子朱昂、陈志述辈，咸与劳焉"。①范毓洙和刘节所记与记体文的常规叙述写法一致，濂溪书院选址在桂阳西城外，人力三万、钱款三千；县内官员义士均参与修建濂溪阁一事。

第二，书院记还会"描述学校的内部构造、屋宇分布、环境景致"。②如清谢允文《重建濂溪书院记》："遂即于旧址，虑材鸠工，为堂五楹，左右为房，广六十尺，深三十尺。左右两楹为廊，广如之深，杀其二。前为门二楹。堂中设韩文公、周元公两先生木主。二公崇祀于春秋有年，今照往例丁日祭，文庙后设为专祭……"③谢允文所记濂溪书院有五列，中间为堂，左右为房，还有两列为廊，宽六十尺，进深有三十尺。

第三，书院记还会"涉及建学官员（或捐建个人）的生平履历、籍贯郡望、家族门风"。④如清洪钟《濂溪书院记》："今岁夏，邑绅胡公讳朝震、朝北勤昆季诣余署，慨然以创建义学请""且捐租二百石，以作士人膏火束修资，卓哉高义，堪与古人竟爽矣。""岂若胡绅之昆季，挥三千余金，为吾道增色，非圣人之徒而能若是乎！""今胡绅昆季身处草野，而能仰体此意，振兴一隅，使宰斯土者不烦丝力，坐观厥成。"⑤洪钟所记桂东濂溪书院的营建始于乡绅胡朝震、胡朝北创建义学之请，捐租、献金修建濂溪书院，知县洪钟感念于胡氏家族门风，表彰胡氏乡绅义举，称赞其为"庭院中的玉树"，认为胡绅功绩可以泽被后世。

以上三方面的叙述散见于濂溪书院记的篇章段落中，在诸篇书院记中，清洪钟《濂溪书院记》最为典型，不足900字却涵盖三方面的内容。首先是桂东濂溪书院的营建始末。桂东为山城，义学颓败。从乡绅胡氏拜访县署，首捐

---

① 清同治《桂阳县志》卷二十，清同治六年刻本，第12页。
②④ 倪春军：《宋代学记文研究》，复旦大学出版社，2021年，第75页。
③ 清嘉庆《郴州总志》，岳麓书社，2010年，第839页。
⑤ 清嘉庆《郴州总志》，岳麓书社，2010年，第849—850页。

三千金修建义学，到东门城内兴工修建，濂溪书院建设过程都记录在其中。其次，作者对濂溪书院空间布局进行叙述，书院大门宽敞，历阶而上，有三门，门内有甬道，中间为讲堂，两边为回廊。讲堂后为濂溪祠，祠上为魁星阁，祠前有爱莲池，池上为君子亭，祠宇左右有精舍数十间，藏书有数千卷。新建的濂溪书院兼具祭祀、讲学、藏书三种功能。最后，对捐建书院的乡绅胡氏一族赞赏有加。

二、郴州濂溪书院中的"书其大者"

历代郴州濂溪书院记不仅叙述营建本末，还会对建学宗旨加以议论，其议论广博。"迨至欧苏而后，始专有以议论为记者，宜乎后山诸老以是为言也。"[1] 北宋欧阳修和苏轼写记体文开议论之先河，郴州濂溪书院记与之同流，叙事和议论手法兼具。书院记议论的范畴有三方面，第一为建学宗旨；第二为濂溪道统；第三为理学阐释。

建学宗旨之议。王湜《新建濂溪祠堂记》云："学校之设以明道也，自以课试程士，当急者反缓之，弊久矣，今为甚。端平丙申，湜始至，尝欲创精舍，仿石鼓、湘西旧规，不徒以文艺取问。"[2] 王湜强调了"明道"的重要性。建精舍即为仿石鼓书院、湘西书院旧规。建学设教不以文艺取问，而为明圣贤之道。

濂溪道统之议。宋代理学的道统师承也是濂溪书院记议论的焦点。王湜《新建濂溪祠记》云："先生上探洙泗千载之奥，下开伊洛百世之传，建图属书，远配羲易，有非后学所能骤窥者。""明道先生年十五六，闻濂溪论道，慨

---

① （明）贺复征辑：《文章辨体汇选》卷五百六十，四库全书本，第2页。
② 日本藏中国罕见地方志丛刊：（嘉靖）《湖广图经志书》第十四卷，书目文献出版社，1991年，第7页。

然有求道之志。"① 清高佑釲《重修濂溪书院记》云："孟子没而圣道寝衰，两程夫子出，续千四百年不传之绪，传及朱子，使圣学复昭而治术以正，皆濂溪先生承先启后之功也。先生得蕴奥于遗经，以穷理尽性之旨，昭示来学。其阐图著述若《太极》《通书》，皆以发明精义，上继孔孟之传，下开程朱之学，修己治人实本乎此。"②

濂溪理学阐释之论。濂溪书院记对周敦颐著作和理学思想也颇多议论。王湜《新建濂溪祠记》云："《通书》不云乎：'见其大则心太，心太则无不足，无不足则富贵贫贱处之一也。'又曰：'君子以道充为贵，身安为富，故常泰，无不足，而铢视轩冕，尘视金玉。'"③ 王湜引《通书》论君子求道之志。刘华邦《新建濂溪书院记》云："濂溪之作《图说》也，曰：'君子修之吉，小人悖之凶。'其作《通书》也，曰：'志伊尹之志，学颜子之学。'诸生读《图说》，必严君子、小人之辨；读《通书》，必造伊尹、颜子之大。且必知《图说》《通书》相为表里。"④ 刘华邦引《太极图说》《通书》之言，论二者正变关系。

第四节　濂溪书院碑记（濂溪祠记）思想主旨

郴州、古桂阳濂溪书院（祠）是郴州地区弘传理学的重要据点。宋、明、清三朝濂溪祠记、书院记也反映了本邑理学传播和衍变情况。其中宋周思诚《桂阳濂溪祠记》弘扬濂溪道统、明罗洪先《濂溪书院记》摄取濂溪"无欲故静"说、清王喆生《郴州重建濂溪书院记》推崇濂溪"周子之静虚动直默契道

---

① ③　日本藏中国罕见地方志丛刊：（嘉靖）《湖广图经志书》第十四卷，书目文献出版社，1991年，第 7 页。
②　清同治《桂阳县志》卷二十，清同治六年刻本，第 58 页。
④　清同治《桂东县志》，清同治五年刻本，第 46 页。

源"，推动了理学在郴州地区传播，我们也可以借此窥知郴州地区理学消长与衍变。

一、郴州地区理学传播

南宋郴州理学思想的传播。郴州为周敦颐过化之地，是弘扬濂溪理学的重要城邑，从郴州濂溪祠记、书院记中的理学衍变可洞察理学思想赓续兴代。自北宋周敦颐仕郴后，学习、践行理学思想的学者鳞次栉比。其中可以作为诸士楷模者有三人，首当其冲者为周思诚。清嘉庆《郴州总志》卷二十三《名宦志》有传："周思诚，字纯夫，号敬斋，江西临川人。嘉定间知桂阳县，崇重濂溪正学，聿兴文教，民歌思之，历官侍郎入通志。"① 据明嘉靖《江西通志》，周思诚是嘉定四年辛未赵建泰榜进士。据康熙《郴州总志》卷之五"周思诚十五年任，始筑县城"，嘉定十五年（1222）周思诚任桂阳（今汝城）县令，宋以前桂阳县无城池，侍郎周思诚为令，始筑城，周一百六十丈、高二丈，仅容县治分司二署。据万历《郴州志》卷十三"桂阳学旧在城东，宋庆历、皇祐两遭兵火，嘉定中知县周思诚建"。② 周思诚经世致用的事迹和思想品格对于桂阳后学是一种很好的表率，对于本地的文风和学风建设起推动作用。

汝城濂溪书院始建于宋宁宗嘉定十三年（1220），是全国最早创建的濂溪书院之一。周思诚在祠记中明确指出周敦颐是理学开山，其思想为影响"万世训者"。"濂溪周先生去孔氏千五百余年，一旦复振洙泗之渊源坠绪，阐明斯道之所以教，宪章诸后，使百世而下，闻之者犹足以释蒙启蔽。"③ 周思诚提出周敦颐为"阐明斯道"之人，是邹鲁孔氏之后继中兴者，明确指出濂溪之学"足

① 清嘉庆《郴州总志》，岳麓书社，2010年，第407页。
② 明万历《郴州志》卷十三，明万历刻本，第16页。
③ 清嘉庆《郴州总志》，岳麓书社，2010年，第792页。

以释蒙启蔽"。周思诚在《桂阳濂溪祠记》中展示的儒家传承以周敦颐为重要枢纽，这是两宋理学"道统"传承之始。《桂阳濂溪祠记》指出"故曰志伊尹之所志，学颜子之所学。夫志，心之所之也；学，所以效先觉也。实其心之所求，而以希圣希贤为效力之地，使穷不失义，达不离道，则尧舜伊周孔颜相传之旨，岂外是哉"。① 从祠记中可以看出周思诚极为推崇周敦颐在"道统"中的地位。"先生所以为万世训者，可谓深切而著明矣"，这些言论都体现了周思诚对周敦颐理学地位的高度揄扬。

郴州地区是周敦颐过化之地，如周思诚之类就在郴州地区播下了理学的星星之火，宋代郴州地区像周思诚一样推动理学的士人，还可以举出陈兰孙等。他们可以看作是星星之火的延续和广大。陈兰孙，字季方，茶陵人，作《新建希濂书院记》，宋理宗淳祐十年（1250）庚戌科方逢辰榜进士，历任湘阴知县、户部左曹郎。咸淳中知潭州湘阴县，主管劝农营田公事、曾建会养堂以恤贫民，为贫民刊田亩，兼兵马监押、兼弓手寨兵军正、兼权安抚司干办公事。

理学学者登科为官，是郴州濂溪书院记创作的生力军，促进了理学思想在郴州地区的传播。在理学出身的官员前赴后继的努力下，郴州各地濂溪书院成为理学的讲习所和思想的传播地。"为间者五，扁其中曰"聚奎"，四斋曰"立道"，曰"合德"，曰"得秀"，曰"修吉"，濂溪书院中的亭台楼阁都取了理学色彩极浓的名字。"诸生其升斯堂，会斯境，毋摭而华，益培其实；毋遂而末，益反其本。天高地下，吾性刚柔；山峙川流，吾心动静；池莲草窗，吾乐意相关。辨必明，行必笃，穷之养，达之施，庶乎可以入圣贤之道，而希濂之名不徒立矣。"② 学子于斯处养成刚柔之性、感悟动静之理、体悟池莲窗草之乐。郴

---

① 清嘉庆《郴州总志》，岳麓书社，2010 年，第 792 页。
② 日本藏中国罕见地方志丛刊：（嘉靖）《湖广图经志书》第十四卷，书目文献出版社，1991年，第 5 页。

州濂溪书院当之无愧地成为理学思想传播地和理学学者养成所。

郴州地区理学广泛传播的标志还包括立祠于学，供奉理学名贤。学校供奉着宋代理学濂洛关闽四派代表人物，"祠奉濂溪先生，而以二程朱张四先生配"。这里的濂溪先生为周敦颐；二程指程颢、程颐，是洛学代表人物；朱为朱熹，是闽学代表人物，张为张载，为关学代表人物。道州州学教授王湜作《新建濂溪祠堂记》记之。王湜，同州（今陕西大荔）人。南宋哲学家，乡贡进士，惜不详其履历，有《易学》一卷，今佚。《宋元学案》卷十有案语"王先生湜"。祠记中云："将筑室待学子，为祠奉濂溪先生，而以二程朱张四先生配，以寓希濂之意。"① 在理学思想的广泛影响下，州学、县学中也供奉理学名贤。

二、阳明后学传播濂溪理学

明代郴州地区有濂溪阁记、祠记、书院记。由于明中叶，阳明心学在江西崛起，郴州地区学术思潮虽然少有影响，但也有微澜。心学传人罗洪先作《濂溪书院记》传播濂溪理学思想。罗洪先是一位有造诣有影响的思想家。罗洪先（1504—1564），字达夫，号念庵，江西吉水人。明嘉靖八年（1529）乙丑科状元，官至翰林院编修，从师李谷平。黄宗羲云"姚江之学，惟江右为得其传，东廓、念庵、两峰、双江其选也。再传而为塘南、思默，皆能推原阳明未尽之旨。是时越中流弊错出，挟师说以杜学者之口，而江右独能破之，阳明之道赖以不坠。盖阳明一生精神，俱在江右，亦其感应之理宜也"。② 罗洪先是阳明心学重要的传人，黄宗羲有言"天下学者，亦遂因先生（按，指念庵）之言，而

---

① 日本藏中国罕见地方志丛刊：(嘉靖)《湖广图经志书》第十四卷，书目文献出版社，1991年，第7页。
② （清）黄宗羲：《明儒学案》卷十六，中华书局，2008年，第333页。

后得阳明之真"。① 阳明后学罗洪先所撰《濂溪书院记》云："盖一物无欲易，物物无欲难；一念无欲易，念念无欲难；有所制而无欲者易，莫之御而无欲者难。此非自足而能为事物之主者乎？是故止而不为者，存而不存谓之虚，虚则明，明则通，而实未尝有所静也。""知心能有主，则欲可使无。"② 这两段话很好地说明了罗洪先的"主静无欲"之说。念庵思想的主要特征也在于此，所谓"主静无欲"之说，当然源自周濂溪。一般说来，"无欲"乃是为圣之目标，"主静"乃是达到"无欲"的首要功夫。罗洪先思想的精进通达源于对濂溪思想的摄取，也促进了濂溪理学在郴州地区的传播。

三、清代郴州地区濂溪理学思想余绪

清中期崑山名士王喆生有一篇《郴州重建濂溪书院记》，说"修废举坠，以彰前而启后者，良司牧之事也；敦本励实，以崇体而达用者，士君子之事也。""其务倡以实学，率以至行""必如周子之静虚动直默契道源，而后可以精求乎《通书》《太极图说》之奥。"③ 王喆生，字醇叔，崑山人，从师崑山朱用纯，读性理书，康熙二十一年进士，授翰林编修，充会试同考官，张伯行称为精深博大。王喆生在郴州地区能够与诸生探讨濂溪之学，不但体现了王喆生程朱理学与阳明心学兼备的学术背景，也反映了清中叶郴州地区濂学思想的影响。王喆生师从朱用纯，朱用纯是著名理学家、教育家，他潜心治学，以程、朱理学为本，提倡知行并进，躬行实践。

综上所述，由于郴州地区是周敦颐理学思想形成与过化之地，理学名家撰写濂溪祠记、书院记时奉濂溪为宗、传播其思想，至南宋晚期濂溪理学逐渐占

① （清）黄宗羲：《明儒学案》卷十八，中华书局，2008年，第389页。
② 清嘉庆《郴州总志》，岳麓书社，2010年，第823页。
③ 清嘉庆《郴州总志》，岳麓书社，2010年，第839页。

据郴州意识形态主流地位；明中叶后，王阳明心学兴起，阳明后学也以濂溪理学为宗。濂洛关闽、程朱陆王相互激荡，但是万变不离其宗，均为濂溪所遗。

第五节 郴州濂溪书院碑记（濂溪祠记）述评

中国古代记体文，文体之特殊、存在广泛之广、作品量之大，在世界文学史上来说也是罕见的。北宋时期是记体文的成熟时期，这期间出现了许多对后人有着重要影响的记体文。许多历史上有名的文人都曾撰写过大量此类作品，如柳宗元、欧阳修、范仲淹等。究其原因，它的出现实际上与中国古代社会需要、文人的身份有着密切联系。中国古代文人写祠记、书院记，或者请托名儒，或者请邑令主官，或者请本邑"善文"士人，如南宋邑令周思诚、阳明心学高弟罗洪先、理学名宿王湜。至今郴州地区四县所录碑铭记为 14 篇，其中除了必要的记本末、书其大的原因外，也含有士大夫对"立言"的追求。古人有三不朽之说，"太上有立德，其次有立功，其次有立言。虽久不废，此之谓不朽。"① 文人的这种心态推动记体文的广泛出现。

一、"郴人夙多忠信材德"：王湜《新建濂溪祠记》

南宋理宗嘉熙三年（1239），在郡侯金华郑公的支持下，郴州州学教授王湜新建濂溪祠，位于成德堂的东边，直面着相国书堂。这里群山拱揖，淑气磅礴，适合学子专心学习。道州州学教授王湜撰写祠记，重提儒家明道笃志之论。

首先，王湜《新建濂溪祠记》肯定周敦颐任"郴县令"兴教建学的治绩。

---

① （春秋）左丘明、杨伯峻注：《春秋左传注（修订本）》，中华书局，2017 年，第 1199 页。

追随周敦颐的思想行迹，嘉熙三年（1239）州学教授王湜在郴州创建了濂溪祠，提供了郴阳崇仰濂溪的范本。从熙宁元年（1068）至嘉熙三年（1239），距离周敦颐离开郴州仅隔171年，郴州修建濂溪祠。王湜撰写濂溪祠记，其记中既有对周敦颐"首修县学"的崇仰之意，也有"见其大则心太""君子以道充为贵"理学传播的价值意义，形成儒家道统影响下哲学思想与精神意涵的双重建构。

其次，王湜《新建濂溪祠记》认为，周敦颐在构建儒学思想的本源性终极追寻上具有重大贡献，深刻彰显儒家"学以为己"的价值理念。王湜在《新建濂溪祠堂记》中表明："人之于道，未论到之浅深，先观所志之高下。"① 王湜认为明道笃志为首要之事。明道笃志就是要确立人生崇尚道德的价值取向，提高人生的道德境界。王湜强调"志苟高，则循序而进，始见其弥高，终见其卓尔"。② 而笃志应摒弃"谓吾不能而自弃，谓力不足而自尽"的言论。黄庭坚赞扬周敦颐"廉于取名而锐于求志"，意为不贪图获取名声而锐意实现理想。在周敦颐的影响下，程子年少已有求道的志向，最终成为一代文宗。谢良佐、游酢、杨时可以见而知之，胡安国、朱熹、吕祖谦能够闻而知之。这都是源于他们洞悉闻见知行的道理。《荀子·儒效》记载"不闻不若闻之，闻之不若见之，见之不若知之，知之不若行之"。荀况认为闻见是学习的起点、基础和知识的来源，知是运用思维去把握事物的本质与规律。谢良佐、游酢、杨时等人就是明白了笃志的重要性，志于学，才能发场屋之文，进科举之业。

第三，王湜《新建濂溪祠记》认为，士者志于学要力求自拔于流俗。立志就是身体力行、挺立君子的道德人格。困知勉行，历百千艰阻而不移，树立入世品格、求实态度、力行作风。士者立身应不循功名，不唯利禄。王湜更援引

---

①② 日本藏中国罕见地方志丛刊：（嘉靖）《湖广图经志书》第十四卷，书目文献出版社，1991年，第7页。

《通书》以语后人，"见其大则心太（泰），心太（泰）则无不足，无不足则富贵贫贱处之一也"。这里涉及颜子典故，"大"指涉道德，就是说颜子把道德作为人生的最高价值，颜子"见其大则心太（泰）"，"心太（泰）"则乐，有了这种"乐"也就在精神上"无不足"，能够"无不足"也就"富贵贫贱处之一也"。王湜又援引《通书·富贵》中的记载："君子以道充为贵，身安为富，故常泰，无不足，而铢视轩冕，尘视金玉。"王湜用周敦颐的观点勉励后学，重申君子笃志修身的意义。后学儒者明道笃志，更要针对流弊，明本末，辩利义，最终使得周子"立道""合德"之意绵继。而"学者瞻其像，读其书，而诚有感于此，则内外宾主之分明，而其志立矣。志立则道可进，而先生之祠不徒立矣"。这段话点明立濂溪祠的真正意图。后学者观瞻周敦颐像，品读周敦颐文章，则可洞悉明道始于立志，志立则道进的道理。

二、"希濂之名不徒立"：陈兰孙《新建希濂书院记》

宋理宗宝祐四年（1256），在郴州太守王镕、新任太守史曼卿的支持下，茶陵陈兰孙仿效岳麓、石鼓书院旧规辟精舍以便讲习。书院建设得到多方支持，官府征地、士绅募捐、工匠画堵桥橐、筑土叠石。

书院命名为希濂精舍。"希"的意为"效仿"，"濂"意指"濂溪"，"希濂"意味着学习濂溪精神，是对书院莘莘学子奋楫笃行的寄语。在郴州一隅修建希濂书院，其目的就是开辟可以实现"修齐治平"之处所，建立聆听圣学的空间平台。陈兰孙说："诸生其升斯堂，会斯境……辨必明，行必笃，穷之养，达之施，庶乎可以入圣贤之道，而希濂之名不徒立矣。"①。庶人可以入圣贤之道，这也是希濂书院修建的意义。

---

① 日本藏中国罕见地方志丛刊：（嘉靖）《湖广图经志书》第十四卷，书目文献出版社，1991年，第9页。

《孔子家语·五仪解》记载："人有五仪，有庸人、有士人、有君子、有贤人、有圣人。"① 孔子认为人有五种，分别是庸人、士人、君子、贤人、圣人。周敦颐《通书·志学》中有"士希贤，贤希圣，圣希天"的思想进路。在周敦颐看来，士人可以成为贤人、贤人可以成为圣人、圣人可以领悟天地真理和奥秘，而"圣可学"。陈兰孙在《新建希濂书院记》中指出："三代衰微言绝，学校之意不明久矣。自汉唐及今，学不出科举之外。若仁义道德、修齐治平之学，殆将求十一于千百。此世教所以不古，精舍所繇作也。"② 正因为"学校之意不明久矣"，陈兰孙请示太守，仿效湖南诸老讲学之旧地，学风鼎盛的岳麓书院与石鼓书院，修建希濂精舍，以振郴州学风。

希濂书院建筑选址、修建凝聚两任郡守敦敦之意。书院处于环境清幽的山林之间，新修"君子亭""仰高台"，又开辟池塘，种莲花，沿道路栽种桂树。书院建筑高明爽恺，极具文化氛围，有讲堂、斋舍、祭祠等不同的区域空间。讲堂处在书院的最中心，匾额上写着"聚奎"，讲堂两旁排列着成排的斋舍，四斋分别为"立道""合德""得秀""修吉"，是学生们住宿自修的地方。希濂书院"莲""桂"同芳，匹配充满象征意蕴的建筑。这些建筑，通过相互之间的组合形成极具人文特色的书院建筑群。

三、"复濂之祠"：何孟春《郴州濂溪祠记》

弘治六年（1493）的秋天，在湖臬金都御史吴淑的支持下，郴州重建濂溪祠。吴御史委托郡守钱塘人陈常，安排工匠修建，按照濂溪书院的建筑规制和结构布局建设。郡守依令安排工匠开拓荒地，简陋的建筑被修饰一新，还修建

---

① （三国）王肃：《孔子家语》，中华书局，2009年，第52页。
② 日本藏中国罕见地方志丛刊：（嘉靖）《湖广图经志书》第十四卷，书目文献出版社，1991年，第9页。

养心亭，疏浚池塘、种植莲花。到冬季，濂溪祠修建完成。湖臬金都御史吴淑再次莅临郴州濂溪祠，鼓励郴州学子潜心笃学，学有所得。并命郡守陈常竖碑纪念，令郴州士子何孟春撰写祠记。

何孟春（1474—1536），字子元，湖南郴州人，明孝宗弘治六年（1493）进士，官至吏部尚书，何孟春是明代郴籍名宦，他为官廉洁奉公、兴利除弊、革除陋规、直言敢谏。何孟春的祖父何俊为云南提学佥事，父亲何说为刑部侍郎，何孟春年幼时就聪慧异常，得到明英宗天顺元年（1457）状元黎淳的欣赏。李东阳读何孟春文章后有"表吾楚者此子矣"的言论。

《郴州濂溪祠记》有言："史载先生为郴令，治绩尤著，则郴之感沾德化为独深。"① 周敦颐任郴县令，修学育人，其思想风行草丛、其品格德厚流光。南宋后，朱子注《太极图说》《通书》，汇集濂溪先生遗文，阐发濂溪先生学问，表明对其尊崇敬奉之意。周敦颐为儒家中兴圣贤，而当时郴州消息闭塞，濂溪祠的修建，远远晚于其他城市，郴人深感遗憾。再加上元代以来，世事变换、兵祸连连，宋理宗年间修建的希濂精舍毁于战火，书院不复存在。濂溪先生祭祀也变成民间行为，只能称为乡里社祭，欠缺官方性、正统性和仪式感。因此，明朝弘治六年（1493）郴州郡守陈常立专祠祭祀周敦颐，"若其亦思有以学于是焉，于先生之学有得焉"，表达郴人对周敦颐为学的敬仰。

四、"其教人在于主静"：谢允文《重建濂溪书院记》

康熙三十五年（1696）十二月，谢允文任湖广衡州府通判兼管郴州事务。暮冬时节，他来到郴州寻访濂溪书院遗址，发现旧址上长满连片的黄色茅草、白色芦苇。北宋庆历七年（1047），濂溪先生当时担任郴县令一职，他鼓励百

---

① 明万历《郴州志》卷十二，明万历刻本，第6页。

姓种地与养蚕。郴州城东三十里处，奇峰险峻，有华山之形胜。濂溪先生在鱼鲜山，修建周茂叔读书堂，以理学思想启迪民智。古今相照，此情此景令人感慨万千。

清初学术思潮崇儒重道，以理学治国，官府将程朱理学作为官方认可的正统学说。朝廷有诏谕，命天下修缮前代先贤的祠堂居所。由此，在旧址上，谢允文重建濂溪书院。书院二月开始建设，五月建成。濂溪书院竣工后，延师设馆，尽收郴州俊秀之才，学子踔厉奋发，勤学精研，强教化，明道术，而不愧对濂溪先生遗风余韵。

谢允文有"上溯于洙泗，下开伊洛"之言。"洙泗"指的是春秋时期鲁国境内的洙水和泗水。古时二水自今山东省泗水县北合流而下，至曲阜北，又分为二水，洙水在北，泗水在南。孔子在洙泗之间聚徒讲学。后人以"洙泗"代称孔子及儒家。"伊洛"多指伊水和洛水，多指代洛阳地区。此处"伊洛"指的是洛阳地区的理学名家程颢、程颐。"上溯于洙泗，下开伊洛"的论断肯定了濂溪先生的历史影响上可以承接孔孟思想，下可以启迪"二程"，是儒学中兴的重要力量。"而其教人，在于主静。""主静者，养气之功也。""人禀是气以生，心体流行而有条理者，即性也。流行而不失其序，即是理也。"[1]谢允文谈及濂溪先生教人之核心在于"静"，而后由程门诸公交相传授，由此推及"性""理"之论，实是自"无极"以来的学问正宗。

特别值得注意的是，"堂中设韩文公、周元公两先生木主。二公崇祀于春秋有年，今照往例丁日祭，文庙后设为专祭"[2]，书院有讲堂、祭祠，祠中设置韩文公、周元公两位先生的木制牌位。在濂溪书院一直有祭祀周敦颐与二程的传统中，道统升格运动中的韩愈作为圣贤同时进入到濂溪书院祭祀，以此启动

<hr/>

① 清嘉庆《郴州总志》，岳麓书社，2010年，第838页。
② 清嘉庆《郴州总志》，岳麓书社，2010年，第839页。

地方性的文化传统。

康熙三十四年（1695），谢允文由光禄寺典簿，捐升湖广衡州府通判，他爱护百姓、体恤学子。清康熙三十五年（1696），谢允文代理郴州事务，关心文教，重建郴州濂溪书院。他捐出自己的俸禄购置学田，给在学生员发放生活物资、膳食补贴。前任官员刘某去世，其遗孤贫困，不能扶棺归葬故里，谢允文资助刘氏后裔，为他们安排住所。城中官员后裔李生和王生家境贫寒无力成婚，谢允文也帮助他们成婚，组建家庭。谢允文的义举与濂溪先生"能葬举者"的行为如出一辙，有濂溪遗风。

五、"崇体而达用"：王喆生《郴州重建濂溪书院记》

康熙三十五年（1696）翰林编修王喆生作《郴州重建濂溪书院记》，记录谢允文重建濂溪书院经过。王喆生回顾了郴州濂溪书院的历史渊源。郴州是楚地边郡，地方偏僻。唐代，韩文公被贬作阳山县令，路过这里，州人敬慕他，立祠纪念韩愈。宋代，濂溪先生三仕郴阳。因此，郴州建有濂溪书院。由于时代久远，濂溪祠、濂溪书院都已经荒废，连旧址都没有留存下来。康熙三十五年（1696）秋天，谢公任衡州通判，不到两个月，又代理郴州事务。他到任后，设立义学。聚集几十名好学不倦的学生，挑选有学问品行的儒士担任老师。在旧有濂溪书院遗址上，新建濂溪书院，并祭祀韩文公、濂溪先生两位圣贤。

王喆生在岭南游历，儒生周成德和李宗白前来拜见，言谈中涉及谢允文崇文兴教、培养人才的政绩，令人肃然起敬。第二天，王喆生亲临濂溪书院祭拜文公、濂溪两位贤人，见书院讲堂斋舍宽敞肃静，几案整齐，学生们言行举止，彬彬有礼。王喆生感悟良多，久久不忍离去。王喆生认为，从文教化育的角度出发，"必如韩子之辟邪崇正，直声振于朝野，而后可以读《原性》《原道》

之书。必如周子之静虚动直默契道源，而后可以精求乎《通书》《太极图说》之奥。"① 韩愈与周敦颐，一"辟邪崇正"，一"默契道源"，都是贤明的地方官员，都以崇文兴教、培养人才为重要政绩。而"毋徒以帖括举业之文"，一方面，科举利禄的影响下，举业之文已经与生活伦理脱钩，变成了"背诵的教条"，另一方面，濂溪书院更应像周敦颐教导二程一样，从儒学内部进行反思，以"道"为贵，而非"以取富贵"。虽然省郡州县都设有学校，学校都有学官，但师长以爱子之心爱人，弟子以孝亲之心尊师的师道名存实亡。但谢公作为一郡之长官，不居师位，仅仅是守御郴州数年，而能以培养人才、崇奉儒家典籍经义为己任，捐献俸禄，购买学田，其功在后世。郴州濂溪书院的重建正是对濂溪先生遗风余韵的因袭。

第六节　汝城濂溪书院碑记（濂溪祠记）述评

桂阳（今汝城）濂溪祠始建于嘉定十三年（1220），以彰显周敦颐"流风遗迹"为中心，明洪武六年"宁忍使之荒废哉？"而重修书院，嘉靖三十三年（1554）王学正宗罗洪先作《濂溪书院记》，以"无欲""主静"阐发学说，尊仰周敦颐为"孔孟以后一人"。清代更将濂溪书院作为"大儒过化之区"，传承理学精神，"日讲习于道德性命之说"。

一、濂溪"流风遗迹"实录：周思诚《桂阳濂溪祠记》

嘉定十三年（1220）桂阳县令周思诚、主簿萧允恭始建濂溪祠，是郴州四地濂溪祠建立的先驱。他主祀周敦颐，以二程等诸儒配享，并建有濂溪堂、光

---

① 清嘉庆《郴州总志》，岳麓书社，2010 年，第 838 页。

风堂等。周思诚在祠记中提到："县西五里，有山环合，林木茂翳，而溪流清泻，萦纡其间，土人号其乡为予乐，岂亦因先生而名之欤？思诚窃记明道先生有'过前川而予心乐'之句，盖明道先生尝从先生游也。"①"过前川而予心乐"一句出自程颢的诗歌《偶成》。"程门四先生"之一的谢良佐在《上蔡语录》有记载："学者须是胸怀摆脱得开，始得有见。"②"予心乐"指向一种从容不迫的精神气象。"予乐"作为周敦颐教导弟子内心自得的阐发，进一步确认了二程曾在郴州求学的事实，一定程度上证明了郴州作为"圣化"之地的意义。正是这样一个纪念性的空间场所，后人将此地命名为"予乐湾"纪念二程在郴州留下的足迹，可以说从延伸中形成人文地理空间，带来周敦颐"圣化"影响的全新观感。

在教育上，周思诚认为"以希圣希贤为效力之地，使穷不失义，达不离道，则尧舜伊周孔颜相传之旨，岂外是哉"。③周思诚从"希圣希贤"与"尧舜伊周孔颜相传"两个方面标举儒学正统与地域文明的双重意义。因此，《桂阳濂溪祠记》特别突出周敦颐仕履郴阳的具体情况："邑之士尚能记盗火前，县厅有木柜一，其高四尺，其阔视其高加尺焉，以贮官文书，其上镂'庆历四年置，桂阳县令周'，凡十字，而书押于下，实先生时旧物。"④经考证，此处的"庆历四年"应为"皇祐四年"，即周敦颐为"桂阳县令"时所置。祠记记录了当时邑士的观察视角，公务之物只有简单的木柜说明周敦颐为政为官的事业担当，彰显廉洁奉公的君子之道。"邑之士"敏锐的观察，也恰好与潘兴嗣《先生墓志铭》"钱不满百"的记载相互补充。据载濂溪先生"在南昌时得疾暴卒，更一日夜始苏"，朋友为其料理"后事"，翻检家什，竟然只有一个破旧的箱

---

① 清嘉庆《郴州总志》，岳麓书社，2010 年，第 792 页。
② （宋）谢良佐撰，朱熹辑：《上蔡语录》，清同治五年福州正谊堂刻本，第 13 页。
③④ 清嘉庆《郴州总志》，岳麓书社，2010 年，第 793 页。

子。"虽至贫，不计赀恤其宗族朋友。分司而归，妻子饘粥不给，君旷然不以为意也。"①周敦颐不慕荣华富贵，把钱财分给需要帮助的宗族朋友，在官场中洁身自好的生活态度，可谓真正践履着儒家的君子人格。因此，朱熹在《先生事状》中称赞："自少信古好义，以名节自砥砺，奉己甚约，俸禄尽以周宗族，奉宾友，家或无百钱之储。"②言语之中，充满了对周敦颐在地方为官的清廉之道的赞誉。

二、"宁忍使之荒废哉？"刘节《重修濂溪阁记》

明洪武六年（1373），桂阳县衙大厅的东面有一座阁楼，阁前是堂屋，堂下建有池子。堂屋里有濂溪先生塑像，桂阳人每年春秋时节祭祀周敦颐。后来年代久远，阁楼逐渐荒废。正德初年，邑人计划改建濂溪祠，又提议创建书院，但最终都没有完成。明嘉靖二十五年（1546），郡人刘子翔在桂阳做县令，以濂溪先生的后继者身份为荣，迫切地想复兴濂溪祠。于是刘县令捐献俸禄、聚集工匠、购买木材，兴建祠堂。濂溪祠孟春开始修建，仲秋时节落成。濂溪祠的修建有赖于县令刘子翔锐志竭虑，除此之外，教谕邹文振、训导魏宗仪、典史周襕，同邑义士朱孔韶、朱永淳、朱显耀，本县学弟子朱昂、陈志述等人多有助力。濂溪阁建好后，设立专祠，祭祀濂溪先生。濂溪祠的建筑极为考究，用栋梁之材构建讲堂，讲堂深幽而肃静。阁外修建爱莲池，汇集泉水，水池里的水清澈洁净。桂阳县旧有爱莲池遗迹，李贤、万安等修纂的万寿堂刻本《大明一统志》第六十六卷记载，爱莲池在桂阳县治东，是宋周敦颐为令邑时所建。

世人皆知濂溪先生"上探洙泗千载之奥，下开伊洛百世之传。"他著书，

---

① （宋）周敦颐：《周敦颐集》，中华书局，1990年，第85页。
② （宋）周敦颐：《周敦颐集》，中华书局，1990年，第88页。

以《太极图说》开创性地阐释宇宙生成的奥秘；他立说，以《通书》鞭辟入里的言辞阐发"无极""人极"的人生哲学；他立身受到盛赞，人称"廉于取名而锐于求志，薄于徼福而厚于得民，菲于奉身而燕及茕嫠，陋于希世而尚友千古"。濂溪先生"令桂阳，治绩尤著"，后世的人们尊濂溪先生为人伦典范，因此建阁祭祀他，以昭明后代。

三、"孔孟以后一人"：罗洪先《濂溪书院记》

明嘉靖三十三年（1554），督学宪使林公懋采纳学生朱孔堂等人建议，命知县徐兆先在原有濂溪祠、爱莲池、予乐亭基础上扩建濂溪讲堂、学舍。书院修缮一新后，知县徐兆先又带领众儒生在讲堂诵读修习儒家经义，令朱孔堂邀记于翰林院编修罗洪先。

自桂阳县伊始，为令者不知凡几，而以治绩闻名者只有寥寥数人，唯有濂溪先生，举世闻名。濂溪先生曾经为郴县令、桂阳令、南昌令，留下"初平读书""钱不满百"的动人故事，后人尊称周敦颐为"孔孟以后一人"。他在桂阳为县令的四年时间，"士人思之"，复取书院二亭为"爱莲""予乐"，"尝若先生往来游息之地未忘也"。

"尝闻先生之学，以主静为要，言乎其静，举天下之事物概于其心，一无所欲也。"①这一叙述的表面，"以主静为要""概于其心"，其实内里则有着更新儒学发展的细节——从理学到心学的重大转折。罗洪先以"举天下之事物概于其心，一无所欲也"将"主静""无欲"作为达到心性修养上的心体泰然、静虚动直工夫的目标，"知心能有主，则欲可使无；知无欲常尊，则懦可使立。"②可见，这种思想取向立场变化的背后，彰显出周敦颐作为心学思想"宗主"的

---

① ② 清嘉庆《郴州总志》，岳麓书社，2010 年，第 823 页。

意义。

君子不求位尊，君子不困于物，君子不受制于欲。孔子说："君子坦荡荡，小人长戚戚。"君子坦荡荡，乃是因为心情乐易和平；小人常忧愁，乃是因为成了欲望的奴隶，焦虑窒息，生机全无。所以罗洪先说："虽然一无所欲之心，奚必先生有之。"君子心灵是一个自足的自主的充满生机的世界，濂溪先生有无欲之心，有君子之心。

四、"相与勉为忠孝"：高佑釲《重修濂溪书院记》

清圣祖康熙九年（1670），桂阳令盛笾重修濂溪书院，高佑釲受嘱托，写下《重修濂溪书院记》。重修的濂溪书院特置濂溪先生木主于中堂，专祀周敦颐。在《重修濂溪书院记》中，高佑釲盛赞濂溪先生："孟子没，而圣道寖衰。两程夫子出，续千四百年不传之绪，传及朱子，使圣学复昭，而治术以正，皆濂溪先生承先启后之功也。"[①]濂溪先生有"承先启后之功"，他的《太极图说》《通书》，言意精微，上继孔孟之古意，下开程朱之后学。

《重修濂溪书院记》特别突出："县西五里旧有予乐湾，相传程子从先生游此，有'时人不识予心乐'之句，后人因以名其乡，且筑'予乐亭'为祠，是先生所凭依也。"[②]继周思诚的祠记之后，高佑釲在书院记中再谈"予乐"遗迹。在桂阳县西五里旧有予乐湾，桂阳令周思诚在《濂溪祠记》中记载，"县西五里，有山环合，林木茂翳，而溪流清泻，萦纡其间，土人号其乡为'予乐'。"[③]后来的民国《汝城县志》也有记载："予乐窝，在县城西五里江口，二程从学濂溪至此。俗名予乐湾。"[④]"予乐"一词出自程颢诗歌。相传程颢（明

---

① ② 清同治《桂阳县志》卷二十，清同治六年刻本，第 57 页。
③ 清嘉庆《郴州总志》，岳麓书社，2010 年，第 793 页。
④ 民国《汝城县志》卷十二，民国二十一年刻本，第 496 页。

道先生）从先生游此，有"云淡风轻近午天，傍花随柳过前川。时人不识余心乐，将谓偷闲学少年"之诗，题名为《春日偶成》，收录在《二程文集》中。汝城的"予乐"遗迹由南宋周思诚首倡，在明、清文人中传播，后人因以名其乡，且筑予乐亭为祠，是对周敦颐的纪念。

高佑釲尝读先生所著《拙赋》，有云："天下拙，刑政彻，上安下顺，风清弊绝。"① 其《爱莲说》则云："中通外直，不蔓不枝，香远益清，亭亭净植。"迄今诵其言以思其学术、治行，俱灿然如在目中。因此重修书院，以此勉励桂阳诸生"过先生之祠者，悚然知敬，相与勉为忠孝"。②

五、古八景中的书院：邹杰《重修濂溪祠记》

清高宗乾隆三十五年（1770），桂阳重修濂溪祠，新化举人，教谕邹杰作《重修濂溪祠记》。桂岭原是古八景中的一景，明正德年间，濂溪夫子祠迁于桂岭。嘉靖甲寅年（1554），桂阳令徐兆先在濂溪祠基础上增添学舍，聘请老师，教导学生。清初，在盛、董两位县令的治理下，濂溪书院恢复了旧时规模。乾隆己巳年（1749），桂阳县东北开设朝阳书院，于是，濂溪祠逐渐荒废。濂溪祠的祠田交由县衙管理，祠堂与学堂分割开来，仅仅留下一个守祠僧人。乾隆庚寅年（1770），桂阳县新建科举考试考场，县令胡公用剩下的资财重新修造濂溪祠，重修的濂溪祠形制坚固而简朴。濂溪祠有祠田，祠田田租主要用于祠宇修缮、义学馆师束脩、义学看守资费、乡试誊录盘费、奖赏生童月课纸笔。直到乾隆六十年，邑侯白公还因义学束脩微薄，另有增额，桂阳濂溪祠祭祀制度一直延续至乾隆末年。而书院屡次修建，义学义田等的出现，表明濂溪书院已经是当地文化教育中不容忽视的力量。

---

① （宋）周敦颐：《元公周先生濂溪集》，岳麓书社，2006年，第100页。
② 清同治《桂阳县志》卷二十，清同治六年刻本，第57页。

六、"大儒过化之区"：范毓洙《西关乡学濂溪书院记》

清仁宗嘉庆十一年（1806），邑绅范毓洙与县邑诸绅，建乡立濂溪书院。书院建在周子当年的吟弄之处，与旧祠堂隔水一溪。院内设讲堂、斋舍，云淡风轻之景与周子光风霁月之象融为一体。宋初有郡国乡党之学，但无州县学。濂溪先生始传道脉、兴教化。桂阳为濂溪先生仕宦之地、教化之地，也是濂溪理学传承之地。而后洛阳程子折节来学，阐发义理意蕴，开启学圣宗风。正如濂溪先生所说"志伊尹之所志，学颜子之所学，过则圣，及则贤，不及则亦不失于令名"。[①] 为了仰答圣天子兴贤育材之至意，修建西关乡学濂溪书院。濂溪书院为学者求学、寻理提供一个教学有道，制度有序的处所。诸学子在其间潜心治学，在文章、德行中都有所收获。

回顾历史，濂溪书院广开先贤之路，培养了大批人才，如明代太子太保、都察院左都御史、两广总督朱英，江西布政使范辂等，形成了明清独特的御史文化。这正是因为从儒学义理的源头做起，以贤取人的纳贤制度，也很好的阐释了何为"明则通，公则溥"。追寻大儒过化的足迹，探访濂溪书院的传承，上承孔孟，下启程朱的理学种子在这片蛮荒之地孕育并绽放。

第七节　桂东和永兴濂溪书院碑记（濂溪祠记）述评

一、桂东濂溪书院记述评

周敦颐虽然没有任职桂东，但是桂东也流传着周敦颐的事迹。同治《桂东县志》记载，宋初，桂阳、桂东本为一邑。桂东学宫内有先贤祠，宋理宗淳祐元年，在殿内东庑祭祀先贤周敦颐。

[①]（宋）周敦颐：《元公周先生濂溪集》，岳麓书社，2006年，第 85 页。

桂东旧志曾以周敦颐冠于列传之首。《桂东县志》亦有文字记载：周敦颐"德教之入人深也，以大儒学术发为政事，自非他循吏所能及，其三治郴，有过化之妙，宜后人思而勿替也，公虽非桂东令，而桂东之人当日实被其泽，祀公名宦，有以夫旧志冠于列传之首，今从之，百世之下，闻者莫不兴起焉"。① 乾隆二年（1737），邑令徐祖昌建义学，时人称为"徐公讲堂"。后公安人洪钟在乾隆二十一年（1756）任桂东令，他发现建于东门外的义学，已败屋数椽、几不容膝，邑绅胡公请创义学，便于东门城内购学宫之左地建义学，义学有讲堂、回廊，可容纳数百人，讲堂后设濂溪祠，推尊理学。祠上为魁星阁，启文运。祠前引泉，为爱莲池，池上为君子亭，左右设精舍数十间。义学藏书数千卷。落成之日，题曰"濂溪书院"。同治五年（1866），刘华邦为邑令，见城内旧有濂溪书院的斋舍狭小，书声寥寥，地窄不能扩室，便于桂东城南门外三台山文峰塔后侧新建濂溪书院。

1."溯本穷源"：洪钟《濂溪书院记》

受周敦颐"三仕郴阳"的影响，清高宗乾隆二十一年（1756），桂东县令洪钟首建桂东濂溪书院，立专祠祭祀周敦颐。桂东为山城，义学颓败。乡绅胡氏拜访县署，首捐三千金修建濂溪书院，在东门城内兴工修建，书院建成后，县令洪钟题额为"濂溪书院"。书院建筑规模宏大，濂溪书院空间布局错落有致。书院大门宽敞，历阶而上，有三门，门内有甬道，中间为讲堂，两边为回廊。讲堂后为濂溪祠，祠上为魁星阁，祠前有爱莲池，池上为君子亭，祠宇左右有精舍数十间，藏书有数千卷。新建的濂溪书院兼具祭祀、讲学、藏书三重功能。

---

① 清同治《桂东县志》卷十四，清同治五年刻本，第 1 页。

《濂溪书院记》特别谈到"以桂东向为先生施化之境，流风余韵，至今犹存。设主于祠，使多士日对理学名宗，自知溯本穷源，不徒寻章摘句，撷藻摘华，为弋取功名计"。[①] 从这段话可以看出，濂溪先生"流风余韵"在桂东县影响颇深。濂溪书院设立初衷在于求学向道，书院记特别突出"不徒寻章摘句"，意在反对堆砌词句、铺张辞藻、施展文辞，主张以周敦颐理学为核心价值理念为基础，不执着科举功名，而在于明义理、知本源。由记可知，桂东学子向学之心与濂溪一脉以"务实之学"为本、"非止为科举计"的风格相合。

2. "邑人其知所学"：刘华邦《新建濂溪书院记》

清穆宗同治五年（1866）刘华邦去往桂东城内讲学，因书院旧址位于考试院附近，无法扩建，他说这不是祭祀周敦颐的好地方，亦不是求学的好地方，于是提议在城南门外开始修建新书院。新建的濂溪书院外设有爱莲湖，书院内设有讲堂，讲堂中设濂溪先生像。书斋鳞次栉比，是朱子所谓的燕闲清旷之地。书院修建后，邑令又提议朝廷为书院拨款，用于书院的长久之计。书院竣工后，诸生在此处研习学。刘华邦说书院可能会随着时间的流逝而渐渐被人淡忘，会因为种种原因而荒废，但当我们忆到吟风弄月之境，探得氤氲浓浓的书香，寻得周子理学之奥妙时，历史中的濂溪书院便会呈现在我们眼前。即使书院变成一堆灰烬，但后人仍能从这些历史的痕迹中感受到"濂溪"的余温，这也是书院为何叫"濂溪书院"的原因。

面对晚清只靠抄袭语录文辞获取功名的种种流弊，刘华邦深感忧虑，劝诫诸位学者切忌断绝根本而去追逐显赫声名，这样的做法即使侥幸邀取科第，也是周子所不取的。周敦颐的《太极图说》有言：君子修之吉，小人悖之凶。意

为君子修养中正仁义所以趋吉，小人违背中正仁义所以趋凶。在《新建濂溪书院记》中，刘华邦特别指出改建书院的用意，即他希望诸位学生读《太极图说》，要区分君子、小人之辨；读《通书》，则效法伊尹、颜子的伟大。同时，诸位学生要善将《太极图说》《通书》互相配合，将道德、文章、经世济民合为一条途径，从而彰显濂溪之学的意涵。

二、永兴濂溪祠记述评

1. "宋周元公过此讲学之所"：陈祖书《新建濂溪祠记》

永兴县原安陵书院，设有景贤祠，祭祀韩愈、周敦颐二位过化于郴之先贤。清同治六年（1867），永兴县新建濂溪祠，专祠祭祀周敦颐，陈祖书作《新建濂溪祠记》。陈祖书在《新建濂溪祠记》中谈道："欲问当年讲座宏开，谆谆提命，虽山谷遗叟，好谈故事，究莫识其口泽之所存，致令怀古者摩挲残碣，凭吊荒烟，愀然于人往风微，空劳想象耳。"濂溪先生虽曾为郴令，但当时的情形只能"摩挲残碣，凭吊荒烟"。

新祠堂建有大门、回廊、官厅、中设元公神主位、后厅。《新建濂溪祠记》说："严君子小人之辨，我于《图说》见公焉；定伊尹颜渊之程，我于《通书》见公焉。"[1]《太极图说》《通书》是周敦颐的学术著作，深蕴其知识才思，既显示了周敦颐学术造诣之高深，又突出了周敦颐人伦道德之规范。《易经》："夫大人者，与天地合其德，与日月合其明。"[2] 所谓的大人，其道德就像是天地一样承载着万物，其圣明就像是日月一样光照大地。以伊尹、颜渊这样的圣人之德为规范，厚德载物彰显君子人格。由周敦颐《太极图说》《通书》中对宇宙本

① 清光绪《永兴县志》卷四十九，清光绪九年刻本，第58页。
② 郭彧译注：《周易》，中华书局，2006年，第350页。

源的探寻、对人生奥秘的追问、对道德体悟的思索可见濂溪思想之精深，亦是对"大道之源"《易经》的阐扬和发微。

第八节　濂溪书院（濂溪祠）的多重价值

周敦颐开创湖湘学脉，为"理学宗主"，哲学建树受后人景仰；周敦颐创作《爱莲说》，文学声名流传百代；周敦颐一生仕宦，被誉为循吏，在湖湘乃至全国士林颇有清名。宋真宗后周敦颐配享孔庙，周敦颐仕宦地也建濂溪书院（祠）祭祀周敦颐。郴州地区濂溪（祠）书院自南宋宁宗嘉定十五年（1222）首建，经历宋、元、明、清四朝不断地维护，至清末为绝响。郴州濂溪书院历史久远，但学术界关注不多，相关文献罕见梳理，郴州濂溪书院（祠）的文化价值晦暗不明。因此，依据历代郴州郡县志文献沿革，可以佐证郴州濂溪书院的文化传承与教化功能，彰显濂溪（祠）书院历史价值、艺术价值、社会价值、文化价值，对赓续濂溪文脉具有重要意义。

一、濂溪书院（祠）的功能

周敦颐是湖南、中国、东亚乃至世界的文化名人，濂溪书院（祠）是因纪念周敦颐而建。古代书院一般都具有祭祀、讲学、藏书的功能。郴州濂溪书院（祠）在固有祭祀、讲学、藏书的功能之外，还承载濂溪理学文化传承功能。从郴州书院的发展史我们可以看出濂溪文化传承的轨迹。宋元明清各朝沿袭"尊儒崇理"的文化政策，以尊崇的谥号封赠周敦颐，郴州郡县兴建濂溪书院（祠），都表明了对理学思想文化价值的肯定。

郴州濂溪书院（祠）具有祭祀功能。从湖南省来看，有 17 个区县曾建有濂溪书院，承担祭祀周敦颐的功能。周敦颐是宋明理学的开创者，延续了自汉代以来的官教合一的传统，被誉为"文以载道"的典范。《史记·大戴礼记》："上事天，下事地，宗事先祖而隆君师，是礼之三本也。"① 《史记》记载礼制的根本是祭天地、祭祖先、祭君长。《国语·鲁语上》记载"夫圣王之制祀也，法施于民则祀之，以死勤事则祀也，以劳定国则祀之，能御大灾则祀之，能捍大患则祀之"。② 也就是说祀典的对象是对民族历史文化有殊勋异绩的人，犹如舜勤于民事、汤以宽待民、稷勤于百谷。正因为圣贤功在家国和生民，所以享受国祭。周敦颐也因其理学奠基者地位为官方所承认。宋宁宗嘉定十三年（1220），周敦颐受赐谥"元"，宋理宗淳祐元年（1241）年封为汝南伯，元仁宗延祐六年（1319）封为道国公。历朝入祀孔庙。祭祀周敦颐早已超越了家祭的范畴。明代宗景泰七年（1456）封其后裔十二代孙周冕世袭五经博士，延至清末400余年共封13位五经博士。周敦颐祭祀已经由单一家族行为升华为国家礼乐训规的具体表现。

书院的祭祀活动带有某些宗教的色彩，从其所供祀的对象可以看出书院的政治倾向和学术宗旨。濂溪书院祭祀由国家主导，其目的在于厉行教化，即"学以明人伦"。祀濂溪表明，国家厉行教化的根本内涵是崇儒之道，追求理想化的礼制秩序。"孔子以道设教，天下祀之，非祀其人，祀其教也，祀其道也。"③ 所以，祭祀濂溪，也就是推崇他所创立的思想学说。濂溪书院主祀周敦颐，供祀学派代表人物二程、张载、朱熹等理学大家用以标明或保持学派的特点。除此之外，还会祭祀孔子、孟子等儒家先圣先师，韩愈等流寓此地的大儒，以表明书院与儒学、理学的密切关系，从濂溪书院的祭祀中既可以看到濂溪书院特色，也可以看到地方学风。

---

① （清）王聘珍、王文锦点校：《大戴礼记解诂》，中华书局，1983年，第349页。
② （三国）韦昭注，徐元诰集解：《国语集解》，中华书局，2002年，第164页。
③ （清）张廷玉撰，《明史》卷一百三十九，岳麓书社，1996年，第2126页。

　　郴州濂溪书院（祠）具有讲学功能。北宋之始，郴州地区儒学的传播尚处于萌芽状态。北宋初虽然已确定了兴教办学的教育政策，但由于唐末连年战火与湘南地区荒僻失教，使湘南教育很难与中原腹地并驾齐驱。但在这一时期，儒学新发，吸收佛、道思想，南方地区文教兴盛。至明清时期，理学天下一统的局面形成，自北宋五子而兴的北宋新儒家及"程朱理学"学派所阐发的精神与学术思想经受了时间的考验，理学文化的价值得到了社会的广泛认同，从而使大规模兴建濂溪书院（祠）与长期传播理学文化成为可能。濂溪书院（祠）是湘南理学文化的重要载体。由于南宋理宗的推尊，濂溪书院日渐兴盛。《宋元学案》记载了一段十分重要的对话："文靖（杨时）曰：学而不闻道，犹不学也。（程）若庸亦曰：创书院而不讲明此道，与无书院等。"[1] 所谓"道"，即"尧舜之道""孔孟之道"。杨时、程若庸号召儒士应该"闻道""讲明此道"，其实就是强调"道统"的精神权威与谱系赓续。濂溪书院正是受官方正式认可的"传道"之所。

　　郴州濂溪（祠）书院具有教育的功能。宋初，百废待兴，官学有待复振，地方教育有赖于乡党私学和书院。私人创办和大儒主掌的书院于宋初大兴。湖南岳麓书院、石鼓书院规模宏大、学子众多。郴州偏居一隅，但私人书院也屡见不鲜。周敦颐任职郴县期间，除了修建县学外，他还在郴州另设书堂讲学育才。《宋周濂溪全编》第二十二卷道光己亥爱莲堂藏版《濂溪志·年谱》记载："七年丁亥，作书堂于郴之鱼鲜山。"[2] 自宋仁宗庆历七年（1047）始，周敦颐在仕宦生涯中，以兴文崇教为本，以传孔子之道自命，以维护道统为己任，直到宋神宗熙宁六年归隐庐山建濂溪书堂，始终坚持"歌咏先王道统""泽于斯民"的初心。周敦颐提倡"义理之学"，主张为学要能明心养性，为文而能够载道，

---

① （清）黄宗羲、全祖望：《宋元学案》卷八十三，中华书局，1986年，第2820页。
② 金生杨：《宋周濂溪全编》，北京燕山出版社，2021年，第95页。

而非沉溺章句辞章之学。

作为"先儒进化之地，名贤经行之所"，郴州文教日益兴盛，濂溪书院（祠）纷纷建立。周思诚于宋宁宗嘉定十三年（1220）在桂阳县首建濂溪祠。此后，郴州、桂东、永兴等地也纷纷建立濂溪书院（祠）并形成文化传统。濂溪精神在郴州历代相传，直至清同治年间桂东县令刘华邦仍在《新建濂溪书院记》中强调："若夫绝去根本，猎取声华，纵幸邀科第，亦周子所不取也。"①到清末时，郴州濂溪书院改为现代官办学校。郴州地区濂溪书院的建立，改善了本地教育落后的状况。

郴州濂溪（祠）书院，作为民间的"学校"，是郡县学的有益补充。这一重要功能对南宋以降的科举制度起到了承前启后的作用。祠学合一的体制使郴州历代儒士文人在这里感受大儒教化、接受濂学的熏陶，尊经读经即成为学校教育的重要内容，培养了大批湘南人才。"经"从糸，巫声，本义是织布机上的纵线。在金文写法中，像绷在织布机上的三条直线，是古代织布机常态性形式，引申而言就是"常""恒"，是人间的恒常之道。人间的恒常之道在经典文本中传承，所以程颐说"经所以载道也"。经中之"道"就是"意义""价值"所在。中国优秀传统文化集中体现在中华民族价值观的传承中，也就是儒家经典的传承、儒家思想的传承。自南宋以后，郴州濂溪书院是"尊儒崇理"的文教空间。

二、濂溪书院（祠）的多重价值

郴州濂溪书院（祠）是官方祭祀周敦颐的重要场所，不仅具有空间属性，还具有纪念价值。濂溪书院（祠）承载千年历史沧桑和文化积淀，体现中国传

---

① 清同治《桂东县志》，清同治五年刻本，第46页。

统礼乐制度的超越性。在郴州近千年的文化融合中，濂溪书院（祠）已经远远超出了纪念性建筑的本身含义，成为湖湘文化的象征。濂溪书院（祠）的存在，体现了理学在中国传统文化中的主流地位。

濂溪书院（祠）具有较高的史学价值。书院见证了郴州八百年理学文化发展的历程。在郴州书院发展史上，留下了丰富的遗存和资料，通过对有关濂溪书院（祠）历史的研究，可以了解濂溪书院（祠）建筑与祭周子活动的兴衰，透视郴州古代政治、文化发展的状况，对儒家乃至中国古代思想文化的演变进行深入的探讨。郴州汝城县现存的濂溪书院修建于清仁宗嘉庆九年（1804），建筑群时间久远，集历史、建筑、雕刻等成就于一体，是古老的博物馆。它不仅是郡县官吏、理学名宿尊儒祭祀活动的历史见证，也是综合体现理学思想文化的载体。

在祭祀周子的过程中，还沿用传统的祭祀仪式。我国自古就有祭祀礼仪，宋朝形成一种礼乐制度和仪式传统。我国的祭祀仪式源于中国帝制有稳定统治、协调社会矛盾、教化天下的政治需求。明清统治者承袭这一沿革，将"道之以德，齐之以礼"的儒家思想渗透在特殊的仪式传统中。祭周礼仪场面古朴娴静，特别是庄严肃穆的祭祀气氛与质朴冲淡的书院建筑，更形成了完美的艺术统一。祭祀仪式有其规范的仪程，适中的节奏，典雅的祭词，谦恭的礼仪，四者合一，凸显出中国古代博大精深的思想意蕴以及中正和谐的艺术风格，集中展示了"仁""和谐""礼让"的儒家文化价值。濂溪书院自始建以来，对郴州社会的文风、民风的淳化产生了重大而深远的影响。

濂溪书院（祠）具有较高的艺术价值。郴州的濂溪书院代表着一种文化的肌理基质，其中沉淀着丰厚的历史内涵，其建筑本体、内藏碑刻都是中华传统文化的集中体现，具有很高的艺术价值。

濂溪书院建筑本体的艺术价值。郴州最古老的濂溪书院位于汝城，建筑坐北朝南，面阔 56 米，进深 42 米，有大小房屋 49 间，"踏道"有 9 级，单进院落，为四合院砖木回廊结构。濂溪书院建筑的营造方式受先秦的阴阳五行学说影响。早在西周时期，我国就有完整的四合院出现，四合院在发展过程中，始终与中国传统理念相关。濂溪书院的建筑遵从了我国传统建筑群中贯轴线，左右对称的原则，布局严谨。濂溪书院房屋呈方型布局。《周礼·考工记》认为"天为乾、为圆，地为坤、为方"，"圆象征天上万象变化不定，方象征地上万物有定形"。四合院，正是以建筑形式来体现地面的"四方"观念。濂溪书院中的阶梯，称为"踏道"。台阶的数量也被赋予了许多规定，在《易经》中有阳卦奇，阴卦偶的规定，也就是说奇数为阳，偶数为阴。书院为阳宅，台阶的数量多为单数，单数为阳数，包括 1、3、5、7、9，数字越大，等级越高。

濂溪书院的使用者是读书人，读书人在传统社会中拥有特殊地位。书院作为一个与读书人在物质和精神两个方面都密不可分的空间，官吏、教授、乡党义士也都集聚合力，不吝不惜地专注于书院文化空间的营造，以体现教育的特殊地位。书院寄托着古人对修身、治学生活的向往，而台阶作为登堂入室的必经之路，体现了中国传统礼制。门口台阶的数量也是权力地位的象征，地位越高，能够拥有的台阶数就越多。濂溪书院拥有最高规格的台阶，上层台阶都是 9 阶，这个数字就象征着濂溪书院至高的等级和尊崇的地位，充分显示了郴州古代劳动人民的高度智慧和创造才能，在湖南古代建筑史上占有重要地位。

濂溪书院所藏碑刻的艺术价值。随着时间的推移和朝代的更替，郴州濂溪书院（祠）在建立、修缮、祭祀的过程中，留下了许多碑刻，具有较高的艺术价值。据统计，濂溪书院内现有碑刻 7 幢，包括清嘉庆十一年（1806）濂溪书院记碑、濂溪书院计开义捐并众置田土于后碑、御制平定金川告成太学碑、赵公庙并戏台文昌阁碑记碑、会云仙神田碑、道德岷怀碑、朱孝义烈士墓碑等。

从年代跨度上，对研究郴州古代历史文化，都有极高的价值。从碑刻的书法艺术看，各种字体兼备，风格不同，各具特色，是难得的珍品，历来为书家所喜爱。在濂溪书院（祠）里还有石雕爱莲说、石雕陋室铭，是中国石雕艺术的上品，尤其是莲花主题雕刻，更是石雕艺术的佳作。

第六章 郴州纪咏濂溪诗文研究

郴州历代诗文有专咏濂溪及其遗迹的篇章，这些作品多与郴州的自然山水景观和历史人文景点相关。诗文纪咏结合，是古代历史名胜中最为赏心悦目的内容，传承和丰富着中华民族丰厚的地方底蕴和人文精神。这些纪咏濂溪诗文大多收录在郴州各类地方志中。一方面，咏濂溪诗文的创作保存和宣传了当地的胜迹，近千年流传更扩大了胜迹的知名度与接受度。另一方面，可以援据咏濂溪诗文为证，作为考证古迹位置及存在的依据，增加地方文化的历史底蕴和艺术魅力，使诗歌与胜迹相得益彰。

第一节 郴州地方文献中的纪咏濂溪诗文

名胜古迹与文学有着天然的、不可分割的联系，二者往往相映成辉、相得益彰。几乎可以说有名胜古迹则必有文学产生，而文学的流传又使名胜古迹更为知名。濂溪遗迹和拜谒濂溪主题诗歌的创作，正体现着这种关系。名人遗迹作为名胜古迹的一部分，既属于考古学的研究范畴，又展现了名人的生前活动、思想价值、情绪情感，成为研究、评判名人的一面镜子，具有重要的文化价值，为与之相关的文学创作提供了物质载体和文化支持。拥有"三仕郴阳"历史的郴州是周敦颐平生为官驻足最久之地，对研究周敦颐人生中期的活动、处境、思想等有不可忽视的价值；除此之外，郴州作为周敦颐理学思想的发源地，地域与周敦颐的关联，使濂溪书院成为后世濂学爱好者甚至是理学学者纪咏濂溪最佳空间，并借此成为凝结周敦颐与后世文人的纽带。

除此之外，"触景生情""为情而造文"，是纪咏濂溪诗作共有的、最直观的特点。内心的感情只有在相应的景物诱发、感召下才更加浓烈，才能够喷薄而出、动人心魄。这些景物触发的情感为诗歌创作提供了动力。名人遗迹不但促进了文学创作，还会受到文学创作的反作用，因文学创作丰富的意涵，从而进一步提高知名度。

纪咏濂溪诗文是郴州文坛的奇葩，其价值和影响不容忽视和否定。据初步统计，在地方志等各类文献中，纪咏濂溪的诗文共计20篇，其中诗18首，文2篇。本节就以20篇诗文为对象，作简单论述。

一、郴州纪咏濂溪诗文的篇目

郴州历代纪咏濂溪诗文以咏周敦颐为中心，旁及祠、亭、池等濂溪遗迹。濂溪先生能够成为郴州诗人关注的对象，与诗人个人经历、审美旨趣、文化导向等因素有关，体现了时代文化制约下郴州古代诗人群体的共性文化心理。为了更清晰地了解郴州纪咏濂溪诗文，现将其篇目列如下：

诗文标题	朝代	作者	身　份	籍贯	数量
光霁亭	明	苏茂相	万历辛卯（1591）进士	泉州晋江	1
君子亭	明	谢邦信	嘉靖丙戌（1526）进士 郴州州判	广东东莞	1

（续表）

诗文标题	朝代	作者	身　份	籍贯	数量
谒濂溪祠	清	徐之凯	顺治十五年进士、桂阳知县	浙江西安	1
濂溪祠纪事诗并引	清	盛民誉	顺治十八年（1661）进士	浙江嘉兴	1
濂溪祠纪事三十韵	清	颜鼎受	举人、讲学署斋	桐乡	1
谒濂溪祠	清	范秉秀	康熙二十四年拔贡	汝城	1
谒濂溪祠	清	徐瀫	桂阳县令	浙江西安	1
谒濂溪祠	清	高佑鈲	贡生、考授州判	嘉兴	1
谒濂溪祠（两首）	清	郭立聪	庠生	桂东	2
濂溪祠怀古	清	何永清	廪生	桂东	1
题濂溪吟弄处	清	范秉秀	康熙二十四年拔贡	汝城	1
秋日游濂溪吟弄处	清	袁宗佺	康熙甲子副元、广西北流知县	汝城	1
濂溪吟弄处记	清	范仲易	嘉庆岁贡生	汝城	1
过予乐湾	清	何洛书	乾隆壬午举人，四川大宁知县	汝城	1
过予乐亭	清	凌鱼	清朝进士、桂阳知县	番禺	1
爱莲池有怀	清	郭远	康熙五十年（1711）乡试中举	汝城	1
爱莲池	清	黄体德	乾隆癸酉举人、永昌府同知	桂东	1
爱莲池	清	郭于镐	廪生	桂东	1
爱莲池赋	清	曹富焘	不详	不详	1

从上表可以看出，郴州本土诗人对濂溪文化十分关注，纪咏濂溪诗歌也呈现出鲜明的特点。首先，从纪咏的对象来看，诗文的内容涵盖了郴州地区标志性濂溪遗迹，如濂溪祠、爱莲池、光霁亭、君子亭、予乐亭、予乐湾、濂溪吟弄处等。其中，以拜谒濂溪祠为题的诗文有7篇。可见，文人墨客专门拜谒濂溪祠以示尊崇，体现对濂溪道脉的认同。其次，从诗文创作者的角度来看，20篇诗文的创作者包括州判、同知、知县、进士、举人、贡生、廪生等杰出

人士。可见，在古人眼中，对濂溪先生的崇拜已经成为时代的风尚。第三，从作品的质量来看，虽然这些诗文少见经传，但有不少诗篇是文辞优美的传诵佳作。

二、郴州纪咏濂溪诗文考

1. 苏茂相《光霁亭》

光霁亭

宋学称理窟，濂溪抉其閟。根极主静言，昭悉太极义。

中怀谢磷淄，外象挹和粹。霁月映光风，夷然谿渼澧。

程子深服膺，赵公竟臭味。侯生侍三日，识者远惊异。

千载想灵襟，令人犹融泄。明牧挹道渊，典型勤窀穸。

祠宇焕旧颜，庭草滋新翠。仆领此何须，纮歌古所贵。

苏茂相（1566—1630），字宏家，号石水。他是泉州晋江人，为御史苏士润的子侄。万历壬辰二十年（1592）高中进士，当时年方二十六岁。苏茂相担任过户部主事，出使山东时见到饥民，则上书朝廷请求赈灾抚恤，有人说他管太多，茂相说："饥溺由己，岂异人任耶。"万历二十五年（1597），他典试贵州，后出京任彰德太守，时人评价"卓异"。苏茂相升迁为河南副使时，备兵汝南，政声尤为显著，任江西督学官，南京尚宝司少卿，升任太仆正卿，负责管理宫廷车马及全国畜牧事务，后来又到都察院任金都御史，担任浙江巡抚，上书朝廷修建"正学先生"方孝孺先生祠，并厚恤其家。天启五年起，苏茂相为刑部右侍郎，又改任户部总督漕运，后为户部尚书。天启七年秋，明怀宗即位，苏茂相改任刑部尚书。崇祯元年春季，苏茂相回原籍，不久，故去。

这首《光霁亭》载于嘉庆《郴州总志》卷三十七，是一首古体诗。全诗共二十句，每句为五言。在古代诗词中，"亭"常被用作诗人抒发情感或者描绘自然风光的载体。诗歌名为"光霁"，这一词汇为敬语，有风采之意。全诗以"宋学""濂溪""主静""太极"等词开篇，奠定了全诗咏怀的情感基调。诗歌为怀念"理学开山"周敦颐而作，诗人将光霁亭视为咏怀濂溪的物质载体。

诗歌开篇即称宋学思想体系以"理"作为宇宙最高本体，而濂溪先生为宋学开山之人，他采六经为本，出入释老，创造性提出《太极图说》，从中推导出"圣人定之以中正仁义而主静"的结论，为理学的发展奠定了方向。诗人以"淄磷"染而不黑、磨而不薄之意比喻濂溪先生的内心操守；以自然的最佳境界和终极状态"和"比喻濂溪先生的外在气象；以雨过天晴时万物明净的景象，比喻濂溪先生开阔的胸襟。

2. 谢邦信《君子亭》

君子亭

濂溪亭子凉如水，绿酒青山惬北游。

海内衣冠怜此夜，天涯羁旅怕逢秋。

少陵自是金门客，公瑾还应万里侯。

近得西邻添二仲，思乡同倚镇南楼。

谢邦信，字谕卿，东莞人。明武宗正德十四年（1519）为举人，世宗嘉靖五年（1526）为进士。被授予江西上高县令一职，后来升任南评事，嘉靖十一年时，贬谪任郴州州判，转任江西赣州府通判，福建建宁府同知。著有《石涌集》《谢氏箧中集》。

《君子亭》载于清陈梦雷《古今图书集成·职方典下》。这是一首七言律诗，全诗共 8 句，有首联、颈联、颔联、尾联。诗歌用词典雅，多典故。诗人借物寄思，诗中虽有"惬北游"一说，但"凉""怜""怕"等用词难掩诗人因贬谪而引发的悲凉之情和身在宦途的羁旅之感、思乡之情。据此，诗歌应作于其贬谪郴州州判期间。这是谢邦信作为一个贬谪官员因报国无门、回天无力而发出的悲怆自白。

3. 徐之凯《谒濂溪祠》

谒濂溪祠

岭上秋香满桂枝，抠衣拾级拜名祠。

弦歌在昔为人牧，俎豆于今是我师。

时有光风披古树，依然霁月照清池。

后来闻者能兴起，片石残碑正可思。

徐之凯，字若谷，浙江西安人，清顺治十五年（1658）为进士，康熙七年任桂阳（今汝城）知县。徐之凯拜谒濂溪祠后写下此篇诗作，此诗载于清嘉庆《郴州总志》卷二十八。《谒濂溪祠》为七言律诗，诗歌韵律严谨。开篇即以娓娓道来的语调，述说着拜谒濂溪祠的心境和思绪。在"秋香满桂枝"的时节，诗人提起衣裳的下角，拾级而上，去拜谒闻名已久的濂溪祠。濂溪先生为牧首时，在这里教化百姓，而今则成了诗人拜谒的老师。清风吹动古树发出飒飒的响声，星空月朗下，光照清澈的水池。濂溪祠古树清池之景既隐喻着光风霁月的精神境界，又是儒林仕宦理想人格的表征。后人因濂溪事迹而鼓舞，"片石残碑"更引发了诗人无边的思绪。读此诗，首联"岭上秋香满桂枝，抠衣拾级拜名祠"尤为形象，三百年前邑令拜谒濂溪祠的情景宛若目前，邑令对濂溪的追思之情真切可感。尾联"后来闻者能兴起，片石残碑正可思。"引人浮想联翩，余味无穷，营造了一种虚实结合的艺术空间。

4. 范秉秀《谒濂溪祠》

谒濂溪祠

天将夫子铎卢阳，山以高分水以长。

细草乍经新雨绿，乔松时带老烟苍。

矶头苔点吟风字，池畔莲支出水香。

欲问孔颜真乐处，千秋仰止在斯堂。

范秉秀，字伊璜，桂阳人，清康熙二十四年拔贡。拔贡，是清朝科举制度中选拔贡士进入国子监做生员的一种制度。初定六年一次，乾隆七年改为每十二年（即逢酉岁）一次，由各省学政选拔文行兼优的生员，贡入京师，称为拔贡生，简称拔贡。县志记载，范秉秀品性高洁，对古籍有深入的理解，诗才敏妙。贵州督学吴自肃爱惜范秉秀才华，聘请他检阅试卷，予以重用。后来被云贵总督范成勋招为幕府。数年后辞任归家，在家栽花种草吟诗。著有《苏溪诗集》行世。范秉秀生平善琴，亦工草书，重金求字之人络绎不绝，享年八十余岁。

《谒濂溪祠》载于清嘉庆《郴州总志》卷二十八。诗歌开篇直指濂溪先生在山高水长的桂阳县任县令的事实，当时县署驻地在"卢阳"镇。新雨过后，细草青青，一片碧绿；老树烟霭笼罩，一片苍翠。矶头上点点青苔就像是吟风弄月的诗篇，池塘中荷花盛开，送来缕缕清香。诗人借用"孔颜之乐"的典故引出桂阳卢阳镇为"真儒"化神之地，用"千秋仰止"一词传递出一种穿梭千年时光而无法抑制的澎湃心绪。

5. 徐瀫《谒濂溪祠》

谒濂溪祠

山桂年年发旧枝，先生遗像在荒祠。

典章已改三朝物，瞻仰难忘百世师。

古意不容除草径，芳踪犹有爱莲池。

至今风月人如见，何况当时去后思。

徐瀫，西安人，康熙年间任桂阳县令。诗载民国《汝城县志》卷三十二。

宁宗嘉定十三年，邑令周思诚于桂阳县之东立先生祠，建光风堂。岁月荏苒，明正德年间，御史范辂属邑令陈德本，在县西南桂枝岭改建濂溪祠。到了清朝，顺治年间所建濂溪祠，被红寇所毁，康熙年间重修的濂溪祠又遭遇大火，逐渐荒僻。徐瀫拜谒濂溪祠时，入目所见的是荒败的景象。首联"发旧枝""在荒祠"以自然之物与人为之祠相互映衬，形成鲜明的对比，指出凭吊之地有遗落之像，为荒僻之地。历经三朝已经物是人非，而仍可以"瞻仰"并且"难忘"的是名传经史的"百世师"。颔联"典章已改"却是哀叹三朝流变，往事不堪回首。颈联的出句追叙往事，对句则借景抒发今情。尾联表明心境，"至今风月人如见"由眼前所见"风月"转为思人。此时此地，任何言语都成了多余。眼前一座荒祠，一汪爱莲池水，如睹当年之人，斯人已逝，诗人无言写春秋、朱笔写师魂的哀伤心境也就尽在不言中了。

6. 高佑釲《谒濂溪祠》

谒濂溪祠

韶石祥刑著，卢阳政事闲。

池莲遗所爱，庭草不容删。

文教施荆楚，心传乐孔颜。

虚堂俨如见，长此仰高山。

高佑釲，清代秀水籍嘉兴人，字念祖，出身官宦世家，父亲、叔父皆为知县。先为贡生，后考授州判，授征仕郎。父亲高承埏，字寓公，为崇祯年间进士，尝辑《自靖录》，佑釲续成之。高佑釲博闻强记，尤为熟悉隆庆、万历以来的旧事，著有《怀寓堂诗》。

诗载清乾隆《桂阳县志》卷十二。《谒濂溪祠》是五言律诗。全诗主要以陈述语抒慨，虽为拜谒诗，但这"拜"，不只是感物伤怀，还有家国之慨，文教之兴，高山之仰，八句诗内容丰富。首联单刀直入，直陈本意。"韶石"，山岩名，意指濂溪先生在广南东路按察刑狱，"卢阳"是桂阳卢阳镇，指濂溪先生为桂阳令期间勤于政事，劝农桑、兴文教。颔联、颈联用"池莲""庭草""孔颜"等典故，写尽濂溪先生的事功、品格。尾联以"高山"喻人，可以体会到诗人感慨颇深，但又含而不露。

7. 郭立聪《谒濂溪祠》两首

谒濂溪祠（其一）

一太极图传道统，两程夫子在门墙。

斯人已继尼山绪，下邑还留召伯乐。

即对几筵深仰止，无边风月与相羊。

莲花犹向池中植，未坠当年一瓣香。

诗载嘉庆《郴州总志》卷三十七。

谒濂溪祠（其二）

千圣薪传一脉通，先生绍统启群蒙。

莲红池畔道心朗，草绿窗前生意融。

潋滟波澄浮霁月，郁葱树霭拂光风。

孔颜乐处何从觅，会得真诠太极中。

诗载乾隆《桂东县志》卷十一下。

郭立聪，字惟照，桂东人，庠生。这组拜谒诗分为两首，其一从"传道统"，其二从"启群蒙"两个方面评述周敦颐的历史地位。虽然其一尾联"莲花犹向池中植，未坠当年一瓣香"，其二颔联"莲红池畔道心朗，草绿窗前生意融"两句更见功力，但"一太极图传道统，二程夫子在门墙"掷地有声，有"宁律不谐而不使句弱"之感。拜谒诗多用典故，郭立聪也不例外，如"太极图""二程夫子""窗前草""光风霁月""孔颜乐处"等。两首诗歌虽然多用典，但不觉晦涩，有的地方还活用典故，丰富了诗句内涵。

8. 何永清《濂溪祠怀古》

濂溪祠怀古

先生遗爱遍郴阳，两桂同称古义昌。

地号莲塘均雨化，亭各君子仰循良。

静观无极图难画，吟到春风句有香。

犹忆初平传道后，千秋的脉系甘棠。

何永清，桂东县人，字安澜，是乾隆朝廪生。

诗载乾隆《桂东县志》卷十一下。《濂溪祠怀古》起句破题直抒古今盛衰之感，"先生遗爱遍郴阳，两桂同称古义昌"两句，直接把读者带回千年前周敦颐过化郴阳的情景。"两桂"为桂阳、桂东，尚为一县。"偏爱"一词寓意深长，意指濂溪先生在郴阳停留八年之久。他过化于郴阳，对此地的世事并不是漠然置之的，因此，有"亭各君子仰循良"一说。诗歌的自然之境正在于篇中无长语，句中无余字，何永清这首怀古诗的颈联"静观无极图难画，吟到春风句有香"便有此意。结句"犹忆初平传道后"道尽了千余年沧桑，怀古伤今，饶有远韵。

9. 盛民誉《濂溪祠纪事诗并引》

濂溪祠纪事诗并引

濂溪周子尝宰桂，有祠在城南，历著祀典，庚辛毁于兵燹。建十余年，至乙巳，前令黄应庚始建堂三楹。乃堂之右旧有观音堂，亦经焚毁，寺僧遂迁大士像供于祠中，名虽复而实失之矣。辛亥春，予捐俸命僧别构观音堂，于旧址而专奉先生木主于中。庶几于理，为当落成，诗以纪之。

昨岁初捧檄，驾言至卢阳。停车询风土，怀古求善良。

行行出南郭，兀然见高冈。上有周子祠，松柏何青苍。

累朝著祀典，庙貌诚辉煌。庚辛变秦灰，一朝摧栋梁。

悠悠十余载，焦土历沧桑。残碑略可识，旧迹安能忘。

抠衣前再拜，瞻仰徒彷徨。肃肃神如在，耿耿心独伤。

真儒久不作，正学几沦亡。周行生荆棘，异说沸蜩螗。

时运有显晦，低柱终回狂。我来思恢廓，逼侧犹未遑。

薄言捐微禄，努力期共襄。芟锄去芜蔓，洒扫有池塘。

迁彼梵释居，复此旧门墙。追维昔先正，道德化蛮方。

溪毛荐俎豆，椎髻知冠裳。音尘虽渺漠，典则岂遂荒。

吉涓治萍藻，载登夫子堂。春风拂庭草，依然霁月光。

学古乃服官，于此得梯航。敢云惜名器，聊以存饩羊。

闻风争濯磨，流俗反淳庞。诗书发华采，田野无莠稂。

争讼远吏庭，孝友安其常。遐哉百世师，雅泽深以长。

高山共仰止，明德惟馨香。好歌勖同志，亹勉思无疆。

　　盛民誉，浙江嘉兴人，清顺治十八年（1661）进士，康熙九年任桂阳知县。

　　诗载民国《汝城县志》卷十一。盛民誉的《濂溪祠纪事诗并引》如同一首用诗歌形式写成的濂溪祠修建纪实。此诗作是一首上佳的叙事诗，其中不少生动、详细的描写还可以补充史书记载的不足。

　　全诗分为四段。开头到"松柏何青苍"为第一段，写盛民誉任桂阳知县后探寻风土人情，拜访周子祠。"累朝著祀典"到"异说沸蜩螗"为第二段，以往昔的"辉煌"和如今的"秦灰""荆棘"形成鲜明对比，照应"焦土历沧桑"，写得充实整炼而又极尽变化，深得叙事诗之三昧，自然还为下文的描写作了极好的铺垫。"时运有显晦"至"典则岂遂荒"为第三段，详写濂溪祠的修建过程。四到八句写建祠决定、决心，接下来转换角度，具体描写迁去佛像，恢复濂溪祠祭祀的过程。"吉涓治萍藻"以后为第四段。这一段用议论的方式结束全篇，为"赞语"，既抒发感想，又表明写作意图，是叙事诗的结尾法。末句"高山共仰止，明德惟馨香。好歌勖同志，黾勉思无疆"表达了以先贤勉励后学的意图和主张，用"高山仰止""德惟馨香"歌咏濂溪，一方面又让读者在掩卷之后进入无声胜有声的境界。

10. 颜鼎受《濂溪祠纪事三十韵》

濂溪祠纪事三十韵

圣代其儒出，于今五百年。斯文犹未坠，吾道岂无传。

太极心能悟，通书手自编。不除窗外草，独爱沼中莲。

已任群生望，还行宰物权。冠裳开楚俗，声教入蛮天。

下邑祠堂旧，斜冈屋舍连。神灵应有托，尸祝久相沿。

岘首碑初勒，汾阴鼎再迁。干戈横桂岭，井落变桑田。

迹息秦灰后，名高洛堂前。平台苔藓没，虚壁紫藤悬。

兴起谁当此，凭依尚俨然。使君非俗吏，师表在先贤。

俯仰劳三载，经纶寄一椽。颓垣披乱棘，傍涧引清泉。

束版鸠工作，倾囊出俸钱。斧斤随曲直，规矩称方圆。

栋宇欣重翔，丹青觉倍鲜。救时情颇切，复古志弥坚。

履近元公席，琴鸣单义弦。四封消寇褟，十室聚人烟。

地脉宜藏秀，溪毛欲告虔。庭除劝洒扫，礼让得周旋。

左右陈钟鼓，春秋执豆笾。光风仍拂座，齐有正临筵。

政暇堪游目，民劳幸息肩。禽鱼观化育，山水发诗篇。

敢附闻知者，聊云愿学焉。成功如可继，遗泽永绵绵。

颜鼎受，字初阳，桐乡举人，受盛民誉所邀讲学署斋。

诗载民国《汝城县志》卷三十二。《濂溪祠纪事三十韵》与盛民誉的《濂溪祠纪事诗并引》一样，均为叙事诗，且写作时间相近，两位诗人相交莫逆，堪称郴州纪咏濂溪诗歌中的叙事双璧。诗歌前十二句为第一段，以歌咏濂溪事功为核心，意在通过濂溪事迹言其高。"下邑祠堂旧"至"虚壁紫藤悬"为第二段，叙述濂溪祠经历"干戈""秦灰"的变迁。"兴起谁当此"至"十室聚人烟"为第三段，叙述建祠经过。"地脉宜藏秀"后为第四段，几个层次，层层递进，由"祠堂旧"转变为"栋宇欣重创，丹青觉倍鲜"。此诗立意虽并无出奇，与盛民誉所作相差无几，但其开合结构有曲折回护之势，遣句造景，笔致开脱而意脉相连。正如诗中所说"山水发诗篇"，味无穷而意弥坚。

11. 范秉秀《濂溪吟弄》

濂溪吟弄

千秋吾道在，仙令见于今。
县古琴三弄，官清鹤一吟。
当风迎草绿，带雨种莲深。
览胜寻花屿，摩崖喜共临。

诗载清乾隆《郴州总志》卷二十八。范秉秀有一首《谒濂溪祠》，现又有一首《濂溪吟弄》。濂溪吟弄处，据载在县西桂枝岭对岸，峭石临江，相传濂溪先生任桂阳令曾筑亭于此。这是一首五言律诗。首联描写濂溪曾为"仙令"的喜悦心情，接着以"古琴""清鹤"两物展开，诗人并不直接表达自己的情感，而是托物言情。颈联"当风迎草绿，带雨种莲深"用"草""莲"形成对偶,又巧用"窗前草""爱莲"的典故。尾联即景抒怀,"摩崖"一词尤为让人惊喜,与濂溪先生喜游山川,游山必尽兴题咏的习惯相呼应,为众多纪咏濂溪诗歌中少见的用法。这首诗在艺术上颇有特色,独出机杼。诗人善于寓情于景,通过鲜明生动的意象,表达丰富、自然、含蓄的情感,状物、写景细腻传神,对仗十分工整精巧。

12. 袁宗伩《秋日游濂溪吟弄处》

秋日游濂溪吟弄处

古篆何年挂石嵝,登临弥望思无穷。

今人不见当时月,百代犹闻夫子风。

两岸青松长洒落,一泓秋水自照融。

孔颜真乐无寻处,想在吟风弄月中。

袁宗伩,字若仙,汝城袁家人。康熙甲子副元,曾任广西北流知县。

诗载民国《汝城县志》卷十二。《秋日游濂溪吟弄处》为意熟词陈的应时写景诗题,但到了袁宗伩笔下,确有古硬清新之美。与范秉秀的《濂溪吟弄》一般,两首诗歌都写到濂溪吟弄处的"摩崖""古篆",可想而知,当时的游人在濂溪吟弄之处必然可以见到古人留下的题咏石刻。颔联出句"今人不见当时月"化用《把酒吟月》中的"今人不见古时月",而"百代犹闻夫子风"又对仗工整精致,读来朗朗上口,深感余蕴无穷。颈联"两岸青松长洒落,一泓秋水自照融"接写造化之功,将"青松"赋予洒落之态,"秋水"赋予融融之意,这种精细入微的刻画,体现了诗人敏锐的观察和独到的感受,景象富有变化,而濂溪先生境界全出。尾联,用典不出意料之外,将"孔颜之乐""吟风弄月"化用其中，搭配极为巧妙而妥帖。这首诗在炼字、用典上很见功夫，"挂""思""见""闻"平常朴素却又恰到好处。

13. 凌鱼《过予乐亭》

过予乐亭

孔颜真乐妙难名，吟弄千秋想二程。

问柳喜逢云正淡，临川欣对水长清。

应时禾黍皆含绿，适意鸢鱼更不惊。

偶憩石亭思往事，风流谁得似先生。

凌鱼，番禺人，清朝进士，乾隆十七年任桂阳知县。

诗载清嘉庆《郴州总志》卷三十七及民国《汝城县志》。予乐亭在桂阳县予乐湾，乾隆《桂阳县志》卷四记载："二程经此。明嘉靖间，兵宪潘子正，因建亭桥，边从坦。乾隆辛未，众建造四拱桥，余金重建石亭。"相传，周敦颐在桂阳为令期间，二程曾受教于此。邑人为了纪念大儒过化，而修建此亭。

首联直抒胸臆，见予乐亭而思二程。颔联抒发探幽访胜之情，"喜逢""欣对""应时""适意"将愉悦之意抒发得淋漓尽致，这四句写尽诗人从容不迫欣赏名胜风光的姿态，遣词造句充满强烈的情感色彩。诗人以"禾黍含绿""鸢鱼不惊"写春光，表明他喜爱春日勃勃生机，享受春光，可见诗人志趣高雅不俗。尾联"风流谁得似先生"用反诘语，只略一点染，濂溪之风流境界跃然纸上。此诗写景明写，赞美先生则含蓄蕴藉。

14. 何洛书《过予乐湾》

过予乐湾

一路烟岚足画图，无边风景望中敷。

风和绮陌花迎柳，水满寒塘藻拍凫。

茅屋唱鸡时断续，丛梢啼鸟屡欢呼。

行吟认取予心乐，静对前川绿一区。

何洛书，字圣则，汝城人，乾隆壬午（二十七）年举人，曾分发四川补大宁知县。大宁县丁粮稀少，正供外加征常数倍，洛书下车，愀然曰：岂可重累吾民。核实裁减，嘉惠黎元，邑中乐更生焉。调任筠连江油嗣，复任大宁，邪教蜂起，令长逡巡不敢捕，洛书夜率骁勇捣其巢，生擒百余人，贼匪气夺，福部五巡边，嘉奖曰：经生中有此胆略，真能勤王事，卫生民者也，将破格用之。旋卒于成都官舍。著作有《间亭集》，有诗歌《望君子岭》《考棚记》《水尾庙记》。

诗载民国《汝城县志》卷九。乾隆《桂阳县志》卷四记载："见宋令周思诚记。在县西五里江口，二程从学濂溪至此。有'时人不识予心乐'之句后，人遂名其地为予乐窝，俗名予乐湾。"

过予乐湾，文人多有题咏。予乐湾相传是二程从学濂溪处，无论从历史地位还是地理位置，在桂阳县都非比寻常。近千年，朝代更迭，而历史陈迹令人怅惘。《过予乐湾》前三联重在写景，描述过予乐湾所见。代表风物是花、柳、塘、凫、茅屋、鸡、鸟，乡间风光，颇有幽中野趣。末联归结全诗，意谓"予心乐"，诗人置身于最令人羡慕的境界，"静对前川绿一区"说明对予乐湾山水风物非常喜爱。这首诗抒发了诗人闲暇时间悠游湖湾、沉心古迹的高雅情趣，意境清幽隽永。

15. 郭远《爱莲池有怀》

爱莲池有怀

道味孤清引兴长，墨池添雨暗闻香。

亭亭荷芰花初发，悄悄书斋晚正凉。

太极一团通要妙，河图几点焕文章。

从游恨未及夫子，日午风轻意不忘。

郭远（1659—1714），汝城县人。为县学生员时，其诗文为湖南学使潘宗洛所器重。后以事冒犯知县入狱，经湖南巡抚赵恭毅秉公处理，特雪其冤。清康熙五十年（1711）乡试中举，次年会试不第，客死涿中，座师翰林马汝为其刻遗稿行事。

诗载民国《汝城县志》卷三十二。乾隆《桂阳县志》卷四记载："爱莲池，宋周濂溪先生宰邑时所凿。遗址在典史衙县之东，池上构阁与堂，屡经兴废。"

首联，写景起兴，"墨池添雨暗闻香"铺之以实景，又开篇触题，平实自然。继莲池实景后，诗人纵笔铺叙荷花初发之景，又移步换景，引入书斋。颈联"太极一团通要妙，河图几点焕文章"对濂溪文章做总的评论，给予极高的评价与揄扬，同时也在为后文蓄势。尾联说真情，表达未能从游的遗憾，精神迸发，决意不忘，并非做无聊自慰之语。这个结尾有感怀自勉、积极进取的意味在内，使全诗精神陡然奋起。全诗虚实结合，散行见意。

16. 郭于镐《爱莲池》

爱莲池

水清须见底，心清须见天。至道欣所托，元化与周旋。

草木有何知，莲花已千年。披襟对风月，妙悟生服前。

泛咏爱莲说，载歌池上篇。此际有真乐，谁将斯意传。

郭于镐，字周京，桂东人，康熙年间廪生，志性纯孝，人无闲言，赋质英敏，弱冠声振艺林，年二十七以调侍父疾，染疾而终。

诗载嘉庆《郴州总志》卷三十七。诗歌开头两句，随意吐露，自然高妙，看似浅易，实则言简意赅。别有意味的是，四句一层，每层均为一实一虚、一静一动，虚实结合、动静互补、有时有地，思绪飘忽。“泛咏爱莲说，载歌池上篇”将诗歌推向高潮，由游览而引起感慨，“此际有真乐，谁将斯意传”，用一个令人深思的悬念作结，含蓄蕴藉，留有余白。

17. 何永清《爱莲池》

爱莲池——以寻、孔、颜、乐、处为韵

纤月织疏林，薰风披不襟。感念临池客，芳踪何处寻。

伊人抱仙种，精气蕴洪濛。亭亭绝蔓枝，孤根濬灵孔。

城东水一湾，云影聚其间。远香溢淤泥，玉色頩腕颜。

容颜本淖约，天然去雕凿。芳草是知心，游鱼解同乐。

我来怀古人，清标删俗虑。好风自南来，月到天心处。

诗载乾隆《桂东县志》卷十一下。

何永清先有一首《濂溪祠怀古》，再有《爱莲池——以寻孔颜乐处为韵》。前四句，诗人的万般感慨已经涌现笔端，爱莲池仍在，芳踪无处寻。五句至十六句，诗人将诗家眼光所捕捉到的景物特点，以奇特的想象、灵动的笔致加以渲染。诗人游目爱莲池，将"仙种""孤根""云影""芳草""游鱼"汇成一幅鲜明的画卷。临池怀古，探奇访胜，诗人似乎忘记了诸多烦恼与俗虑，感到风月无边。此诗情调萧然物外，逸趣横生，乘兴而来，尽兴而归。艺术上随意吐纳，毫无着力之痕迹，清新自然。

18. 黄体德《爱莲池》

爱莲池

红翻绿水濯新容，秀质天然渺迹踪。
筒酌晚霞曛色醉，叶凝朝旭晓妆慵。
风光点透轻香细，月霁分披翠蕊浓。
空窍藕牵丝断续，东池布锦丽溶溶。

黄体德，字继尧，清桂东县人，乾隆癸酉（十八）科举人，候选主事，曾官至永昌府同知。

诗载清嘉庆《郴州总志》卷三十七。这是首回文诗，顾名思义，就是能够回还往复，正读倒读皆成章句的诗篇，文体上称之为"回文体"。回文诗是我国古典诗歌中一种较为独特的体裁。在创作手法上，突出地继承了诗反复咏叹的艺术特色，来达到其"言志述事"的目的，产生强烈的回环叠咏的艺术效果。此诗用词繁复，写景抒情结合，辞意新颖，颇见遣词造句的功力。

19. 曹富焘《爱莲池赋》

爱莲池赋

维乾元之启运，发道脉之灵长；紧坤舆之毓秀，衍斯文之隆昌。地以人灵，庐山矗矗而表胜；景缘天定，濂溪汩汩以流芳。营道之东，库亭之阳，万仞森宫墙之巍焕，千门启院阁之辉煌。有汀者，地绕清流兮泛泛；有说者，莲翻绿波兮跹跹。斯盖先民之遗矩，实维郴郡之耿光。地辟完璧，不仅一泓曲沼；天开宾鉴，何夸千亩方塘。尔乃溯流寻源，岸头思先儒之遗踪；因而触境览物，池边接君子之香风。亭亭其性，棘干玉葩；苒苒其质，翠盖红幢。映水霞标，临池之细怀不尽；迎风云拥，对花之企望无穷。若夫青衿惯阿娇之习，朱门夸扬海之雄，无数鸡冠簪银花于淮澜溪上，几多凫羽通碧沼于蓼浦花中。厌繁华之日盛，鄙支蔓之多丛；谓草木之甚蕃，惟莲花之独隆。簇成锦绣，出淤泥兮不染；开破琉璃，濯清涟兮不濛。岂特香清而质素，亦且外直而中通。惟尔兮实获我心，爱此者谁则己同。爱类族而辨物，复寻芳而拾异。清同七日明月，气如八宝风制。匪太液之方丈，以象神仙；实羊堡之丹玛，独有真契。含旭日兮一颗，黄金拥绿；照寒星兮千点，银珠缀蒂。观北沼于元朝，心藏底蕴；植东毽于飓裳，运弘朗霁。维时权司，朱明令肃火德，丽质弥呈其烂缦，丰姿倍觉其皎洁。叶抒圆盖于波心，花统长簪于水国。风过处宛如百合香薰，雨来时不减万盘珠叠。花娇欲语，何须池底映红；荷净如浴，几疑水面翻白。天孙织锦，卷去玉散平池；仙子罗织，摇来水浮孤月。色色俱丽，写不尽大块文章；层层出新，悟未了高深道域。以故抽精思于精藻，脉贯《西铭》；妙灵心于灵吼，理悟《太极》。于焉极深研几，一中静存作则，因心万象囊括。池澄澄兮，点缀个中旨趣；莲馥馥兮，掩映窗前芬芳。座接水光，觉琴书之皆润；人著花气，喜笑语之亦香。根底独抽天心，洋溢于宝镜；游息得所太和，鼓荡于水乡。

蒚莕载于《毛诗》，情知在泽；茭荷传自屈语，不必如霜。仁若耶之可嗜，觉滋味之独长者也。独是昆明习战，徒传戈橹之声；积翠接臣，只闻酣歌之戴。剪金贴地，妄作潘妃之翔；镜湖发花，仅供西施之采。玉龙十朵赠姚公，挂屏飞片于钟楼；鹤羽九茎寄艾子，搔首笑折于壬赛。米石击鸥，手碎鱼伞，越女操舟，幅拖裙带。节戎虽呈，以为刷儿之粉，不以为锦鳞之盖；岛嬬虽种，用作楚鹄之妆，不用作桃笏之釃。笑黄冠之涂脂，怅木锦之著黛。擅口罗鹭鸸之瓜，辛圭薄天水之丐。顾丁巴而不买，问斗球其何在。噫嘻哉！谭少保之图壁，阿谁问鼠；李太传之写画，若个题诗。弥鱼逸叟，笑倒溪儿；寻鳖克佐，薄煞塾师。远公之莲社已杳，魏生之荷沼谁思。六郎安逞，仿佛畤似；七子久隐，依稀莫驰。点点残花，渭洞之几把卖尽；煌煌彩柄，绫轩之十朵成丝。惟濂溪之深爱，信今古之独知。耿予怀之好古，安得不为之感慕乎斯池。爰为之歌曰：

莲兮莲兮薄娇妍，仙姿未许庸庸寨。妙谛写来笔如椽，经纶蕴蓄丝绵绵。一脉灵长衍一线，爱惟濂溪深以专。危微精一续心传，辟开奥突恍钩元。打破圆图启蒙颛，盛世文明愈昭宣。而今采莲追前贤，步亭畔，坐花间，犹觉光风霁月长在池边。

曹富焘，史无记载。

文载乾隆《郴州总志》卷二十八、嘉庆《郴州总志》卷三十六。

此文是郴州纪咏濂溪诗文中唯一的一篇以赋为体裁的作品，极为罕见。班固在《汉书·艺文志》中说："不歌而诵谓之赋。"作者以爱莲池为赋，洋洋洒洒，近千言，散韵结合，有汪洋恣意之势。此赋铺采摛文，体物写志。在写景和借景抒情中，通过细腻的描绘和丰富的想象力传递咏莲思人的意图。此赋语言华丽，使用了大量的虚词、辞藻华丽的定语、形容词和比喻，既含有文辞之华，又富于诠释之力。其中"谓草木之甚蕃，惟莲花之独隆，簇成锦绣，出淤泥兮不染，开破琉璃，濯清涟兮不蒙，岂特香清而质素，亦且外直而中通。惟而兮实获我心，爱此者谁则己同"，这一段为化用周敦颐的《爱莲说》文辞，气象异常熟悉，有拾人牙慧之嫌。

20. 范仲易《濂溪吟弄处记》

濂溪吟弄处记

城西百余步，兀然而下者，山斜出而若覆者，石莹然者，水或红或白、茅苗而芊绵者，为汀草、为江花、鸣圻碛、翻清流者，为鱼鸟、度绿溪、绕翠萝、若断若续者，为云为烟、悠扬蹁跹、若丽华之舞者，为拂水嫩绿、若紫虬苍龙、驾清风鼓素涛者，为隔岸松声。

先生令桂时，吏治之暇，尝行吟于此。虽云自适，亦以考道，且观政也。昔唐孟郊仕溧阳，于溧之林水幽胜处，常往来赋诗，而案牍益理。先生见此山高水清，轻云冷石，花木鱼鸟之各适其性，故道心益粹，政治益古。呜呼！天下之为令者多矣。终日间所视者簿书，所言者国宪，所对者橘项黄齄之粮长，所左右者丰脸大脸之胥吏，所见于堂下者鹑衣虮虱之刑人，能如先生之超然物外者几人哉？余故记之，以为吏于人者告。

范仲易，字浴咸，益道范家人，清嘉庆岁贡生。少孤，事孀母至孝。性高洁，敦品励学，言动皆矩矱，先民授徒，以身示则多成立，著有《课耕堂》草藏于家，观察周玉圃立传，以纪其行，录于同治《桂阳县志》卷十四人物志。

文载民国《汝城县志》卷十二。此文是明清纪咏濂溪诗文中唯一的一篇记，意义特殊。乾隆《桂阳县志》卷四记载："濂溪吟弄处，在县西桂枝岭对岸，峭石临江，先生筑亭于此，今圯字迹犹存。"

三、郴州纪咏濂溪诗文题材

纪咏濂溪诗文的作者多为本地以才华卓著者或者仕宦于此的官吏，对他们而言郴州是濂溪先生化神之地，是理学名城，寄托着他们的向往和感慨。不论是身为一县之长官，主动前往还是出行游历途中的恰逢其会，拜谒濂溪祠、光霁亭、爱莲池、予乐湾，这种仪式般的行为具有鲜明的象征意义。诗文各具特色，从中可以看出诗人内心的丰富、对濂溪先生的追忆与对历史的感怀。

1. 常怀故邑

一首《光霁亭》，一首《君子亭》是明清之际纪咏濂溪的序曲，描写的是风景名胜、历史兴衰，缅怀的是濂溪先生仕宦历程中的郴州景象。

《光霁亭》的作者是苏茂相（1566—1630），泉州晋江名臣，苏茂相初赴江西，应明神宗之命任江西学道督学官，负责选录江西各府、州、县学生员，考课并黜陟在学生员，选拔应乡试生员，教官考核以及地方教化、文物、学术等事宜。王渤曾赞誉江西"物华天宝、人杰地灵"。事实上，从东晋起，江西已是英才辈出，有名将陶侃与其后人陶渊明，"唐宋八大家"中的王安石、欧阳修、曾巩皆出自江西。在明朝江西有"朝仕半江右"之势，内阁首辅多达10人。江西多惊才绝艳之士，文风鼎盛，自有圣贤之乡的气象，而苏茂相督学江西时唯独有感于濂溪遗风，并就此创作了《光霁亭》。

在诗歌中，苏茂相追忆往昔，濂溪先生曾教导程颢、程颐，曾与赵抃惺惺相惜，曾启迪程门后学侯师圣。在诗歌后部，苏茂相再次强调濂溪先生与郴州郡守李初平的知遇荐赒，"明牧挹道渊"意指与郡守李初平讲学郴县之事，"痞瘵"一词写尽诗人对故邑"明牧挹道渊"的向往，更是借用郴州知州李初平问学周敦颐的佳话，来表达自己对理学先贤化育后学的向往。更重要的是"祠宇焕旧颜，庭草滋新翠"。在苏茂相笔下，理学传承仍有一番万象更新的气派。苏茂相还写道"仆领此何须，纮歌古所贵"。彰显出以古振今、薪火传承的价值取向，尤具意义。

《君子亭》的作者是谢邦信，嘉靖十一年贬谪任郴州州判。谢邦信贬谪郴州时抒发天涯羁旅思乡之情，于君子亭感怀濂溪先生吏隐于世，品性高洁，就此创作了《君子亭》。谢邦信的《君子亭》开篇一句便称"濂溪亭子凉如水，绿酒青山惬北游"。一个"凉"字，我们顿感天涯游子无所可依的凄凉心态。"濂溪"本是周敦颐家乡的溪水，他在庐山筑屋隐居时，以"濂溪"之名命名了庐山脚下的一条无名小溪。"濂溪"一词本就是周敦颐无法排遣的思乡之情的直接体现。

面对荒芜的古迹，诗人不禁向着君子亭发出感叹"海内衣冠怜此夜，天涯羁旅怕逢秋"。对此，我们可以认为，一名漂泊半生的异乡客，在目睹了世事变迁后，流露出一种四处漂泊的孤独之情。在沦落为天涯羁旅客后，他也产生了一种无力之感，对于前路通往何方也感到茫然无措。

但是，一个"惬"字让我们在叹息之后，始终不曾绝望。当来到濂溪君子亭时，夜凉如水，他开始更深刻的反思，仍然愿意坚持不懈地努力。他以古时候贤臣良将自比，通过诗作激励自己"少陵自是金门客，公瑾还应万里侯"。正如周濂溪、杜少陵、周公瑾一样，吏隐不失为一种惬意的生活方式，又何必保全自身，隐居在深山之中呢？

2. 拜谒遗迹

郴州清代诗人选择一再拜谒濂溪遗迹，也不厌其烦地写了相应的同类作品，其中拜谒濂溪祠的诗歌有 7 首、谒濂溪吟弄处的诗歌 3 首、谒予乐亭及予乐湾诗歌 2 首。众多诗歌记录下诗人的所见所想，为后人留下了宝贵的精神财富。这些诗歌体裁各不相同。诗歌中既有对前代盛世的追忆、濂溪道统的细致描写和赞叹，也有对濂溪精神的赞美与肯定。既表达了向往、怀念，也抒发了自己的理想、斗志和坚持。通过拜谒濂溪遗迹诗文，集中体现了郴州诗人的理性表达与情感皈依。

清代第一首《谒濂溪祠》的作者是徐之凯，诗人追忆往昔，表达了濂溪先生在后继者心中始终不可替代的至高地位："弦歌在昔为人牧，俎豆于今是我师。"徐之凯在诗中，更是着意强调濂溪先生在桂阳建立基业的伟大和影响："时有光风披古树，依然霁月照清池。后来闻者能兴起，片石残碑正可思。"字里行间毫不吝啬内心的崇敬之情。

以"谒濂溪祠"为诗歌名称的同类诗作还有 4 首，分别是清康熙二十四年拔贡范秉秀、康熙年间桂阳县令徐濒、嘉兴高佑釲、桂东庠生郭立聪所作。拜谒濂溪祠总会留下对前代盛世的缅怀，范秉秀留下"欲问孔颜真乐处，千秋仰止在斯堂"的感慨，徐濒抒发"典章已改三朝物，瞻仰难忘百世师"的喟叹，高佑釲表达"池莲遗所爱，庭草不容删"的坚持，郭立聪寄予"斯人已继尼山绪，下邑还留召伯乐"的憧憬。诗人们用细致的描写，用诗歌的形式将濂溪祠的场景呈现出来。"孔颜之乐""池莲""亭草""继尼山"等等细节描写，也传达了对濂溪先生的崇敬心理。

这些诗歌是不曾经历旧时光的诗人以诗写物、以诗存史、以诗传道的呈现。他们借诗歌传递濂溪精神的信息，以作为心中可供自励的符号。经过数百年，桂阳这座小城仍留存着昔日的气象。因此，拜谒濂溪的诗人也为"莲花犹向池中植，未坠当年一瓣香"而感到欣喜。濂溪虽历世已久，但郴州诗人信念坚定，仍持续拜谒濂溪祠。其中，表达对濂溪追思的诗作有五首之多。这一现象的存在说明了纵使山河巨变，唯道不变，清代诗人恪守前代先贤精神，以一腔热情"继尼山"，赓续孔孟之道。

清代诗歌除了"拜谒濂溪"题材，还有两首诗歌记录了修缮濂溪祠的前因后果，这就是桂阳县令盛民誉的《濂溪祠纪事诗并引》、桐乡举人颜鼎受的《濂溪祠纪事三十韵》。

在桂阳县令盛民誉的《濂溪祠纪事诗并引》中，他用诗歌记录康熙辛亥（1671）年捐出俸禄别构观音堂，于旧址而专奉濂溪先生木主一事。盛民誉初次拜谒之时，濂溪祠已是"悠悠十余载，焦土历沧桑"。不过，即使濂溪祠再荒凉，里面的殿宇却矗立不倒。"累朝著祀典，庙貌诚辉煌。"在盛民誉看来，濂溪祠仍然存在，是一个好的征兆，这意味着濂溪精神还保存着复兴的种子。但是面对此景，内心仍有彷徨。这样的濂溪祠似乎与诗人心目中的形象大相径庭，诗人"耿耿心独伤"。诗人内心思绪奔涌，发出"真儒久不作，正学几沦亡。周行生荆棘，异说沸蝈螗"的肺腑之言。濂溪先生为政、为学、教人皆兴一时之风气，应当是符合史实的。虽然"时运有显晦"，但濂溪道脉历世不绝，濂溪祠的没落让忠于儒家先贤的后来者痛心不已，于是他"捐微禄""去芜蔓"，别构观音堂，专奉濂溪先生，再现辉煌。"迁彼梵释居，复此旧门墙。追维昔先正，道德化蛮方。"曾经的佛儒之争不再是阻碍，"溪毛荐俎豆，椎髻知冠裳。音尘虽渺漠，典则岂遂荒。吉蠲治萍藻，载登夫子堂。春风拂庭草，依然霁月光。"盛民誉再现濂溪先生光风霁月的理想，将自己的感情倾注在恢复"旧门墙"的行动中，并一再以此振奋自己。与此同时，桐乡举人颜鼎受盛民誉所邀在署斋讲学，于是写下《濂溪祠纪事三十韵》以作纪念。

"濂溪吟弄处""予乐处"也是诗人们凭吊濂溪的重要场所，据载在桂阳县西桂枝岭对岸，峭石临江，濂溪先生曾筑亭于此。范秉秀的《濂溪吟弄》、袁宗侁的《秋日游濂溪吟弄处》、桂阳知县凌鱼的《过予乐亭》、何洛书《过予乐湾》引此典故入诗纪念濂溪先生。

3. 长歌咏莲

清代郴州诗人纪咏濂溪的诗文中有 3 首诗歌及 1 篇文章都是以"爱莲"为题材，分别是汝城郭远的《爱莲池有怀》、桂东廪生郭于镐的《爱莲池》、桂东举人黄体德的《爱莲池》、曹富焘《爱莲池赋》。早在《诗经》中，就有咏莲诗歌。而"莲"作为一种文化意象，象征人的高洁品性，是从周敦颐开始的。也正是因为濂溪先生的千古名篇《爱莲说》广为流传，郴州郡县多有"爱莲池"的遗迹，诗人以咏莲的方式思古，纪念周敦颐。

四、郴州纪咏濂溪诗文的主题

明清郴州诗人在咏史诗中对濂溪先生的关注与诗人个人经历以及所处的时代特征有着密切的关联。在众多纪咏濂溪的诗文中表现出时代文化的共性和张力。这些拜谒濂溪遗迹产生的怀古诗歌结构相似、主题相近，皆是"临古地、思古人、忆其事、抒己志"，采用用典、对比的手法，达到借古讽今的写作效果，既有昔盛今衰，又有薪火相传，其情感既有孤寂、惆怅、失意的倾向，又有憧憬、欣慰、希望的征兆。

1. 感慨濂溪逝后世事的易变

诗人们来到濂溪遗迹，触目是巍巍周子祠、脉脉莲花香，极易生发怀古之叹，流于笔端便诞生一批怀古诗歌。一些作品抒发了对濂溪一代风流没于荒祠的感慨，写出了对濂溪真意无人传颂的兴叹。抒发濂溪风流时过境迁之意最为典型的是徐澍、郭于镐的诗歌。

徐澍《谒濂溪祠》诗云：

山桂年年发旧枝，先生遗像在荒祠。

典章已改三朝物，瞻仰难忘百世师。

古意不容除草径，芳踪犹有爱莲池。

至今风月人如见，何况当时去后思。

郭于镐《爱莲池》诗云：

水清须见底，心清须见天。至道欣所托，元化与周旋。

草木有何知，莲花已千年。披襟对风月，妙悟生服前。

泛咏爱莲说，载歌池上篇。此际有真乐，谁将斯意传。

诗人融情于景，通过描写景物具象化朝代更迭的沧海桑田，借"旧枝""荒祠"生兴盛衰亡之叹，用"此际有真乐，谁将斯意传。"的诗句写尽世事变迁。经过近千年岁月流逝和朝代更迭，昔日盛况已不复存在，只能通过千年的莲花，泛咏的《爱莲说》一睹风采。

同样是借古怀人，盛民誉《濂溪祠纪事诗并引》则充满了对忠义之士无人问津的哀伤：

盛民誉《濂溪祠纪事诗并引》诗云：

昨岁初捧檄，驾言至卢阳。停车询风土，怀古求善良。

行行出南郭，兀然见高冈。上有周子祠，松柏何青苍。

累朝著祀典，庙貌诚辉煌。庚辛变秦灰，一朝摧栋梁。

悠悠十余载，焦土历沧桑。残碑略可识，旧迹安能忘。

抠衣前再拜，瞻仰徒彷徨。肃肃神如在，耿耿心独伤。

周敦颐作为北宋初年牧守一方的知县，一生为朝廷效力，建学校、治农桑，安顿一方百姓，后人感念其遗泽，建濂溪祠予以纪念，而濂溪祠遭兵祸火灾、儒释之争，名存实亡，使后学凭吊无所寄托。盛民誉诗歌字句中流露出圣贤无人问津的凄凉。

2. 歌颂濂溪著书传道的功绩

在二十篇纪咏濂溪的诗文中，涉及濂溪先生传道功绩的诗文有7篇，分别是苏茂相《光霁亭》中的"明牧挹道渊"；郭立聪《谒濂溪祠》中的"一太极图传道统"；颜鼎受《濂溪祠纪事三十韵》中的"吾道岂无传"；范秉秀《濂溪吟弄》中的"千秋吾道在"；郭远《爱莲池有怀》中的"道味孤清引兴长"；郭于镐《爱莲池》中的"至道欣所托"；曹富焘《爱莲池赋》中的"发道脉之灵长"。在清代众多诗人心目中，周敦颐不仅是贤臣良吏的典范，更是儒家学统的中兴之人。在不同的诗人笔下，都体现出了尊崇周敦颐的心理倾向，首开明清诗人先河的是苏茂相，他在《光霁亭》中曾有"明牧挹道渊"的感叹，其中的"挹"古同"揖"，是作揖的意思，"道渊"即指理学的渊源，特指濂溪先生，苏茂相借用郴州郡守李初平垂暮之年问学于周敦颐的典故化为凝练的语言。而在推崇周敦颐的众多明清诗人中，颜鼎受最具代表性。

在《濂溪祠纪事三十韵》中，颜鼎受对周敦颐给予盛赞。韩愈曾说："斯吾所谓道也，非向所谓老与佛之道也。尧以是传之舜，舜以是传之禹，禹以是传之汤，汤以是传之文、武、周公，文、武、周公传之孔子，孔子传之孟轲，轲之死，不得其传焉。"[①]而周敦颐授《太极图说》与二程，朱文公说："盖先

---

① （唐）韩愈、阎琦校注：《韩昌黎文集注释》卷一，三秦出版社，2004 年，第 22 页。

生之学，其妙具于《太极》一图，《通书》之言，皆发此图之蕴。而程先生兄弟语及性命之际，亦未尝不因其说。"①"吾道岂无传"指向的是周敦颐上接孔孟、下启程朱。"惟先生生乎千有余载之后，超然独得夫大《易》之传，所谓《太极图》，乃其纲领也。"②周敦颐以"无极而太极"之说创造性地建构了独具特色的宇宙本体论体系，重构儒学本体论与价值论，正是由于朱熹、张栻等人的不断阐发，周敦颐被塑造为接续孔孟道统之圣人。而颜鼎受在诗歌开篇即誉不绝口，以澎湃的赞誉统摄全诗，用"圣代其儒出，于今五百年。斯文犹未坠，吾道岂无传。"的名句颂扬周濂溪著书传道的功绩。

同时，郴州明清其他诗人对周敦颐亦推崇备至。郭立聪诗云："一太极图传道统，二程夫子在门墙。斯人已继尼山绪，下邑还留召伯乐。"郭于镐诗云："水清须见底，心清须见天。至道欣所托，元化与周旋。"郭远诗云："道味孤清引兴长，墨池添雨暗闻香。"曹富焘诗文云："维乾元之启运，发道脉之灵长"。众多诗人齐声赞誉，也从侧面说明濂溪先生口碑载道。

特别是曹富焘"维乾元之启运，发道脉之灵长"一句意味深长。何谓"乾元"？"乾"是《易经》开篇之首卦。《易经》云："乾，天也。"其卦辞为"元、亨、利、贞"也。何谓"元"？《说文》云："元，始也。"就是说，"乾元"为创始宇宙万物的根源。曹富焘在《爱莲池赋》中以"维乾元之启运，发道脉之灵长；紧坤舆之毓秀，衍斯文之隆昌"为首句，以周敦颐上接孔孟、下启程朱的功绩与"乾元"相比，对"乾"之文化内涵做了既生动，又简洁的阐发。换句话说，"乾元启运"意味着在道脉赓续中周敦颐的历史功绩正在于促成宋明理学的萌芽。

另外，也有一些诗作表现了周敦颐的超凡脱俗，如范秉秀的《濂溪吟弄》：

---

① （宋）朱熹：《朱子全书》第二十四册，安徽人民出版社，2006年，第3628页。
② （宋）周敦颐：《周敦颐集》，中华书局，2006年，第91页。

千秋吾道在，仙令见于今。

县古琴三弄，官清鹤一吟。

当风迎草绿，带雨种莲深。

览胜寻花屿，摩崖喜共临。

诗人盛赞周敦颐的哲思政略以及《太极图》的神奇，在对周敦颐的倾慕中隐约流露了诗人济世之心，"吾道"一词表达了诗人以知"道"者慨然自命的壮志豪情。此外"千秋吾道在，仙令见于今"一句来称颂周敦颐著述传道统的历史功绩，其逝去虽然已经有数百年之久，但他的形象依旧凛然如在目前，直到现在此处仿若可闻鹤语，可听古琴。

3. 肯定文学才华和成就

在 19 篇纪咏濂溪的诗文中，涉及濂溪先生文学才华和成就的诗文有 4 篇，分别是盛民誉《濂溪祠纪事诗并引》、郭远的《爱莲池有怀》、郭于镐的《爱莲池》、曹富焘的《爱莲池赋》。在清代众多诗人心目中，周敦颐不仅是贤臣良吏的典范，儒家道统的赓续者，还是满腹文采的诗人。

郭于镐《爱莲池》诗云："泛咏爱莲说，载歌池上篇。"周敦颐留下的诗文数量并不多，但仅凭一篇《爱莲说》便传诵至今。自古谈到历史上诗文少而精的文学家，必要谈到张若虚，人称"孤篇压全唐"。清末学者王闿运评其曰："张若虚《春江花月夜》用《西洲》格调，孤篇横绝，竟为大家。""大家"这一称呼，将张的地位拔到极高的程度。而濂溪先生虽不止一篇诗文流传下来，但《爱莲说》也可以称得上是北宋"说"体散文中的"横绝"。

盛民誉《濂溪祠纪事诗并引》诗云："闻风争濯磨，流俗反淳庞。诗书发华采，田野无莠稂。"同样表现出对濂溪先生文学才华的肯定。郭远《爱莲池有怀》有"太极一团通要妙，河图几点焕文章"之句，充分表达了对濂溪先生文章的高度评价，揭示出濂溪先生在中国文学史上具有里程碑式的历史地位。

此外，曹富焘《爱莲池赋》用大段辞藻华丽的文字历数了文学史上以"莲"入诗文的文学传统，赋云："菡萏载于《毛诗》，情知在泽；茭荷传自屈语，不必如霜。仁若耶之可嗜，觉滋味之独长者也。独是昆明习战，徒传戈橹之声；积翠接臣，只闻酣歌之戴。剪金贴地，妄作潘妃之翔；镜湖发花，仅供西施之采。玉龙十朵赠姚公，挂屏飞片于钟楼；鹤羽九茎寄艾子，搔首笑折于壬赛。米石击鸥，手碎鱼伞，越女操舟，幅拖裙带。节戎虽呈，以为刷兕之粉，不以为锦鳞之盖；岛媚虽种，用作楚鹄之妆，不用作桃笏之澄。笑黄冠之涂脂，怅木锦之著黛。擅口罗鹭鸱之瓜，辛圭薄天水之丐。顾丁巴而不买，问斗球其何在。噫嘻哉！谭少保之图璧，阿谁问鼠；李太传之写画，若个题诗。弥鱼逸叟，笑倒溪儿；寻鳖克佐，薄煞塾师。远公之莲社已杳，魏生之荷沼谁思。六郎安逞，仿佛畴似；七子久隐，依稀莫驰。点点残花，渭洞之几把卖尽；煌煌彩柄，绫轩之十朵成丝。"

铺陈之后仍然以濂溪先生的诗文为自己最为喜爱的作品，他在赋中盛赞"惟濂溪之深爱，信今古之独知。耿予怀之好古，安得不为之感慕乎斯池。爰为之歌曰：莲兮莲兮，薄娇妍仙姿，未许庸庸，摩妙谛写，来笔如椽，经纶蕴蓄，丝绵绵一脉灵，长衍一线爱"。字里行间进一步指出濂溪先生具有极高的文学创作才华，可谓"来笔如椽，经纶蕴蓄"。

4. 褒扬君子风尚和品德

纪咏濂溪诗歌中有一部分诗歌对濂溪先生的君子风尚和忠良品性给予高度评价，其中值得关注的是高佑钜的《谒濂溪祠》、盛民誉的《濂溪祠纪事诗并引》。两位诗人在诗歌中都使用了比拟之法，借助丰富的想象将濂溪先生比为

"高山"。高佑釲诗云："虚堂俨如见，长此仰高山。"盛民誉诗云："高山共仰止，明德惟馨香。"范秉秀诗云："天将夫子铎卢阳，山以高兮水以长。"

　　诗人们使用了源自《诗经》中的古老修辞手法"比"，通过间接比拟的方式增添特有的情味，将抽象的道德转化为神形毕现的"高山"，其形栩栩如生如在目前，抒发浓烈的崇敬之情，不仅启发读者神与物游，还使诗句更为生动形象。"高山"意象多出现在诗歌情感变化之处，以意象寄托情思实际上就是将人的精神情感寄托于物中，用物的拟人化突出人所具有的品质。以"高山"比拟濂溪先生的君子品行可以将高山特有的厚重、伟岸融汇于对其君子品行的赞颂。诗歌中的"高山"集中体现了诗人对儒家思想的体悟与感知。

　　山在儒家文化被赋予独特的文化意蕴，是中国文人笔下的常见意象。用山的厚重、崇高、静穆来比拟君子的高尚品质，自古常有，先秦时的诗人就已有用高山比拟德行的做法。《小雅·南山有台》中就有"南山有栲，北山有杻。乐只君子，遐不眉寿。乐只君子，德音是茂"的诗句。诗人使用比兴手法，将"山意象"与道德关联起来。孔子曾言"知者乐水，仁者乐山。"高山的文化意蕴与儒家追求的君子人格不谋而合，以高山比德可显德之厚重，又十分妥帖。《诗经·小雅》还曾写道"高山仰止，景行行止"。盛民誉诗歌中也有相同的用法"高山共仰止"。高山是代表自然的一种神圣存在，表达不同流合污的高洁品质和独立意识。因此，可以看出，作者是将濂溪先生比作供后学共同敬仰的高山。两位诗人在诗歌中不约而同地采取了源自《诗经》的古老修辞手法"比"，风格质朴，言之有物，一扫诗坛雕饰繁复的气质，反映了对儒家仁德精神的揄扬，但在立意上侧重因循陈列，无法突出个人意识，一定程度上体现了诗人的依附性，具有时代局限性。

　　值得庆幸的是在盛民誉的纪事诗歌别有新意，他书写濂溪先生的君子品行对地方教化的榜样作用，在众多纪咏濂溪诗文中尤为突出。他在诗歌中写到

"迁彼梵释居，复此旧门墙。追维昔先正，道德化蛮方"。在我国历史上，对荒僻地区的开发是一个漫长的过程，郴州地处湖南的最南方，地方荒僻，自古是官宦贬谪之地，并且民族构成复杂，少数民族开化较晚。郴州用一个"蛮"字形容绝不为过，而在周敦颐仕宦桂阳期间，他妥善处理桂阳山区民政农事，稳定了北宋王朝在湘南地区的统治。嘉庆《郴州总志》记载："自古循良之吏，非才之难，而德之难。况郴地当三省要区，瑶夷杂处，非运德于才，不足以驭边疆。能膺是职者，厥维艰哉！"①

第二节　郴州丹霞摩崖中的追忆濂溪诗歌

一、丹霞聚书：天飞山石刻雅集

苏仙区许家洞镇东北约三公里的郴江北岸附近有一处丹霞岩丘，依据山势地形建有一座古寨，名曰喻家寨。天飞山摩崖石刻则位于苏仙区喻家寨陡峭险峻的石壁上。《舆地纪胜》记载："云秋山在郴县东北二百余里，山川暗惨，俗称秋山。"②乾隆《郴州志》："云秋山，在州北三十里，一名仙台山，又名天飞山。上有莲池，其水清冽，四时不涸，山后石穿如桥，上下俱通往来，有仙坛为苏仙修炼处，俯眺郴江，山最为奇绝。"③天飞山喻家寨丹崖翠竹，有红褐色的石壁，有叠垒森严的寨门，后山有一个天然石洞，洞高约三十米、宽约二十米，形同拱桥，穿洞下两侧的石壁上分别镌刻着"天生巨眼""大地津梁"八个大字，落款为"九十二翁俞璯题"。喻家寨面临深谷的石壁高约 20 米，长约 60 米，石刻最多且集中，留有 40 余块石刻。这里大多为题字石刻，也有一些题

---

① 清嘉庆《郴州总志》，岳麓书社，2010 年，第 406 页。
② （宋）王象之：《舆地纪胜》卷五十七，清道光二十九年惧盈斋刻本，第 6 页。
③ 清乾隆《郴州总志》卷四，清乾隆三十七年刻本，第 6 页。

诗、散文石刻，因年代太久已经很难识读，有些则被后来的题刻磨去或遮盖。

明清时期，中国文人、书家均喜游天飞山，并留下大量的题名与诗刻作品。历代题刻，楷、行、草、隶、篆各体书法均有，笔力遒劲，气势磅礴，字形大则如斗，细则如蝇，可谓"龙飞凤舞、气象万千"。这些诗刻、题名基本上以瞻仰天飞山自然风光为题，其内容对地方志辨疑补正有着重要的作用，具有珍贵的文物价值和文献价值，其书法艺术价值与审美价值也不可低估。天飞山众多诗歌石刻中，曾廷珂的天飞山《白莲池》诗是唯一一首纪咏濂溪诗歌，具有重要价值。在本文中，笔者试图将天飞山摩崖石刻中的曾廷珂行楷诗刻作品作为研究对象，探讨其多重价值，兼论石刻笔法、字法。

天飞山为道教名胜，自古题咏颇多。谢邦信，东莞进士，嘉靖十一年（1532），刑部主事贬谪，任郴州州判，有《白莲池记》："郴州北行三十里许，有石山柱江，势峭拔多奇观，当面数峰，客客若三四老翁相对语。翠山目远，献秀倏然，骤见以为飞舞与游人偕至者。山巅有池种莲，山故以白莲池名云，旧亦名仙台，祀苏仙。"① 据记所写，天飞山上本有兴元观，后来毁于大火，由道士罗明性修复如初。天飞山有东西两岩，东岩曰紫霄，西岩曰洞关。山势极为险峻，"悬崖不可至，梯而下，中可容百人"。谢使君于山上花卉盛开、果蔬丰收之时，在白莲池畔与凌德威"为所谓碧筒饮"。文中提到的"碧筒饮"始于魏晋时期的泉城济南。唐代文人段成式在《酉阳杂俎》中记载，魏正始年间，齐州刺史郑公悫在历城使君林，突发奇想，令人采摘新鲜大莲叶，倒入三升酒，以簪子刺破莲叶中间部分，使得莲叶和莲茎相通，并把莲茎弯曲成象鼻状，吸饮莲叶中的美酒，清香与美酒交融，清爽可口，沁人心脾。众人仿之，饮后顿觉一股清凉之气渗入肺腑，荡气回肠，都连称"妙哉"！并美其名

---

① 　清嘉庆《郴州总志》卷三十五，清嘉庆二十五年刻本，第57页。

曰"碧筒饮"。记中有谢邦信醉酒所赋之诗,诗云:"竹篱疏两日辉辉,淑气催人昼漏迟。好与仙台成故事,碧筒沉醉白莲池。"

嘉靖庚子年(1540)郴州同知庄壬春作联赞美白莲池:"林端石闲通幽径,洞里瑶池出白莲。"① 又云"石障重重奇气合,丹炉隐隐白云堆"② 呼应苏仙于此炼丹之说。

刘汝楠,字孟木,号南郭,明代同安县人。嘉靖十一年(1532)壬辰中林大钦榜进士,授湖州司理(即狱讼审判官),后入京为刑部主事,又升为员外郎。他勤奋好学,才名横溢,又提拔为湖广提学。在任提学佥事期间刘汝楠游览天飞山,作《白莲池》诗写尽天飞山风华:"莲峰似太华,玉井宛然开。镜面青天落,波心白鸟来。灵根翻石壁,琼朵拂仙台。借问如船藕,谁移此处栽。"③ 又作《游宿兴元观》,诗云:"龙鼎销丹洞,仙床闭石林。池光霞外落,山色雨中深。夜气交莲蝶,春声变树禽。坐邀赤松子,一论白云心。"④

胡汉,直隶举人,万历年间任郴州知州,赋诗描写天飞山莲池风光:"谁将巨斧劈山巅,一脉灵泉接上天。莲萼自开还自谢,仙人乘鹤几时旋。"⑤

陈言,字宜昌,号石溪,福建莆田人,官至南京刑部郎中。嘉靖二十五年(1546)举人,嘉靖二十六年(1547)进士,任泰和知县。历任湖州府学教授、国子博士、礼部仪制司主事。李默被人陷害罢官,波及陈言,贬官郴州同知。游览天飞山留下石刻"南国奇游",左边有属款:"明代嘉靖丁巳年冬书。"

陈邦器,奉天人,清康熙二十一年(1682)任郴州知州,在郴为官锐意进取,建学校、兴人才,每至学宫督责诸生,亲为指授,抚郴七载,以州为家,以才运德,重士惜民,修举废坠,饶有古循良风。"仁者寿",前款为"癸亥仲

---

① ② 清康熙《郴州总志》卷一,清康熙五十八年增刻本,第26页。
③ ④ 清康熙《郴州总志》卷十一,清康熙五十八年增刻本,第12页。
⑤ 清康熙《郴州总志》卷十一,清康熙五十八年增刻本。

秋书赠春山先生"，当为清康熙二十二年（1683），贺明末清初理学大家喻国人古稀之年所题，后款为"陈邦器"。

王建勋，明芜湖知县，隆庆二年，广西桂林举人。明万历癸酉（1573）秋访天飞山，留下"探奇处"摩崖石刻，由维扬徐标所书写。后款为"明万历改元岁在癸酉秋仲月"前款为"桂林王建勋题"，维扬徐标书"探奇处"。

历代文人名士的题咏使得藏在深山人不识的风景变成众人争睹的胜地。天飞山的山水胜迹，承载着太多的历史传说、趣闻逸事，散发着独特的魅力。诗词的婉约与豪放，山崖的憨态与嶙峋，书法的妩媚与遒劲，成为湘南大地一道雅致的文化景观。

二、书道正心：天飞山《白莲池》诗刻石背景

天飞山莲池摩崖石刻众多，但保存最为完整的是明代嘉靖年间郴州训导曾廷珂的诗刻，其天飞山《白莲池》诗于明嘉靖三十六（1557）年上石，是此处形制最为完备、保存最为完整的石刻，因没有书写者的信息，此诗应为曾廷珂所书，以行楷体书写而成，笔法流畅明快，有诗歌、题名。曾廷珂题刻为天飞山增色不少，吸引了大量当地官员游兴于此，开启了一段勒石题名史。

曾廷珂，字鸣之，雩都（今江西于都县）人。嘉靖三十二年（1553），已有秀才功名的曾廷珂被选拔为贡生。所谓贡生，就是地方选拔的出类拔萃的秀才。贡，为进贡给朝廷以用。贡生，名义上要进入国子监（中央最高官学）读书，有做七品及以下品级官的资格。明嘉靖三十六年（1557）曾廷珂被授予郴州官学从七品副职，为郴州官学训导，负责郴州文教事务，天飞山《白莲池》诗即为其初任训导时所作。

天飞山《白莲池》诗云：

胜境闻名旧，邀朋始一游。

莲从仙子种，池本化工修。

质素香偏远，源深流自悠。

濂溪独钟爱，续后孰相俦？

该诗刻左侧又题记："明代嘉靖丁巳夏四月朔，零都果菴曾廷珂题，告同游庠友李德言、林向有、曾激、喻桐、谢天相、高迁也。"

由此可知，嘉靖三十六年（1557）四月初一，曾廷珂初至郴州，与友人李德言、林向有、曾激、喻桐、谢天相、高迁相约天飞山举兰亭之会，当时"群贤毕至，少长咸集"，曾廷珂且作天飞山《白莲池》诗一首。

图 1-1

天飞山《白莲池》诗首先对莲池的风景大加赞美，述说邀请朋友一起游玩的初衷源自天飞山为郴州"胜境"，且闻名已久。其次，白莲池的风光如同仙境一般，诗人抒发对莲花的喜爱之情和对人生的思考。最后，诗人感叹喜爱莲花的周敦颐斯人不再，谁能与自己相伴同游？诗人登丹崖、游莲池、赏莲花、思濂溪，这是郴州天飞山摩崖石刻中唯一一处提到濂溪先生的诗刻，其历史价值尤为突出。

天飞山《白莲池》诗是一首七言律诗，融汇诗人的审美体验、政治追求和理想情趣。读此诗可赏丹崖美景、可体不尽之意、可品人文旨趣。诗歌以"胜境闻名旧，邀朋始一游"开篇，一个"胜"字奠定了全诗的情感基调，呼应胜景、胜物、胜情。胜景之美在于丹崖之幽静。诗人"登丹崖"见"胜境"，一展丹崖的绵延，人在"丹崖"中行走，正因闻名已久而与友人同游。诗人使用最为平常的字眼"闻""游"，却把这些寻常的字眼用得显著而自然，凸显胜景幽静之美。胜景之美在于胜境如仙境。颔联"莲从仙子种，池本化工修"一展胜境美景的由来，"仙子种"与"化工修"营造丹崖深山的静谧空间，而"同游"者收获"仙子莲""化工池"的罕见景象。颈联"质素香偏远，源深流自悠"画莲描泉于无形中，写出白莲池的生动之态。由"素""香"见白莲亭亭茎直，可闻莲香徐徐、摇曳袭人，由"悠"观山籁泉韵，可赏山峰叠叠、流水潺潺，尽显白莲池生机与灵动。尾联"濂溪独钟爱，续后孰相俦？"如同神来之笔，处丹崖思濂溪，追忆先贤、感怀如今。诗人处丹崖之高，见"仙子莲"，闻"莲香"，游人与自然胜景相互映衬，登高望远、幽中品莲，友人同行、呼朋引伴、游兴盎然却流露出一丝忐忑、遗憾与追忆。

曾廷珂的天飞山《白莲池》诗意新语工，曲尽丹崖观莲情景。从表面上看诗人不事雕琢，其实用词颇具深意。诗人巧用辞藻——"胜境""仙子种""素""香""悠"，融汇主观情思与客观物象，使意与境、情与景、神与形交相融渗。古人往往以莲比喻君子，北宋有"出淤泥而不污染，濯清涟而不妖"之说。"泉"多表达文人隐逸之情。李白有"拨云寻古道，倚石听流泉""客散青天月，山空碧水流"的诗句。嘉靖丁巳（1557），曾廷珂初为训导，担任下层官吏。诗中的"香偏远，流自悠"，既体现诗人对经世致用的追求，又暗含诗人林泉之志。正如王国维所言："一切景语，皆情语也。"曾廷珂把"莲""泉"引入诗中，一阵莲香仿佛拉开充满希望的新生活画卷。诗人用质朴至淡的笔触写出了恬静冲淡的意境。"濂溪独钟爱，续后孰相俦？"正如同欧阳修所说"状难状之景，如在目前，含不尽之意，见于言外"。此句触景生情，既表达了自己的遗憾，斯人不在，也抒发了对未来的期待，传递出对志同道合者的企盼。"濂溪独钟爱，续后孰相俦？"是他对无人同游的感慨，尽管前路无人同行，且多隐忧，也抒发了个人理想，身为心学传人当怀必胜之心。全诗既超越现实又不离开现实，曾廷珂给我们提供了一种可能性，超然林下与思贤奉公殊途同归，餐云卧石与关怀世事并行不悖。

曾廷珂捕捉到天飞山刹那间的时空世相，化为永恒的诗意体验，传递深沉、睿智的人文旨趣，有仁者之心。古人云："仁者乐山。"曾廷珂走进丹崖世界，采用"征行"的视角，把游历山川所体验到的自然美、人文美转化为创作源泉。身为训导，曾廷珂邀友人同行，视"山行"为"修行"。诗歌中有山林泉石的清净闲适，也有壮丽山川的精神陶冶。曾廷珂写胜情而不放纵林壑间，写山行而不忘羹墙之思。天飞山《白莲池》诗给我们提供的精神世界在根本上与其他咏莲诗不同。曾廷珂在履新之际咏莲，表明自己继承先贤遗风，实行善政的决心。濂溪已逝，但曾廷珂以诗为证，见莲思濂溪，以莲自况。诗歌中的情感表达固然与他认同濂溪先生的价值选择有关，而更重要的还是他认为郴州作为濂溪仕宦之地，有着深厚的历史传统和人文积淀。游览天飞山虽有今昔反差引起的惆怅之感，但仍然乐观地表达了与人志同道合的渴望，有书道正心之妙。

此石刻保存至今已有四百多年历史，寄托了对先贤周子的崇敬之情，也承载了对濂溪文化的传承之意。由题记可想当时情状，曾廷珂自江西出，宦游至郴州，邀请痒友同游，其中，喻桐是四川人，嘉靖年间任南康府训导；谢天相是郴州人，据《乾隆宁乡县志》记载为明朝嘉靖年间恩拔岁贡，据《康熙郴州总志》记载为郴州岁贡，《湖南通志》记载其曾任宁乡县训导，后升为荆州教授。曾激是郴州人，为州学学生。

由题记可窥天飞山与喻氏的不解之缘。天飞山摩崖石刻所在地，如今又被称为喻家寨。喻家寨相传为明代江西喻氏后人迁移而来，十分巧合，由天飞山《白莲池》诗的题名可知，曾廷珂的同游者中有嘉靖江西南康府训导喻桐同游。明末清初，理学大儒喻国人又在天飞山建立同仁书院，隐居于此读书、讲学、著述。喻国人，字大受，号春山，是明末清初郴县人。他生于明末，年少时就才华过人，志存高远，欲图一番大业。明崇祯十五年，喻国人考中举人。明朝亡后，他绝意仕途，隐居家乡30多年，专心致志于著书立教。喻国人以弘扬儒家经典为己任，被尊称为湖南"宿儒""儒宗"；以复古图书为取志，翰林学士崔玉阶称其为"复古图书""当世第一人"；他学习孔孟伊周的学说，研究天人性命的理学。虽然时光荏苒，天飞山却在千年时光中岿然不变；虽然人事易变，儒学经义却在千年时光中代代流传。一方石刻可以管窥天，北宋周濂溪、嘉靖曾廷珂、清初喻国人的姓名浮现此间；一片丹崖可见微知著，求志达道、存心养性、甘贫乐道，儒家道统传承不断。

三、道艺合一：天飞山《白莲池》诗的刊刻及艺术价值

天飞山《白莲池》诗刊刻概况。天飞山《白莲池》诗刻文位于天飞山丹崖之上，崖坡几为垂直。刻面高0.85米、宽1.3米，面积为1.1平方米。上刻曾廷珂天飞山《白莲池》诗和题记，共11行，诗文满行6个字，最短一行4个字，题记满行12字，最短一行8个字，总刻是77个字。以诗文第1行第1个字为例，字高10厘米、宽10厘米，笔画镌刻深度1厘米、宽1厘米。笔画截面呈梯形，诗文部分为双钩字。诗文刻成于16世纪下半叶的明嘉靖年间，有题记、无刻诗年月。

天飞山《白莲池》诗的刊刻技法。天飞山《白莲池》诗刻凿刻精美、线条细致，描绘天飞山莲池鼎盛时期的境况。从凿刻技法来看诗文刊刻形态主要为双钩刻法。而今我们在丹崖上能够看到双钩字的存在，与工匠的施工方式有密切关联。因为诗文书写于崖壁上，工匠在施工的过程中一般先将诗文的双钩线刻出，再对笔画内部的石头进行挖刻。

天飞山《白莲池》诗的书写笔意流转、一气呵成，但是并非随意挥洒，而是先书写行楷的字体结构，再双钩用笔形态。这样的书写侧重于书写与制作并行的方法。从天飞山《白莲池》诗的双钩字痕迹中我们可以看到诗文书写中有诸多精细巧妙的尖锋入笔、收笔，书丹者刻意强调入笔和收笔，其目的在于先定字形，再用细毛笔将字形重新勾描一次，可见书丹者对石刻上的行楷书法用笔方式非常了解。

从拓片局部来看，双钩技法多用于横竖相交的地方。通常是竖画贯穿，而横画则在竖画两侧呈短横状。在天飞山《白莲池》诗中的第1行第2字"境"、3字"闻"表现为竖画贯穿，横画分解的刊刻方式。在笔画相交的地方采用此法是为了避免横竖贯穿刊刻时，相交处出现崩口，以致失其原貌的现象。竖画贯穿，横画分解的刊刻方式与笔顺的叠压顺序有关。通常来说，后写的一笔会叠压前写的一笔，在天飞山《白莲池》诗里面，第6行第5字的"爱"字表现为后写的一笔贯穿，前写的一笔分解。

天飞山《白莲池》诗刻书法呈现古拙质朴之特色。从书法角度审视此诗刻，诗歌正文为行楷，共七行。款跋，行楷四行。曾廷珂行楷突出个人风格，用笔方圆兼备、字体严谨工整、厚重圆浑有古拙质朴之气，如"闻""朋""池"。有些字结体宽博、平稳严整，如"境""偏""俦"。有些字清润有致、笔画疏朗，如"相""香""悠"。明人偏好行楷，书法多受赵孟𫖯影响，但曾廷珂的莲池诗笔法有古意，取法于欧、颜传统而又不拘泥于二者，且有王阳明早期"崇古尚法"的特点。

追溯曾廷珂笔法古意的根源，不难发现其与心学一脉的渊源。同治《雩都县志》记载："尝游善山洛村二先生之门，识趣宏远、襟怀洒落。家无儋石之储不以屑意。"① 善山先生何廷仁、洛村先生黄弘纲为阳明高弟。曾廷珂嘉靖七年（1528）为赣州府庠生时亲至南安府大余县吊唁王阳明，为心学后学。《明儒学案》记载："何廷仁，字性之，号善山，初名秦，江西雩县人。举嘉靖元年乡试。至二十年，始谒选，知新会县。"② 何廷仁在赣州师从王守仁，未参加科举。直到嘉靖元年（1522），王守仁回浙江守制，才应江西乡试中举。何廷仁性情温和，新入门弟子多由其教导，时称"接引师"。黄弘纲，字正之，雩都人，举丙子乡试，年七十卒，配祀阳明祠。善山先生、洛村先生是赣南最早接受并传播王阳明理学思想的主要人物，为阳明四大弟子之一，时称"浙有钱王，江有何黄"，是王阳明弟子中的佼佼者。曾廷珂受善山先生、洛村先生影响，是阳明先生心学的坚定支持者和传播者。天飞山莲池诗刻继承了王阳明早期书法"尚古"的特征，气势磅礴而有雅丽之风，独具特色，体现了书家的个人素养、喜好、趣味，堪称道艺合一。

同时，天飞山《白莲池》诗在历代郴州地方志中均未著录，后世据此可以增补方志，填补历史文献中的空白，且为心学在郴州的影响研究提供原始资料。

第三节　郴州纪咏濂溪诗文中的濂溪形象

自度正整理濂溪先生的史事以来，历代诗人在阅读后，有感而发之于诗歌，创作了大量描写濂溪先生的专题性咏史诗。郴州地区首开其吟咏的是明代

---

① 清同治《雩都县志》卷八，清同治十三年刻本，第43—44页。
② （清）黄宗羲：《明儒学案》卷十九，清乾隆四年郑氏补刻本，第23页。

诗人苏茂相、曾廷珂、谢邦信。但诗歌吟咏的内容及思想情感都较为单薄，主要是在君子亭、光霁亭、白莲池三处古迹发古人之幽思。清代是郴州地区纪咏濂溪诗文创作的集大成时期，纪咏濂溪诗文的数量、质量、创作者队伍的规模都出现繁盛的景象，而且吟咏角度也趋于多样化。明清诗人的吟咏作品集中展现了濂溪先生为圣贤、为师长、为贤臣、为君子的多面形象。

一、圣贤气象

北宋初年，士大夫们普遍追求一种具有圣贤气象的理想人格。圣贤气象是人内在精神世界的自然流露和外在表现。周敦颐则属于声名不显但具有圣贤气象的士大夫。他是我国北宋著名理学家，被称为"北宋五子"之一，以"太极""无极"理念融汇儒道思想；他授受二程太极图，被程朱后学视为"理学开山"；他是北宋著名文学家，一篇《爱莲说》传诵千年；他是北宋时期关心民生、心怀天下的地方官员，具有民胞物与的胸怀。与周敦颐同时期的北宋名臣皆推举濂溪先生，先生圣贤之象深入人心。吕公著评价"周敦颐操行清修，才术通敏，凡所临莅，皆有治声"。① 黄庭坚在《濂溪诗并序》中称周子："好读书，雅意林壑，初不为人窘束世故。权舆仕籍，不卑小官，职思其忧，论法常欲与民决讼，得情而不喜。""周茂叔胸中洒落，如光风霁月。其为政，精密严恕，务尽道理。"②

在儒家道统拥有至高地位的朱子也极力推崇濂溪先生。朱子在《沧州精舍告先圣文》中提到"恭惟道统，远自羲轩。……周程授受，万理一原。曰邵曰张，爰及司马。学虽殊辙，道则同归"。③ 朱熹以周敦颐曾授受二程太极图

---

① 金生杨：《宋周濂溪全编》第二十三册，北京燕山出版社，2021年，第106页。
② （宋）周敦颐：《周子全书》，上海商务印书馆万有文库本，1937年，第371页。
③ （宋）朱熹：《朱子全书》第二十四册，上海古籍出版社，2002年，第4050页。

为凭确立其在儒家道统中的无上地位，极大地推动濂溪先生被视为儒家圣贤的进程。

宋理宗的诏命则使濂溪先生圣贤之象终成定论。南宋理宗淳祐元年（1241）诏书曰："孔子之道，自孟轲后不得其传。至我朝周敦颐、张载、程颢、程颐，真见实践，深探圣域。千载绝学，始有指归。中兴以来，又得朱熹，精思明辨，表里浑融，使《大学》《论》《孟》《中庸》之书本末洞彻，孔子之道，益以大明于世。朕每观五臣论著，启沃良多。今视学有日，其令学官列诸从祀，以示崇奖之意。"① 不久，理宗又下令使朱子、周子、二程子从祀孔庙，这是官方对濂溪先生圣贤之象的最终认定。

郴州历代诗人吟咏濂溪都对其圣贤之象给予充分肯定。颜鼎受诗云："圣代其儒出，于今五百年。"在颜鼎受诗中，濂溪先生是五百年前的圣贤，虽时光荏苒，但其圣贤气象至今长存。其令名深得诗人欣赏，成为后学心目中的理学之宗。这首《濂溪祠纪事三十韵》就流露出颜鼎受对濂溪先生圣贤气象的赞叹和欣赏。曹富焘在《爱莲池赋》中谈道："盛世文明愈昭宣，而今采莲追前贤。"同样表现出对濂溪先生圣贤气象的肯定。自宋宁宗嘉定十三年（1220）赐谥"元"，宋理宗淳祐元年（1241）年封为汝南伯，元仁宗延祐六年（1319）封为道国公，历朝入祀孔庙。濂溪先生圣贤地位由宋至清代，逐渐得到强化。曹富焘仅用一句"盛世文明愈昭宣，而今采莲追前贤"即揭示出濂溪先生在中华文明中所具有的里程碑式地位。

二、百代之师

在郴州明清纪咏濂溪诗文中，"师"是经常出现的字眼。毕竟"周程授受"

---

① 金生杨：《宋周濂溪全编》第十二册，北京燕山出版社，2021年，第266页。

一直是人们津津乐道的话题，相关题咏诗句数量也较多。盛民誉的《濂溪祠纪事诗并引》云："吉蠲治萍藻，载登夫子堂。"诗人在拜谒濂溪祠前，要选择吉日、斋戒沐浴，从行动上体现对濂溪先生的重视。"遐哉百世师，雅泽深以长。"则用最精炼的语言对周敦颐师者身份予以崇高的评价。而颜鼎受的《濂溪祠纪事三十韵》"兴起谁当此，凭依尚俨然。使君非俗吏，师表在先贤"则超越濂溪先生的官员身份，从"使君非俗吏"的角度联想到濂溪先生并非只能经世的俗吏，而是具有"寻孔颜乐处"的圣人境界，为理学门人共所往之。

这些题咏用不同的语言表达，针对某一特定人物特质予以歌咏。程珦曾说："视其气貌非常人，与语，知其为学知道也，因与为友，且使二子往受学焉。"① 《宋史》记载："侯师圣学于程颐，未悟。访敦颐，敦颐曰：'吾老矣，说不可不详。'留对榻夜谈，越三日乃还。颐惊异之，曰：'非从周茂叔来耶？'其善开发人类此。"② 《宋元学案》记载：庆历六年，周敦颐为县令，李初平为郡守，"知元公为高贤，不以属吏遇之。既荐诸朝，又周其不给。既闻元公论学，先生叹曰：'吾欲读书，如何？'元公曰：'公老，无及矣，请为公言之。'先生遂悉心听教，二年而有得。"③

濂溪先生曾教导二程、引导李初平读书，其师者形象深入人心。这些都在题咏濂溪的诗文中得到大量的反映。徐之凯的《谒濂溪祠》赞美"弦歌在昔为人牧，俎豆于今是我师"。徐瀓的《谒濂溪祠》进一步诠释其瞻仰濂溪祠的心境，其中一句"典章已改三朝物，瞻仰难忘百世师"把拜谒濂溪祠所观所感的情绪推到高潮，视濂溪先生为"百世师"。徐瀓《谒濂溪祠》中的"典章已改三朝物，瞻仰难忘百世师"显然是针对濂溪先生独特的师者形象有感而发，尽

---

① 曾枣庄，刘琳主编：《全宋文》卷五六七二，上海辞书出版社，2006年，第365页。
② （元）脱脱：《宋史》卷四百二十七，中华书局，1977年，第5页。
③ （清）黄宗羲，全祖望：《宋元学案》，中华书局，1986年，第529页。

管时间流逝，物换星移，但濂溪师者形象更为鲜明。儒家思想最中心的两个理念就是"仁"与"礼"，"仁"就是用仁爱之心来对待世间万物；"礼"就是用礼制教化百姓，濂溪先生的师者形象正是"仁"与"礼"的集中体现。读到这样的诗句，仿佛看到濂溪先生在郴州州城东方三十里的鱼鲜山开办周茂叔读书堂的情景。一位儒者浮生漂泊、每到一地不改心中儒家坚守，仍时刻怀抱"致君尧舜上，再使风俗淳"的坚定理想兴教办学。

三、贤臣之象

周敦颐为政主张政治清明，政令简约，修生养息，以民为本。《拙赋》说："天下拙，刑政彻。上安下顺，风清弊绝。"周敦颐任分宁主簿时，有一件狱案，久久不决，周敦颐到任后，一讯立辨。邑人惊叹说："老吏不如也。"周敦颐在任职司理参军时就能秉公执法，南安狱中有一名囚犯，依据法律不当判死罪，转运使王逵，为人酷悍，想要从重严判，属吏无人敢议，周敦颐独力争之。王逵不听，周敦颐宁肯弃官也要坚持。"置手板归，取告身，委之而去，曰：如此尚可仕乎？杀人以媚人，吾不为也。"正因为周敦颐执法有度，转运使王逵为之折服，还向朝廷举荐周敦颐为郴县令。濂溪先生不以个人好恶为衡量标准，体现出了公正严明的政治素养。

历史中对周敦颐在郴州的具体施政细节并没有过多记载，但对他的治绩毫不吝啬地大加赞赏。《宋史》四百二十七卷记载："周敦颐移郴之桂阳令，治绩尤助。"[1]万历《郴州志》记载周敦颐"博学力行，遇事刚果，有古人风，为郴县令，政事精密，严恕务尽道理"。[2]《郴州志》记载："郴州之得先生也，郴其荣矣哉。"[3]针对这一点，徐之凯由衷赞叹："弦歌在昔为人牧。"徐之凯是康

---

[1] （元）脱脱：《宋史》卷四百二十七，中华书局，1977年，第5页。
[2][3] 万历《郴州志》卷十二，明万历刻本，第4页。

熙七年的桂阳令，能发出这样的感慨，想必是在政治思想上与濂溪先生达成了共鸣。而高佑釲的《谒濂溪祠》："韶石祥刑著，卢阳政事间"则从两件政事出发描写了濂溪先生因为政以德，而千年后仍然受人尊敬。其一是任广南东路转运判官时，治理端砚贪弊之风，其二是桂阳县自制木柜放置官方文件，以廉为本。濂溪先生擅长刑名，曾提点广南刑狱处理很多久拖不决的疑难案件。他巡察端州发现端州知州杜谘把砚石据为己有，利用职权，与民争利。周敦颐巡察后，查处贪官，端州贪风顿息。

周敦颐在为政中延续了自汉以来的官教合一的传统。高佑釲《谒濂溪祠》中的"文教施荆楚，心传乐孔颜"显然是针对濂溪先生在荆楚蛮荒之地兴学立教而来。不同于一般视濂溪先生为师者的诗歌偏重从时间角度描写，"文教施荆楚"一句更侧重从群体、地域的角度切入，更为重视濂溪先生身为知县在社会教化层面的作用。周敦颐在郴州的治世思想能够让百姓心悦诚服，依靠的不是知县的身份，而是以道脉化蛮荒的文教举措。

四、君子之象

在"礼"的形态上，有"三本"之说，即"天地者，性之本也；先祖者，类之本也；君师者，治之本也"。[1] 儒家鼓励学子在恪守"三本"的基础上实现"修身齐家治国平天下"的人生目标，从而达到天下大同。从这个角度来说，濂溪先生的君子之象可以分为生物性、社会性、精神性三个维度，生物性是指"不以物喜"的淡薄物欲，社会性是指具有"民胞物与"的社会责任感，精神性是指具有超越性的精神境界。

濂溪先生以奉己甚约的君子形象出现在后世诗歌中。清代袁宗佺曾在《秋

---

① （清）王聘珍撰，王文锦点校：《大戴礼记解诂》卷一，中华书局，1983年，第17页。

日游濂溪吟弄处》中写到濂溪先生的品性如同"青松""秋水"般高洁，诗云："孔颜真乐无寻处，想在吟风弄月中。""奉己甚约"的君子形象，其内在是濂溪先生对物欲的淡薄。潘兴嗣说："君奉养至廉，所得俸禄，分给宗族，其余以待宾客。不知者以为好名，君处之裕如也。"① 濂溪先生的好友潘兴嗣曾经说过，濂溪先生日常生活十分轻简，还将俸禄分给宗族，或者用来招待宾客。有人说先生是为了追求清名才如此形式，但濂溪先生听了，从来不放在心上，从容以待。

濂溪先生以兼济天下的君子形象出现在后世诗歌中，徐之凯《谒濂溪祠》说："时有光风披古树，依然霁月照清池。"他的仁爱情怀从自己家人、身边人，一直推己及人，给予天下许许多多需要关照的普通人。蒲宗孟说："君虽至贫，不计赀，恤其宗族朋友。分司而归，妻子饘粥不给，君旷然不以为意。"周敦颐的好友蒲宗孟说，濂溪先生自己生活俭省，将俸禄分给生活困难的宗族、朋友。而自己的家人往往要喝粥度日，濂溪先生豁然而从容处之。朱子《濂溪先生事实记》称道说：濂溪先生"自少信古好义，以名节自砥砺，奉己甚约，俸禄尽以周宗族，奉宾友，家或无百钱之储"。从潘兴嗣、蒲宗孟、朱熹等人的记述中，我们不难发现濂溪先生"兼济天下"君子形象中的"仁善"本质。周敦颐的"义举"，源自儒家仁爱思想的熏陶，体现了"仁民爱物"的儒家典型性格，孟子曾说"恻隐之心，仁之端也"，所以他对待身边的一切事物都怀揣着一颗慈善之心。

濂溪先生以超越旷达的精神境界出现在后世诗歌中。周敦颐所追求的"道"是一种儒家的人生境界和理想人格，即"孔颜乐处"。其中值得关注的是将濂溪先生与孔颜进行类比的写法。濂溪先生的君子人格与春秋时期至圣先师

---

① （宋）周敦颐著，陈克明点校：《周敦颐集》附录一，中华书局，1990 年，第 91 页。

孔子和颜子有相近之处，有些诗人关注了他们的相似点，并在诗歌中体现出来。如清代范秉秀在《谒濂溪祠》中感叹："矶头苔点吟风字，池畔莲支出水香。欲问孔颜真乐处，千秋仰止在斯堂。"凌鱼《过予乐亭》诗云："孔颜真乐妙难名，吟弄千秋想二程。"在把先贤与后儒的类比中强化了对濂溪先生君子人格的挺立。

第四节　郴州纪咏濂溪诗文中的文化心理

郴州纪咏濂溪诗文多是当地县令、训导、教谕、贡生所作，带有浓厚情感倾向性。撰写纪咏濂溪诗文的诗人们之所以采取这样的态度，是因为他们的身份，与周敦颐的立场和处境近似，借扬濂溪先生以吐气，这在一定程度上代表了郴州本土诗人的心理。文士借濂溪先生抒怀，从个体共性上看，人们普遍具有崇拜强者的心理。濂溪先生任郴县令、桂阳令共 8 年之久，后来逐年升迁，虽然在世时影响多在南方地区，但是留下千古传唱的文章、思想，无论是在自我实现还是在历史贡献上都算得上是一个成功者，具备了被人们顶礼膜拜的先决条件。从个性心理上看，个体的情感体验要受到诸多因素影响，如个体的受教育水平、身份地位、性格气质、审美品位、价值观等等。因处于同一地理空间而追慕古人，与古人共情，并把这种共鸣诉诸笔端，这种现象在文学史上数不胜数。在不断地表达和再造中，濂溪先生的文才得到认可，圣贤气象得到肯定。简言之，濂溪先生卓越的才情品性和义理认知激发了后世诗人的心理认同和情感共鸣，成为后世诗人普遍赞其才、歌其德的原因。

一、中华民族尊师重道文化心理的体现

南宋之际，历史人物周敦颐就已经"声烈震于遐迩"，产生较大的社会影

响。公元 13 世纪左右，不仅濂溪先生仕宦之地建立濂溪祠，南方地区也流传不少关于他的故事。但此时，濂溪先生主要是作为理学家而被热烈歌颂的。南宋初年，程朱理学大兴，理宗淳祐元年（1241），更是儒学发展史上很关键的一年。周敦颐、程颢、程颐、张载、朱熹五人从祀孔庙，这充分反映了一个理学的时代从此确立。元朝在道统上延续南宋旧规，且稍有突破。皇庆二年（1313），周敦颐、程颢、程颐、张载、朱熹、张栻等九名儒者从祀孔庙。明朝因循宋元旧例，在供奉的形式上略有改变，洪武十四年，太学与文庙均用木主取代塑像。明代宗景泰七年（1456）封周敦颐后裔第十二代孙周冕为世袭五经博士。清朝，周敦颐的社会影响持续扩大，延续至清末 400 年，有 13 位五经博士，成为道国世家。受程朱理学思潮影响，濂溪先生在朝堂魏阙和思想学派中被视为尊者。经过长期的文化积淀和众多诗人的交口传颂，周敦颐的整体形象从北宋的默默无名，到南宋的"理学开山"和"圣人之师"，发展到明清终于成为"启群蒙"的先贤先师。周敦颐形象的理想化体现了中华民族尊师重道的文化心理。

二、中华民族崇文重德文化心理的体现

周敦颐是中国传统文化道德最完美的体现之一。无论是历史上的周敦颐其人，还是诗文中的周敦颐形象，事功并不是他实现人生价值的根本原因，周敦颐形象的深层意义和他人生价值的内核，是他平凡人生中所体现出来的伟大人格。"志于道"必须"据于德"，只有先"修身"，然后才能"齐家、治国、平天下"。人格修养是自我实现的基础，是最大限度实现人生价值的根本。这是从孔孟到历代贤哲所反复强调与终身追求的人格取向，也是中国所有有志之士，塑造理想人格的根本。周敦颐形象之所以可敬可叹、可歌可颂，并在中国思想史、中国文学史中占核心地位，就在于周敦颐具有最大限度实现人生价值

的无与伦比的人格力量。

周敦颐的"德行"感人至深，最明显的体现就是对弱者的关心。度正《濂溪先生周元公年表》记载："皇祐元年己丑（1049），先生时年三十三。李初平卒，子幼，先生曰：'吾事也。'为护其丧归葬之，往来经纪其家，始终不懈。"①濂溪先生三十三岁时，郴州知州李初平亡故，初平后人尚且年幼，先生"护丧归葬"，照顾初平幼子。

在个人品德方面，他也做到严格的道德自律。周敦颐生活俭朴廉洁，高官厚禄，仍然过着简朴、淡泊的生活。潘兴嗣说："在南昌时，得疾暴卒，更一日一夜始苏，视其家，服御之物止一敝箧，钱不满百，人莫不叹服，此予之亲见也。"②周敦颐治理永州期间以严为主，他不饰短，不避亲，开诚布公，明法理事，使人感其情而服其诚。在任永州通判时，周敦颐的侄子仲章来看他，想求个一官半职，周敦颐断然拒绝，并耐心地做了解释。临走时，周敦颐除送了些银两布匹给他，还特地写了一首《任所寄乡关故旧》，这也是周敦颐人格力量的感召使之然。此外，他的谦和、宁静、自尊、自爱也给人们留下很深的印象。这些传统美德与中国传统美德完全合拍，与中华民族崇文重德的文化心理息息相通，因而得到人们的普遍崇敬。

第五节　郴州纪咏濂溪诗文中的文化认同

一、道统地位认同

"道统"一词由朱熹首创，学者们普遍认为朱熹发明"道统"一词与推尊濂溪有关。《宋元学案·濂溪学案》有言："孔、孟而后，汉儒止有传经之学，

---

① 金生杨：《宋周濂溪全编》第一册，北京燕山出版社，2021年，第17页。
② （宋）周敦颐：《周敦颐集》，中华书局，1990年，第85页。

性道微言之绝久矣。元公崛起，二程嗣之，又复横渠诸大儒辈出，圣学大昌。故安定、徂徕卓乎有儒者之矩范，然仅可谓有开之必先。若论阐发心性义理之精微，端数元公之破暗也。"① 历代诗人吟咏周濂溪，都对其传道给予充分的肯定，清代诗人尤甚，瞻仰了濂溪祠后，大都以极具审美感染力的诗句、以满怀激情的文字称赞周敦颐，对其赓续儒家道统的历史功绩进行了热烈的颂扬。诗人皆称濂溪令名与世长存，功业为五百年一出的圣人。盛赞周敦颐的著书立说的功绩与圣人不相上下，而悟太极、编《通书》的才能使群生望而项背。尽管斯人已逝，往事难以追溯，但"斯文犹未坠，吾道岂无传"，表现出了对濂溪先生的极度崇尚之情，同时也表现出了诗人对儒道传承不绝的关切。如桂东诗人郭立聪《谒濂溪祠》中的诗句，"一太极图传道统""千圣薪传一脉通"，概括而精炼地道出周敦颐续圣学，传道统的事实，是清代文人对周敦颐开先破暗道统地位的认同。

除了"正统"道统论之外，以"师道"为主体的道统论也体现在明清纪咏濂溪的诗文中。"二程夫子在门墙""犹忆初平传道后，千秋的脉系甘棠"等诗句，传道"二程"和李初平，用典贴切，而且概括力强，揭示了周敦颐为圣人师、太守师的主要功业。

"师道"为主体的道统论还尤为强调儒学精神传统的传承。自先秦以来，中国儒家文化的基本精神就是刚健有为，它是处理天人关系和各种人际关系的总原则。孔子时代，刚健有为的思想就已经盛行。子曰"刚毅木讷近仁"，刚毅即坚定性。孔子高度肯定临大节而不夺志的品质，认为是刚毅的表现。这说明孔子十分重视"刚"的品格。

周敦颐言行的内核也体现了刚健有为的精神。在任职的第二年，他遇到了

---

① （清）黄宗羲、全祖望补修：《宋元学案》，中华书局，1986 年，第 482 页。

一个麻烦的案子。狱中有个囚犯，严格依照当时的法律条文，是不应判处死刑的。周敦颐一向秉公执法，决定给予这名囚犯合法的惩戒。但此时的转运使王逵恣意妄为，政事苛暴，想重判囚徒。王逵是当地最高的行政长官，周围的人即使有意见，也不敢与王逵争执。周敦颐得知王逵的想法后，便登门拜访谈起这个案子："依现行的法律，罪犯罪不至死，应处以相应的惩罚。"王逵并不会理会他的意见。周敦颐看到王逵罔顾法度，愤而坚持："维护法律公正是我的职责，如果把这个囚犯处以死刑，就是无视当朝的法律，倒不如辞官回家来得清静。用杀人的做法献媚于你，我不做！"说完，周敦颐拂袖而去。这便是周敦颐刚毅有为的真实写照。

在儒学精神传统的传承中，刚毅和有为是不可分割的，有志有德之人，既要刚毅有为，又要有历史责任感和时代使命感。周敦颐强调知识分子要有担当道义、不屈不挠的奋斗精神，他的一生正是这种精神的体现。作为传统社会知识分子理想化身的周敦颐，儒家的入世精神和佛、道的出尘之思相互交织，现实的困顿处境和理想中的精神乐园相互抵牾。但他仍然表现出了中华民族文化心理最积极的一面，他充分发挥了人的主观能动作用。也正是因为如此，明清诗人的诗歌中才视之为"百世师"。

二、理想人格认同

周敦颐是中国知识分子理想人格的典范。首先，受中华民族传统文化心理结构的影响，宋代士大夫文化心理核心是儒道互补，体现在知识分子的人生态度上则是"达则兼济天下，穷则独善其身"。受这种思想的影响，中国知识分子既注重个体生命感受又关注社会人生。但很少有人有坚定而清晰的文化心理认知，而周敦颐独以"香远益清""出淤泥而不染"自守。这正是周濂溪高洁人格的象征，这种守道不辱的品格，得到后世知识分子的认同。如清代的何永清缅怀周敦颐的伟大人格："先生遗爱偏郴阳，两桂同称古义昌。地号莲塘均雨化，亭各君子仰循良。静观无极图难画，吟到春风句有香。犹忆初平传道后，千秋的脉系甘棠。"

其次，中国知识分子都特别强调人格的独立，因此，他们的最高理想不是事功而是立德、立言。如果说辅佐一位明主，借其实现自己的抱负，最终出将入相，这是唐代知识分子最理想的人生道路。那么，宋代知识分子更向往"功成身退"，认为这才是最完美的人生，如范蠡遁迹五湖，张良随黄石公仙去，都被宋代知识分子津津乐道。周敦颐在庐山筑濂溪书堂写下诗句，"有龙不可测，岸木寒森森。书堂构其上，隐几看云岑。倚梧或欹枕，风月盈中襟。或吟或冥默，或酒或鸣琴。数十黄卷轴，贤圣谈无音。隐前即畴圃，圃外桑麻林。千蔬可卒岁，绢布足衣衾。饱暖大富贵，康宁无价金。吾乐盖易足，名濂朝暮箴。"他虽然担任地方官吏，却始终保持着一个高人逸士的形象，为政则治国平天下，归隐则筑书堂于庐山下，这就是中国传统知识分子的人生理想。

三、价值取向认同

周敦颐构建"太极"和"诚"的本体论，对北宋前期的文道关系进行了总结，提出了"文以载道"的思想，使"文"成为"道"的感性显现，而周敦颐的"道"表现在精神境界层面，体现了儒道互补的价值取向。

明清诗人纪咏濂溪是从切身感受中，借咏周敦颐之机倾吐了胸中的块垒。周敦颐的"文以载道"思想不仅贯穿于其文学实践也影响历代郴州文人，激发修身、齐家、治国、平天下的向往，导向以伦理道德为评判是非的道德标准，践行重义轻利的价值取向。在他们的诗中似乎圣贤、师者、能吏、文豪都系于像周敦颐这样的人身上，诗人们用圣贤激发自己的才智和勇气，期待再有周敦颐这样的"麟凤"出世治国。其诗道："千圣薪传一脉通，先生绍统启群蒙。

莲红池畔道心朗，草绿窗前生意融。潋滟波澄浮霁月，郁葱树霭拂光风。孔颜乐处何从觅，会得真诠太极中。"

"周敦颐"所代表的文化内涵是由多种成分构成的。由于他受到整个社会的文化认同，代表宫廷文化的封建帝王推举褒扬他，代表士林文化的读书人尊敬崇拜他。周敦颐是中国封建官僚所仰慕的理想人格。其一生完美地凝聚了官僚文化的特征——志在兼济的人生价值和情在独善的人生修养的统一。儒生，从做官僚的预备期就开始了进身仕途。他们把人生价值观念建筑在志在兼济天下的基础上，奉行儒家从政的信条，乐此不疲，躬行不殆。人生际遇多变，无论是进身坎坷而困顿于书斋，还是仕途险恶而受阻于宦业，都难以实现兼济天下的人生价值，只能退缩到独善其身的人生修养上，以平复情感的失意和心理的失衡。

儒道互补是周敦颐价值取向中最为完美的折射，是产生其魅力的最重要原因。儒家文化和道家文化是对中国人的精神世界影响最具渗透力的两种文化成分，周敦颐提出并实践的"出淤泥而不染，濯清涟而不妖"正是这两种文化成分的融合。人生无常，君子都不得不以"屈身守分，以待天时"的心态来对待进退维谷的选择，而周敦颐以自己的实践回答了儒家关于"时与命""仕与隐"的两难选择，并留下了"出淤泥而不染，濯清涟而不妖"的座右铭，流芳千古。面对进与退的人生选择，归隐庐山成为后人的美谈，周敦颐进则笃行，退则谦抑。历代文人都恪守"穷则独善其身，达则兼济天下"的人生名言。而周敦颐的一生却将兼济天下和独善其身完美结合，达到中国传统官本位文化所追求的理想境界，这正是历代纪咏周敦颐诗文文化意蕴的真谛。

历代纪咏周敦颐诗词所展现的文化认同，从深层次来探析，它不仅仅局限于中国文人的人生价值和道德伦理的取向上，而深深嵌入在中国文人的思维结构、认知方式和精神轨迹中，也体现了中国人儒道互补的精神建构。

四、文人身份认同

周敦颐"三仕郴阳"，有守御之功。《宋史·道学传》说："宋濂溪周子三治郴，以大儒学术发为政事"①。周敦颐在郴州的影响绵延近千年，本土学者撰写诗文纪念周敦颐。郴州纪咏濂溪诗文作品，是极富特色的文学现象，但少有关注。实际上，文人持何种身份对他的创作有着重要影响，身份决定了作家从什么角度来看问题，或受到什么样的环境影响，这些外围因素都会渗透到思想乃至创作中，形成与之相关的身份话语和身份书写。

明清纪咏濂溪诗文，是迅速膨胀起来的地方士人阶层确认身份和表达意志的表征。士大夫对于先贤的纪咏以及本人的知识倾向，影响着地方的学风与取向。纪咏濂溪诗文的创作者身份有县令、教授、训导、贡生，他们都是地方的士人领袖。这些士人领袖在地方特别是家乡的影响，也代表着地方乡绅集团性势力，这种势力有时候恰恰代表地区的文化权力，也引领着地区的文化风尚。

文人身份对其创作的影响不容忽视。百家争鸣时期，孔子以"士志于道"定义"士"内涵与价值，而此"道"是中国特有的"人道"。也就是说，自先秦起，"士"以"道"的承担者自任，拯救礼崩乐坏的社会政治秩序。"士不可以不弘毅，任重而道远。"更是儒家的原始教义，士大夫更以"入世"为己任。在儒家由"士"到"仕"的历史传承中，身份认同的观念具有高度自觉性。中国古代文人首先具有官员身份。"学而优则仕"是他们的目标和追求，更确切地说，他们的身份是"士大夫"。士大夫的人生信条是"以天下为己任"，他们的行为目标是成为"道"的承担者。所以，士大夫们从一开始就有明确的身份确认，而周敦颐正是这一身份认同中的完美模板。

周敦颐的文人身份的直接表征是"立言"。周敦颐的《太极图说》《通书》

---

① （元）脱脱：《宋史》卷四百二十七，中华书局，1977年，第5页。

以子书立言的形式阐扬大道、述明"诚、幾、德"之教。"立言"有两大走向，一是政治化，即为国家文化建设服务；二是普及化，文人写出来的文字都是"立言"，以文字形式使思想、名字得以流传，皆能"不朽"。从"文以载道"的角度来看，周敦颐无论是在"立言"服务国家思想文化建设，还是"立言"表达个人情志秉性，皆可"立一家之言"，以文章光耀千古。

综上所述，周敦颐形象在中华文明中逐渐积淀、饱满，逐渐丰富，也越来越理想化，中华民族传统观念和审美理想的不断渗透，使得周敦颐成为古代优秀知识分子的崇高典范，成为中华民族忠贞品格和无比智慧的化身，具有永恒的魅力。

第七章　濂溪先生历史地位概述

　　周敦颐是宋明儒学的"首张名片"，是"千年湘学"的开山鼻祖。他上承孔孟学统和儒家传统的《易》《庸》之学，下启宋明理学的整体发展，开创湖湘学术的新形态，是宋以后中国思想发展的"活水源头"，与孔孟、程朱具有同等的重要地位，因之被誉为"理学开山"。

　　二十四部正史之一的《宋史·道学传》是这样评价的："孔子没，曾子独得其传，传之子思，以及孟子，孟子没而无传。两汉而下，儒者之论大道，察焉而弗精，语焉而弗详，异端邪说起而乘之，几至大坏，千有余载。至宋中叶，周敦颐出于舂陵，乃得圣贤不传之学，作《太极图》《通书》，推明阴阳五行之理，命于天而性于人者，了若指掌。"①孔孟而后，汉唐千余年章句训诂的传经之学兴盛，儒学衰微，直至北宋周敦颐挺生湖南，跨越汉唐直接承继孔孟之绝学，重新诠释儒家的阴阳五行之理与天道性命之妙，确立起以周敦颐为开山的道学思想的独立地位。作为"理学开山"的濂溪先生，在郴州历史文化中

---

① （元）脱脱：《宋史》卷四百二十七，中华书局，1977年，第1页。

产生了怎样的影响呢?

第一节　濂溪先生在郴州文化中的历史地位

周敦颐一生曾三次在郴州就任地方官,前后八九年之久,并在此教导二程,开启新的学说。因此,郴州是濂溪理学过化最多、影响最大的地方。

宋仁宗庆历六年（1046）,周敦颐三十岁,就任郴县（今郴州苏仙区）令,任职四年。到郴州后,周敦颐首先了解地方的民情政治,"首修县学",从根本上改变社会风气。对周敦颐来说,做出这个举动,也许是出于民情政治的了解,甚或是作为儒家士人的社会担当。但对郴州来说,这却是学校教育史上值得铭记的事件。"首修县学"犹如一束思想之光,把对教育的认知带入了新的境界,使得推行儒学文明不再是政治文明的点缀,濂溪先生开始描绘郴州的人文风貌,并影响到时代学风的趋向变化。

宋仁宗皇祐二年（1050）,周敦颐三十四岁,就任桂阳令,在今汝城,任职四年。先是教导李初平"某请得为公言之",后又"为护其归葬之",没有功名利禄的驱使,以一种深厚的儒学修养教导上属,乐善助人,这似乎比起思想学说更能透露心底深处的处事之道,展现着一个清新儒雅的士人形象。皇祐二年（1050）,调移桂阳令,尽管具体"治绩"记载较为简略,但在郴桂"皆有治绩"。濂溪先生一生中最为辉煌的经历,就此开始。所以,潘兴嗣《先生墓志铭》称赞道:"士大夫闻君之风,识与不识,皆指君曰:'是能葬举主也。'"[1] 在"葬举主"的君子之风的背后,隐隐包含着周敦颐作为地方官员,以读书办学为职志,传达儒家士人担当有为的精神理念。也正是这些非常简单的

---

[1]（宋）周敦颐:《元公周先生濂溪集》,岳麓书社,2006年,第136页。

记载，别具怀抱，以一种别开生面的形式昭示周敦颐独有的精神内核。

宋神宗熙宁元年（1068），周敦颐五十二岁，就任郴州军知军，在今郴州。《宋史·道学传·周敦颐传》有记载："熙宁初知郴州，用抃及吕公著荐，为广东转运判官、提点刑狱。"① 周敦颐有着独特的人格魅力，得到文人朋友反复推荐。

在郴州为官期间，十四五岁的程颢与程颐风尘仆仆来到郴州，在群山环翠的南岭山脉与周敦颐相会，读书论学。此时，周敦颐以《太极图》的宇宙图示手授二程，教导他们学"孔颜之乐""窗前草不除"，淡化现实的功名利禄，以一种富于生机的恬静，将个人的生命与天地自然合为一体，回归到纯粹至善的本然状态，可谓别开生面。据文献资料记载，二程不仅自己在学问上时时向周敦颐讨教，就连二程弟子，也常常到周敦颐处请益受业。《宋史》中就有侯师圣"非从周茂叔来耶？"的记载。可以说，周敦颐以恬和澄明的精神气质，专注于道德修养和文字学问的培育，拓宽了二程对"道"的理解，而后来二程成为理学的奠基人物，"天道""性命"之说皆是从周敦颐《太极图说》以义理之学为特征推阐而来。

周敦颐在郴州、桂阳讲学为官，对周敦颐思想精神的追随，成为郴州地域文化的主题。在距离周敦颐离开郴州仅隔150年的时间里，嘉定十三年（1220）桂阳县令周思诚、主簿萧允恭率先在汝城建濂溪祠，嘉熙三年（1239）州学教授王湜又在郴州创建了濂溪祠，随即，后人不断开发、利用传统教育资源建构地域文化，在桂东、永兴等地新建濂溪祠、濂溪书院，广泛发掘其思想理念，周敦颐的思想学术的生命力与影响力也在日益滋长。

清代陈昭谋在嘉庆《郴州总志》卷二十三《名宦志》中单列"周敦颐传"，

① （元）脱脱：《宋史》卷四百二十七，中华书局，1977年，第5页。

高度评价周敦颐与郴州事迹："及宋濂溪周子三治郴，以大儒学术发为政事，过化存神之妙，复乎尚矣，何郴之幸欤！"① 周敦颐三次为官郴州，"过化存神之妙"，开启了新的时代思想风气与影响。

嘉靖三十六年郴州府学教授曾廷珂"邀朋"游览天飞山，在崖壁上题写摩崖诗文，他感慨周敦颐在此种下"莲"的种子，莲的花苞就像周敦颐的精神气象一点点地藏在莲叶之中，"源深流自悠"。文人儒士修建爱莲池、爱莲阁等不绝如缕，并深深影响了明代儒学的精神取向。在濂溪之后，又有谁"续后孰相传？"似乎在曾廷珂笔下，天飞山的自然景观成了背景，而濂溪爱莲的意蕴却成了主角。嘉靖中徐兆先、清代曹富焘等，不断续写着《爱莲说》源远流长的价值意义。宋明以来的诸多诗赋，或刻于摩崖石刻，或存于史志文献，把精神价值与人文理想结合，一种人与自然高度融合的境界，使得青山绿水间因周敦颐有了圣人"过化"的韵致，多了一层文化底色。

周敦颐创造教化圣人的读书讲学学风，似乎从"首修县学"就开始积攒起来，而他的名字也由此照亮了郴阳大地的历史。一百多年后，在这个"首修学校"的历史发生地，一批批纪念周敦颐的"濂溪祠"在此新建，濂溪书院、爱莲阁等矗立于郴阳大地，罗洪先、何孟春、高佑釲等儒家文士在这里传道授业，一批批文人学者从这里走出，可谓盛况空前。

第二节　濂溪先生在湖湘文化中的历史地位

习近平总书记在哲学社会科学工作座谈会上，肯定周敦颐对中华文明、世界文明作出了重要贡献，将其列为湖南籍 6 位思想大家和名家大师中的第一

---

① 清嘉庆《郴州总志》卷二十三，清嘉庆二十五年刻本，第 19 页。

位。可以说，以周敦颐为开端的理学思想代表着"千年湘学"的"学术高度"。

儒学的地域分野以湖南道州周敦颐发其端，湖湘学派胡宏最早对周敦颐作地域性文化诠释。从思想渊源看，胡宏在宋代理学中"开湖湘之学统"，是南宋初期对振兴理学起了重大作用的关键人物。胡宏（1102—1161），字仁仲，号五峰，湖湘学派的重要人物，他自幼从其父研习儒学，又在杨时和侯师圣那里学习了二程理学，隐居湖南衡山二十余年，潜心学习，成就卓著，是二程的再传弟子。

以周敦颐为首开启湖湘地域文化建构。"是以我宋受命，贤哲乃生，舂陵有周子敦颐，洛阳有邵子雍、大程子颢、小程子颐，而秦中有横渠张先生。"①其实，早在绍兴二十九年（1159），胡安国曾向担任舂陵太守的向子忞询问："濂溪先生，舂陵人也，有遗事乎？"②确立起周敦颐与湖湘地域的关联。胡宏传承家学，最早列出了北宋五子，即周敦颐、程颢、程颐、张载、邵雍，而以周敦颐为五子之首，奠定了作为理学开山鼻祖的地位。

由《通书》启动濂溪文集的刊刻。在《周子通书序》中，胡宏论及《通书》的义理旨趣时说："人见其书之约也，而不知其道之大也；人见其文之质也，而不知其义之精也；人见其言之淡也，而不知其味之长也。"③《通书》其言在表层有简约、朴素、冲淡的美学特色，而《通书》意义深蕴宏大，精湛、深远的哲学旨趣往往为人所忽视。唯有胡宏在《周子通书序》中不仅关注《通书》书约、文质、言淡，又关注《通书》道大、义精、味长，"故此一卷书，皆发端以示人者，宜度越诸子，直与《易》《诗》《书》《春秋》《语》《孟》同流行乎天下。"④胡宏视《通书》与，此评价开风气之先。由此开启了周敦颐研究的

① （清）庄仲方编：《南宋文范》卷四十七，清光绪十四年江苏书局刻本，第14页。
② 清光绪《湖南通志》，清光绪十一年刻本，第38页。
③ （元）周敦颐：《元公周先生濂溪集》，岳麓书社，2006年，第72页。
④ 曾枣庄主编：《宋代序跋全编》，齐鲁书社，2015年，第751页。

热潮，编订、校勘、阐释周敦颐著作，并辐射海外。

周敦颐教导二程，"今周子启程氏兄弟以不传之学，一回万古之光明，如日丽天，将为百世之利泽，如水行地。其功盖在孔、孟之间矣。"①周敦颐启发了二程兄弟，其功劳可与孔孟相比。可见，在这个话语体系中，胡宏对周敦颐的思想地位的认识，包括《通书》的影响与"周程授受"两个方面，亦即是书与人的深刻交集。

继胡宏之后，张栻高度评价周敦颐的思想地位，学术声望发生重大变化。张栻（1133—1180）字敬夫，号南轩，谥曰宣，后世又称张宣公，右相张浚之子。张栻身出名门，为当朝丞相之子，又才华横溢、经纶满腹。南宋孝宗乾道元年（1165），张栻主管岳麓书院教事，从学者达数千人，初步奠定了湖湘学派规模，成为一代学宗。张栻治学自成一派，与朱熹、吕祖谦齐名，时称"东南三贤"。张南轩著有《太极图说解》《〈太极图解〉后序》等，明确以周濂溪为"道学宗主"。除此之外，张栻还有《道州重建濂溪周先生祠堂记》《永州州学周先生祠堂记》等大量祠祀文献，表彰濂溪先生的学术成就与历史地位。

张栻推崇周敦颐为"道学宗主"。在《南轩语录》有一则记载："侍坐正夏堂，论濂溪为道学宗主，乃在道州，乃谓此邦盛事。对曰：'濂溪不由师授，真所谓自得。'"②张栻认为周敦颐破除汉唐经学的束缚，重新阐发儒家心性之说，"不由师授"，影响了整个宋代思想的发展。

张栻极力推崇《太极图说》的哲学价值。"惟二程先生倡明道学，论仁义忠信之实，著天理时中之妙，述帝王治化之原，以续孟子千载不传之道。其所以自得者虽非师友可传，而论其发端实自先生。"③张栻从《太极图说》出

---

① （清）黄宗羲、全祖望补修：《宋元学案》，中华书局，1986年，第520页。
② （宋）周敦颐：《元公周先生濂溪集》，岳麓书社，2006年，第114页。
③ （宋）张栻、邓洪波校点：《张栻集下》，岳麓书社，2017年，第580页。

发，探讨濂溪先生对理学贡献的重要性，论及其"发端"之功。在论及《太极图说》义理精妙时又说："某尝考先生之学，渊源精粹，实自得于其心，而其妙乃在太极一图。"① 张栻认为周敦颐治学贯通儒道渊源，领悟极深，而《太极图说》妙在太极之图，是濂溪先生创造性的阐释。"穷二气之所根，极万化之所行，而明主静之为本，以见圣人之所以立人极，而君子之所当修为者，由秦汉以来，盖未有臻于斯也。"② 张栻对《太极图说》中"主静"之说领悟尤其深刻，指出周敦颐的《太极图说》突出"人"的主体性，由君子而圣人，指涉人类道德修养的终极向度。因此，张栻对周敦颐评价道："世之学者考论师友渊源，以孔孟之遗意复明于千载之下，实自先生发其端。"③ 张栻从师友渊源的角度，再论周敦颐上继孔孟，于儒学赓续有"复明"之功。

周敦颐的理学思想代表了湖湘文化在中古以后发展的制高点。朱熹在《濂溪说》曾指出，"又得张敬夫所刻先生墨帖后记、先生家谱，载濂溪隐居在营道县营乐乡石塘桥西。而春陵胡良辅为敬夫言，濂实溪之旧名，父老相传。先生晚居庐阜，因名其溪，以示不忘本之意。"④ 乾道年间，朱熹会张栻于衡湘，寻思精研，相与论学，开启新的学问。张栻以家谱、书信等文献资料告知朱熹，周敦颐挺生湖南，"濂实溪之旧名"，以地域渊源影响到宋代儒学的脉络，各地兴建濂溪祠、濂溪书院，影响遍布全国。

由湖湘学派所开启，湖湘文人始终保持着对周敦颐新的探索。明末清初思想家王夫之（1619—1692），与顾炎武、黄宗羲、唐甄并称"明末清初四大启蒙思想家"，对周敦颐思想学术有极高的评价："太极图，以象著天地之化也。"⑤ "然濂溪周子首为《太极图说》，以究天人合一之原，所以明夫人之生

---

① ② （宋）张栻、邓洪波校点：《张栻集下》，岳麓书社，2017年，第581页。
③ （宋）张栻、邓洪波校点：《张栻集下》，岳麓书社，2017年，第576页。
④ （宋）周敦颐：《元公周先生濂溪集》，岳麓书社，2006年，第140页。
⑤ （清）王夫之：《船山遗书》第六卷，北京出版社，1999年，第3784页。

也，皆天命流行之实，而以其神化之粹精为性，乃以为日用事物当然之理，无非阴阳变化自然之秩序而不可违。"①"宋自周子出而始发明圣道之所由，一出于太极阴阳天道生化之终始。"②船山以濂溪学为基础，以《太极图说》与张横渠"气"学思想贯通，解释成具有理气融合的思想学说。一方面，将《太极图说》中以"理"为中心转换为横渠以"气"为中心，一方面又将明代"心学"话语回归到"理学"话语，使理学与时代更加融合无间，这种融合，也为研讨经义开辟了空间。从哲学本位的角度说，从程朱理学到阳明心学，儒学发展经历了一个逻辑的内在展开，陆王"扬弃"程朱，清代诸大师又来个"否定的否定"，而"扬弃"陆王。王夫之极力反对陆王以扶持道学的正统，以周敦颐、张载为核心，从天道的高度寻求哲学本体，使儒学回归到伦理本位，以应对心学在精神层面的挑战，具有一种新儒学义理构架的意味。

特别是尊称为"楚南文献第一人"的邓显鹤（1777—1851），博涉群书，编纂《资江耆旧集》及《沅湘耆旧集》，以"读周子书、继周子业"为己任，致力于对湖南地方文献的搜集整理，搜集整理周敦颐著作，成《周子全书》，"因思周子大儒，诞生吾楚，而其遗书、文集，苦乏精刻。""以先生平生精蕴，全在《图》《书》而种，当与'六经''四子'并垂天壤"，晚年追随周敦颐行迹，主讲邵阳宝庆书院。

曾国藩在《湖南文征序》中论及湖湘文化的源头时说："周之末，屈原出于其间，《离骚》诸篇为后世言情韵者所祖。逮乎宋世，周子复生于斯，作《太极图说》《通书》，为后世言义理者所祖。两贤者，皆前无师承，创立高文。上与《诗经》《易经》同风，下而百代逸才举莫能越其范围。"③曾国藩提出湖湘文

---

① （清）王夫之：《船山遗书》第六卷，北京出版社，1999年，第3756页。
② （清）王夫之：《船山全书》第十六册，岳麓书社，1996年，第1035页。
③ （清）曾国藩：《曾国藩全集》文集上，河北人民出版社，2016年，第74页。

化有韵之文当推《离骚》，义理之作当属《太极图书》《通书》，《离骚》与《诗经》同风，《太极图说》《通书》阐述《易经》未尽之意，远超诸贤，屈原与周敦颐代表着湖湘文学与哲学的高度。随后，戴德诚在《湘报》论及湘学名士时，表达过同样的意思："三闾以孤愤沉湘，元公以伊尹为志，遂开湘学仁侠之大宗。"戴德诚以周敦颐与屈原同场竞美，将屈原舍生取义之孤愤与濂溪行伊尹之志并举，赞誉三闾大夫之侠义、濂溪先生之仁德开风气之先。国学大师钱基博在《近百年湖南学风》中论及湖南可登史册的榜样时说："天开人文，首出庶物，以润色河山，弁冕史册者，有两巨子焉……一为文学之鼻祖，一为理学之开山，万流景仰，人伦楷模。"① 钱基博为钱钟书之父，被称为"国学大师"。他论及湖湘百年学风之肇始也无法回避"弁冕史册"的文学鼻祖和理学开山，以屈原和周敦颐为后世景仰的人伦楷模。此外，李肖聃《湘学略》、黄光焘《湖南学派论略》、吴博夫《湖南民性》等等。在历时层累的文化基因中，均上溯周敦颐为湖湘理学的原点和基石，字里行间，确立起湖湘理学的独特地位。

以周敦颐为开山的学术思想影响了湖湘学术文化的建构，"湖湘一派"言儒论道第一人当推周子濂溪，正是因为他的引领，湖南因之产生了一批理学家和实践家，有王船山"六经责我开生面，七尺从天乞活埋"的气魄，有梁启超心系天下、敢为人先的胸襟，有毛泽东"欲与天公试比高"的胆识，还有无数后来者的英雄气概，共同形成了"经世致用，敢为天下先"的湖湘文化。他们均受到理学的影响，彰显着湖湘文化的厚重与传承，是湖湘文化传承的写照。溯其源流，周敦颐提出"立诚"、成"圣"的言论影响了湖湘人的价值取向。"守真""有为"的文化追求和人生价值恰是湖湘人自强不息的精神皈依，从而演变成一种强烈的爱国主义传统。可以说，在这一思路中，周敦颐以他深邃的

---

① 钱基博：《钱基博自述》，安徽文艺出版社，2013 年，第 128 页。

哲学思想奠定了"湖南人特别独立之根性"的基础，经由南宋湖湘学派的灿烂、岳麓理学的辉煌、明末船山学的崛起、清代经世理学的沉淀，直到民国时期理学的复兴，湖湘理学的长河，承"濂溪一脉"而来，历时积累，确立了湖南作为"理学之邦"的历史传统。

第三节　濂溪先生在中国文化中的历史地位

周敦颐在地大物博的巍巍华夏又有怎样的历史影响呢？ 2023 年 6 月 2 日，习近平总书记在北京出席文化传承发展座谈会时强调："只有全面深入了解中华文明的历史，才能更有效地推动中华优秀传统文化创造性转化、创新性发展，更有力地推进中国特色社会主义文化建设，建设中华民族现代文明。"周敦颐开创了中华文化创造与转化的典范，是新时代文化传承"第二个结合"的精神力量源泉。

实际上，周敦颐的学术思想、人格精神及政治业绩，在宋代就受到较大的肯定。二程的父亲就以周敦颐为"知道"者，苏轼评价"先生本全德，廉退乃一隅"，黄庭坚评价"舂陵周茂叔，人品甚高，胸中洒落，如光风霁月"。吕公著评价"操行清修，才术通敏，凡所临莅，皆有治声"等等，在官场颇有政绩与声望，得到时人的极大肯定与推崇。

当然，周敦颐最有名望的弟子就是亲传学问的程颢、程颐兄弟，而对周敦颐推崇影响最大的是六传弟子朱熹与张栻。大儒朱熹在多个场合肯定周敦颐的思想地位，例如《像赞》中评价周敦颐"道丧千载，圣远言湮"，从孔孟去世以后，儒家之道离我们越来越远了，圣贤言辞也逐渐湮灭无闻。"不有先觉，孰开我人"，如果没有先觉者，谁能够启迪我们这些后来人呢？"《书》不尽言，《图》不尽意"，周敦颐作《太极图说》《通书》，重新开启了千载不传之说。

朱熹注解《太极图说》《通书》，以周敦颐学术建构道学思想体系。一方面，整理周敦颐著作。宋孝宗乾道五年（1169），朱熹以长沙本为底本校定《太极图说》《通书》，淳熙六年（1179），又根据"临汀杨方本""建安本"再次进行校对。后世流传的《周子全书》《周元公集》《周濂溪先生集》等濂溪文献，都是以"南康本"为底本。另一方面，作《太极图说解》，指出"明天理之根源，究万物之终始"，以"动静无端，阴阳无始""各一其性"等方面说明儒学体系的合法性。以"理""性"释太极，超越周敦颐思想学说，建构贯通、整体的脉络体系。

如果说《太极图说解》是朱熹对周敦颐思想学说的深度解读，那么《伊洛渊源录》《近思录》等则是以周敦颐为中心建构宋代思想谱系。朱熹一方面在《伊洛渊源录》中确立以周敦颐为首的道统传承脉络。《伊洛渊源录》首列《事状》，以"行实文字"从历史的角度论释伊洛渊源，卷一《濂溪先生》，叙述了周敦颐家世源流、仕宦行迹、著述影响等，以及其对二程的学术影响，不仅将周敦颐纳入到伊洛的传承历史之中，而且因朱张的接续而使道学成为宋以后的思想学术流派。另一方面，与吕祖谦合编《近思录》，在卷首"道体"中首列《太极图说》，作为义理之本原，是天道性命之学的基础，也是其他各卷的统摄，带入一个辉煌的时代。在建构理学话题时，后世学者不约而同地把《太极图说》作为思想和学术的最高典范。

朱熹还作有大量祠祀记文，高度肯定周敦颐的学问。例如《江州重建濂溪先生书堂记》中有："先生出焉，不由师传，默契道体，建图著书，根极领要。当时见而知之，有程氏者，遂扩大而推明之。使夫天理之微，人伦之著、事物之众、鬼神之幽，莫不洞然毕贯于一。"[①]周敦颐"建图著书"，著有《太极图

[①]（宋）朱熹：《朱子全书》第二十四册，上海古籍出版社，2002年，第3739页。

说》《通书》，蕴含着圣人之道的纲要，使得孔孟道统得以相传，重新复明于世。乾道年间，张栻与朱熹在岳麓书院会讲，越来越多的人开始关注周敦颐。从最开始周敦颐只是作为出生在湖南的本土乡贤，但在朱张的推崇下，周敦颐成为继承千年不传之学的人物，在理学史上的地位获得普遍认可。宋宁宗嘉定年间，魏了翁、真德秀等人纷纷为周敦颐奏请表彰，"奋自南服，超然独得，以上承孔孟氏垂绝之绪"①，不仅将周敦颐作为承接孔孟以来的道统传承谱系的关键人物，又教导程颢、程颐，"河南二程子，神交心契，相与疏沦阐明，而圣道复著"②，肯定与二程的师承传授关系，学术地位得到官方肯定，嘉定十三年（1220）"赐谥曰元"。后又相继追封为"汝南伯""道国公"，得以历朝入祀孔庙，直接成为官方意识形态。

元明清时期周敦颐的理解与研究进入到一个新的时期。元代许谦《答或人问》指出"《太极图》之原出于《易》，其义则有前圣所未发者。周子探大道之精微而笔成此书，其所以包括大化，原始要终，不过二百余字，盖亦无长语矣"。③以《太极图说》括尽宇宙大化，揭示原始要终之义，肯定周敦颐的独特贡献。清代张伯行编《周濂溪先生全集》指出："以故二程传其学，朱子阐其说，字剖句晰，无微不彰，日与陆氏弟昆反复辨难，不厌烦渎焉，此其服膺先生当何如！"④极力赞赏二程、朱熹等人对周敦颐思想学说的推进，反映了宗朱学者对周敦颐思想地位的立场。黄宗羲、黄百家《宋元学案》对理学思想进行总结："孔孟而后，汉儒止有传经之学，性道微言之绝久矣。元公崛起，二程嗣之，又复横渠诸大儒辈出，圣学大昌……若论阐发心性义理之精微，端数元公之破暗也。"⑤将周敦颐论定为"直接孔孟"而跨越汉唐诸儒的第一人，他

---

① （宋）周敦颐撰：《周敦颐集》，岳麓书社，2007年，第227页。
② （宋）周敦颐撰：《周敦颐集》，岳麓书社，2007年，第228页。
③ 李修生主编：《全元文》卷七八三，江苏古籍出版社，1998年，第55页。
④ 金生杨：《宋周濂溪全编》第十九册，北京燕山出版社，2021年，第7页。
⑤ （清）黄宗羲、全祖望补修：《宋元学案》，中华书局，1986年，第482页。

"阐发心性义理之精微"，以"破暗"之功为宋明理学奠定了理论基础。追溯理学源流，皆将周敦颐列为北宋诸儒之首。民国学人吕思勉等均延续这一说法，《理学纲要》中指出："朱子于学，最宗濂溪及二程。然于其余诸家，亦皆加以研究评论。至其哲学思想，则未有出于周、张、二程之外者。"①

由"无极""主静"发端，周敦颐思想给后人留下一个很大诠释空间。《王阳明全集》中有一则记载"在赣州亲笔写周子《太极图》及《通书》'圣可学乎'一段，末云：按濂溪自注'主静'云'无欲故静'，而《通书》云'无欲则静虚动直'，是主静之说，实兼动静"。② 王阳明崇仰追随周敦颐，从经典中寻求心性义理话题，将《太极图说》中"主静"与《通书》"无欲故静"相互融通，以心体无分于动静，使得阳明心学在此萌芽，"理学"与"心学"分为两歧。王门正宗罗洪先《答或人问》说"周子所谓主静者，乃无极以来真脉络"。③ 以"主静"发展心体泰然，使得儒学的思想话语发生了倾斜。至万历元年，胡直重新厘正濂溪文集，作《太极图说辩》《太极图说辩后语》，开篇指出"昔陆子辩无极太极，反复数千言，予以为无极可无辩，其不可无辩论者，图与说也"。在"心学"与"道学"的差异性视野，都倡导心性义理之精微的发明，均以周敦颐《太极图说》《通书》作为诠释的主要资源，在这种精微的分疏中，开启了新的论域。

无论是理学还是心学的维度上，周敦颐的理学思想作为中国古代儒家学术思想在数千年历史中的中兴节点，是中古时期民族文化复兴的重要样式和成功典范。而历代文人的诠释又重新注入了活力，使儒学得以继续指引中国人的文明历程，开创了一个思想自我更新、文明复兴再造的模式。

---

① 吕思勉：《理学纲要》，江西教育出版社，2018 年，第 72 页。
② （明）王阳明：《王阳明全集》下册，上海籍出版社，2011 年，第 1306 页。
③ 沈善洪主编：《黄宗羲全集》第七册，浙江古籍出版社，第 461 页。

第四节　濂溪先生在东亚文化中的历史地位

走出钟灵毓秀的泱泱中华，濂溪先生在东亚文化中又产生了怎样的影响？周敦颐理学思想经过濂、洛、关、闽，在受中华文明、儒家思想影响很深的海东邻国传承发展，成为东亚世界近一千年古代社会文明发展的主导思想。

一、古朝鲜

全斋任宪晦在《道统吟》中说"唐虞夏殷周，孔颜曾思邹，濂溪程张朱，静退栗沙尤"，赓续"濂溪程张朱"，而后转向至"静退栗沙尤"，形成新的道统谱系。

晦斋李彦迪（1491—1553）与忘机堂曹汉辅曾围绕周敦颐著作开展"无极太极论辩"，可以作为濂溪思想传播的时代标志，朝鲜时代学者以《太极图》与《太极图说》，串联起"无极""太极"思想体系演变的内在机理。

文人学者撰写大量纪咏濂溪的诗文，最有代表性的有河西金麟厚（1511—1560），咏《濂溪》"适来春陵翁，寓目心怡然。徜徉惬幽期，竟夕忘回旋"。以"春陵翁"纪咏周敦颐的记录，带有着地域文明的影响因子，心绪怡然，端庄恭敬，为朝鲜文人所悠然神往。这种以濂溪理学思想与精神作为毕生追求的目标，朝鲜君王正祖曾以周敦颐名号赐名其为"海东濂溪"，突出与周敦颐的直承关系，开启海东接续濂溪"希圣希贤"的新模式。

受周敦颐人格品性的熏陶，穷理潜性，容于涵德，朝鲜性理学家的思想言行仍然带有濂溪理学的核心烙印。大儒退溪李滉（1501—1570）以《太极图说》开创"图示说明"儒学经旨的文本，诸如退溪李滉向君王呈献的《圣学十图》之《太极图》，南冥曹植（1501—1572）《太极与通书表里图》等等，"以图为解"作为一种特别的思维方式，提供倡明圣学正道的新思路。此外，韩国现存最早的绍修书院中存有"景濂亭",退溪李滉《景濂亭次韵》诗云:"草有一般意,溪含不尽声。游人如未信,潇洒一虚亭。"将内心体验和精神世界为目标,"草有一般意"正源自濂溪"窗前草不除,与自家意思一般",义理思想凝结为一种内外融通的精神境界,作为濂溪思想主导下的一种义理"转换"。

二、日本

在受中华文明、儒家思想影响很深的海东邻国日本,周敦颐思想学说有着显著的地位,日本称周敦颐为"周老师""濂溪翁",推崇备至。

周敦颐理学思想何时传入日本?根据张京华、周建刚著《濂溪书院国学经典讲读》中提到:"理学传入日本滥觞于中日神僧的交往。日僧俊芿浮海游宋,于 1211 年归国,除携带大量佛经外,还有儒道书籍 256 卷,其中就有周濂溪的著作。其后经玄惠法印开讲宋学,宋学在日本渐渐高扬。"[①]另一方面,周敦颐理学之所以传入到日本,与朱子学思潮的传播有关。在朱熹的影响下周敦颐的思想地位发生了重要转变。

日本学者将周敦颐作为中国及东亚的近代思想史的关键人物。日本学者吾妻重二指出:"北宋的周惊颐(字茂叔,号濂溪)在发展过程中留下了很重要的足迹。他的《太极图》以及《太极图说》在有关宇宙生成、构造的理论领域中展现出全新的内容,成为近世中国思想史上存在论的基本架构。"[②]不仅充分肯定周敦颐在东亚的地位,而且突出《太极图说》,代表对周敦颐地位与贡献的肯定。

在文学领域,周敦颐的《爱莲说》等诗文入选《濂洛风雅》《古文真宝》

---

① 张京华、周建刚:《濂溪书院国学经典导读》,中南大学出版社,2019 年,第 165 页。
② (日)吾妻重二:《朱子学的新研究——近世士大夫思想的展开》,商务印书馆,2017 年,第 2 页。

《文章辨体汇选》，对宋元之际的理学文学有广泛而深入的影响，具有较好的文学研究价值。《爱莲说》"出淤泥而不染"固然有廉洁自守之一面，而菊之隐逸，牡丹之富贵，莲之君子，三者对比而择焉，尤在表明士人与大众之区别及儒家有为的价值立场。《爱莲说》拟作的书法作品在日本兴起，幕府御用画家、狩野派之祖狩野正信（1434—1530）绘《周茂叔爱莲图》，被指定为国宝的名画，提供了一条《爱莲说》经典化的道路。曾我萧白（1730—1781）的《周茂叔爱莲图》等，将《爱莲说》转化为图绘，皆出自日本画师之手，这些从经典文字到视觉图像，无形之中透露出《爱莲说》在传播域外的深远影响，也拓展了文学意象与艺术图文的观念范围。特别是在日本传统物件中，从瓷器、香盒到屏风、丝绸，无不置入"爱莲"的元素，反映出周敦颐思想在当时的接受程度。

从文献传播的角度说，日本的公共图书馆和大学图书馆收藏了周敦颐的著作，呈现出三个方面的特点：第一，整理方式多种多样，出现《太极图说》的单行本。周敦颐著作篇幅不大，最重要的著作《太极图说》仅249字，《爱莲说》119字，《通书》3000余字，除了朱熹注解外，在中国并没有单行本，但在日本却单刻为一书，虽为薄薄一小册，但却是周敦颐文集中为数甚少的单行本。例如九州大学藏有"宽文四岁（1664）甲辰初冬开刊，村上平乐寺"的单行本《太极图说》，并标记有汉文训读，显然具有明显的资源媒介优势。诸如延宝八年（1680）山崎嘉《周子书》流传较广，此外《周子全书》《周张二书》等著作也是多次传抄，不同版本的周敦颐思想著述，丰富了湖湘文化"走出去"的意义形态。第二，视野更加开阔，例如《太极图说问》《太极图说抄解》内容为图解"无极""太极"二极字，阴阳、五行、动静等概念，既有"或问""抄解"的形式，也有室鸠巢《太极图述》以"述"注解阐释《太极图说解》。第三，研究更为丰富，日本学者原窗雨《太极图说资讲》、稻叶正信《默翁太极图说讲义》《太极图讲义》、芦斋钓雪父《太极图说抄》、並木栗水《周子

太极图说讲义》、中村之钦《笔记太极图说解说》、伊藤东涯《太极图说管见》
和《太极图说十论》、三宅重固《太极图说笔记》《太极图说口义》等，日本学
者对《太极图说》论学要旨的概括与阐扬，从不同角度进行解读，从某种角度
来说，这是对濂溪理学文献的衍生，以一种不同的形式接续了儒学思想。诸如
伊藤东涯《太极图说十论》《太极图说管见》，以反对朱子学著称，在阐释中体
现了明显的"古义学派"的特点。此外，还有大量《伊洛渊源录新增》《鳌头近
思录》等探索、接续濂溪理学奥义，切实呈现了周敦颐思想的影响力。

　　汉诗歌咏周敦颐之作随处可见。日本学者吾妻重二指出："他的名作《爱
莲说》以出淤泥而不染的莲花来比喻君子，长期以来一直脍炙人口。另外，表
现他性格特征的'胸中洒落'中的'洒落'一词，在日本江户时代初期为藤原
惺窝等人所喜爱。"① 由此可知，日本文人熟知周敦颐事迹与学问，令寻孔颜乐
处、吟风弄月等信手拈来。宗朱学者林罗山对周敦颐尤其崇敬，专门著有《濂
溪图赞》《吟风弄月论》《太极》等，称赞周敦颐："心节清洌，胸宇洒落，茂叔
之风月乎？"不仅认同周敦颐的思想价值，更是推崇其高尚的人格旨趣。中岛
棕隐《早秋》诗云："一面藕花新水池，秋香陈阵扑帘时。神高结得清奇梦，
恍见濂溪周老师。"② "濂翁""洒落"等词，用以表示风趣，与此类似的衍生现
象，在日本屡见不鲜。从某种意义上说，这是对濂溪理学传统的拟效，也是湖
湘学术跨越时空乃至文化界限的传衍。

　　晚近以来不少学者开展专题研究，诸如日本荻原扩《周濂溪的哲学》，松
山直藏《北宋五子哲学》、小柳司气太《宋学概论》，围绕周敦颐的《太极图
说》或北宋思想背景方面开展较多研究，考证精细，深刻反映了周敦颐在域外

---

① （日）吾妻重二：《朱子学的新研究——近世士大夫思想的展开》，商务印书馆，2017 年，第
　　2 页。
② 张京华：《周敦颐为什么要写〈爱莲说〉?》，《中华读书报》，2020 年 6 月 10 日，第 13 版。

的影响。特别值得一提的，並木栗水《宋学源流质疑》一类著述，摒弃朱熹以来的思想观念，对濂溪理学的思想源流考辨质疑，反映出新的碰撞与融合。最引人注目，日本学者吾妻重二等不少论文或著作又被译介到中国，诸如《论周敦颐——人脉、政治、思想》《〈太极图〉之形成——围绕儒佛道三教的再检讨》《〈太极图·图说〉之展开与变容》围绕周敦颐与《太极图说》等话题投入极大精力，从某一角度反映出周敦颐思想影响的绵延持续。

第五节　濂溪先生在欧美文化中的历史地位

周敦颐因"图""书""说"声名远播，堪称东亚冠冕的濂溪先生在欧美又拥有怎样的历史地位呢？

一、濂溪先生在欧洲的历史地位

周敦颐理学思想如同"涓流""爝火"步入世界哲学的殿堂。早在 17 世纪，周敦颐"太极""无极"思想就远播欧洲大陆，此时的欧洲思想家眼中的东方哲学面目模糊不清，除了重视孔子、老子等先儒们的思想，哲人们颇为关注周敦颐、朱熹等宋明理学后儒，发生了隐蔽的讨论，但引用后儒观点时，仅仅为印证基督教义服务。18 世纪末期，周敦颐理学思想沦为批驳对象的现象似乎有了好转，传教士们开始审慎地对待周、程、张、朱等后儒。

欧洲认识周敦颐的第二个阶段始于 19 世纪初。在这个阶段，汉学家对周敦颐的阐述是科学而客观的，不再像 400 年前的利玛窦那样视宋明理学思想及"太极""无极"等概念为工具。周敦颐理学思想在欧洲的影响由早期碎片化误读转向文本译介、思想研究，欧洲人开始重视《太极图说》《通书》的翻译。从现有材料来看，19 世纪下半叶，汉学家们将目光扩大到中国各类经籍上，周敦颐的《太极图说》《通书》也成了他们涉及的对象，并增添了理性研究的色彩。

1. 孔子、朱子影响下的周敦颐理学思想传播

周敦颐理学思想的早期传播与孔子思想、朱子思想的传播密切相关。孔子思想西传拓展了周敦颐理学思想的影响。意大利传教士利玛窦"以中国经典要旨与天主教义相比附，以示东西相通"。[1] 利玛窦在《天主实义》（1595）至少有五次或直接或间接地引用了周敦颐理学思想。意大利龙华民就在《关于"上帝"之争论的简要回答》一书中，以"上帝"的指称为出发点，站在"礼仪之争"的中心介绍周敦颐，阐释"无极"这一概念，这是周敦颐理学思想在欧洲的重要展露。比利时传教士殷泽民、柏应理在《中国哲学家孔子》（1687）"序言"中简单介绍了周敦颐。他们继承了利玛窦的思路，对新儒家展开了批评。他提到了周敦颐。他认为新儒家的根本问题在于脱离了孔子的传统。在新儒家那里，太极成了一个根本性的范畴。利玛窦、龙华民、殷泽民、柏应理并不是要在周敦颐哲学论著中发掘精神标志，而是将其观点作为基督教思想的衬托和工具，客观上促进了周敦颐理学思想在欧洲的影响。

欧洲学者对周敦颐思想的接受与程朱理学西传有密切关联。法国李明《中国现形势志》《中国近事报道（1687—1692）》（1696）较为详细地介绍周敦颐思想。李明（1655—1728）的《中国现形势志》中，向欧洲介绍了宋代儒学，主要介绍了周敦颐、邵雍、朱熹三位理学家的哲学思想和朱熹的《太极解义》，称他们为中国的"哲学学派"。李明《中国近事报道（1687—1692）》（1696）中"第十封信：论中国古今宗教"中谈到宋代 1070 年左右的思想家，"只是在1070 年左右出了几个远近闻名的注释家，在 1200 年又出了一个能力超群的鸿

---

[1]　陈乐民：《欧洲与中国》，生活·读书·新知三联书店，2014 年，第 42 页。

儒"①。这里指的是宋朝的新儒家和朱熹。

18 世纪末期，周敦颐理学思想沦为批驳对象的现象似乎有了好转。马若瑟在《书经》译本中分析了"太极"一词，提到周敦颐哲学思想的重要观点"无极而太极"。刘应在《书经》译文中谈到周敦颐和朱熹是宋代哲学家中的代表人物。钱德明在《中国杂纂》中绘制了一种奇异的图像："图为大圆，圆中有一个内切三角形，三角形又内切一个由三层组成的较小的圆，每一层又分为黑色和白色的片段。这就是周敦颐的阴阳图。在三角形之外，我们可以发现天、地、人三大因素。"②钱德明进一步阐释"无极"概念，认为它是在太极本身之前，无法想象和无法称呼的，具有深远影响的公理。从钱德明的分析来看，这是欧洲思想家对周敦颐善意接受的开始。韩国英在《中国杂纂》第 8 卷中提到周敦颐。"韩国英把他比作自己熟悉的欧洲哲学家们"③，认为太极——无极思想体系优于自毕达哥拉斯以来的众多思想体系。

2. 周敦颐理学思想在欧洲的传播路径

周敦颐理学思想在欧洲的传播与展开主要围绕两条线路：一是中国经典书籍的译介，传教士将《易经》《尚书》等中国经典汇编刊刻，以及在明嘉靖以后大量中国哲学典籍刊刻，从而成为濂溪理学传播和接受的典型个案。从文化交流的意义来说，文本的流动具有较强的文化意味，切实反映了周敦颐理学思想的生命力与影响力。另一条线路则是理学选本，朱熹所编《近思录》，胡广编纂的《性理大全》，李光地奉旨主理的《御纂性理精义》，雍正御纂的《满汉性理合璧》在欧洲的广泛传播，拓宽了《太极图说》《通书》及道统的影响范围。

① （法）李明著，郭强、龙云、李伟译：《中国近事报道（1687—1692）》，大象出版社，2004年，第 271 页。
② 任继愈：《国际汉学》第 5 辑，大象出版社，2000 年，第 323 页。
③ 任继愈：《国际汉学》第 5 辑，大象出版社，2000 年，第 325 页。

性理类书成为欧洲了解研究周敦颐理学思想的重要途径。法国耶稣会士在周敦颐理学思想西传中扮演了重要角色。1685年，法王路易十四派白晋至华传教，白晋因学识渊博，深得器重，教授康熙皇帝数学、天文等知识。1697年，白晋回国，带去康熙给路易十四的49卷汉籍，其中包括明崇祯间翼圣堂印本《性理标题综要》二十二卷、满文本《御制性理精义》等书籍，现收藏于法国国家图书馆，从新的视角记录了濂溪学的历史。"性理类书"卷首即周敦颐《太极图说》。大量性理选本促进了"无极""太极"等阐释的发展。

3. 周敦颐理学思想在英、德、法、俄国的历史地位

周敦颐理学思想东鸣西应，在英国、德国、俄国、法国都有回响。周敦颐理学思想在英国的影响。英国学者葛瑞汉是伦敦大学东方及非洲研究院古汉语教授，他以访问学者、客座教授的身份讲学于香港大学、耶鲁大学、密歇根大学、康奈尔人文学会、新加坡东亚哲学研究所、台湾清华大学、布朗大学和夏威夷大学。葛瑞汉在《中国的两位哲学家》中谈道："近八百年来，一直认为周敦颐（1017—1073）创立了新儒学。"[1]

布鲁斯（J. Percy Bruce）是英国著名汉学家，1923年获得伦敦大学文学博士学位，博士论文为《朱熹及宋代中国哲学学派》，后来论文又作为普罗布斯坦东方系列丛书的第11卷出版。布鲁斯在书中用近13页篇幅介绍了周敦颐的哲学。布鲁斯谈道："宋学的伟大成就在于通过将伦理经典教义与对宇宙的理性理论紧密联系起来，这拯救了经典教义免于被遗忘，与佛教或道教相比，可以至少称之为一种理智的哲学；而这一成就在很大程度上归功于周子在这篇专论中阐述的无极理论。"[1]布鲁斯认为周敦颐对程颢、程颐的教诲对当时的思

---

[1] （英）葛瑞汉、程德祥等译：《中国的两位哲学家：二程兄弟的新儒学》，大象出版社，1999年，第224页。

想产生了足够大的影响，这足以说明周敦颐是世界上具有创造性思维的人之一。他的"太极"思想来源于《易经》但又不同于《易经》，以至于开辟儒学新的篇章。他认为《太极图说》"是一篇极为简练而深奥的著作，被认为是有史以来最具概括性和意义深远的文献之一"。①

周敦颐理学思想在德国的历史地位。在这里特别要提到的是德国汉学家在译介和研究周敦颐理学思想上所做出的贡献。以 1876 年德国汉学家甲柏连孜《周子〈太极图说〉》的译介为起点，顾路柏、艾士宏等译者译介《周子〈通书〉》，由此形成义理体系。德国汉学家甲柏连孜在《周子〈太极图说〉中谈到周敦颐"以最简洁的形式和系统的方式总结了中国哲学体系的原则"，并认为《太极图说》是中国哲学的典范文本，濂溪先生是继承孟子思想的重要学者。顾路柏讨论了"道""理"和"太极"之间的关系。他认为"太极"与斯宾诺莎的"自因"相同。"理"和"道"等都是"太极"的特征。顾路柏还介绍了朱熹的学生陈淳和黄榦。德国汉学家福克推崇周敦颐哲学代表作《太极图说》中"科学的形式，清晰而准确的风格以及他的内容的系统化结构，这些在他之前几乎是罕见的"。② 德国汉学家艾士宏在宋代哲学和宗教研究方面成果突出，特别是周敦颐理学思想的研究方面。1932 年艾士宏翻译了《通书》的21—40 章，德语世界第一部周敦颐传记应该是艾士宏的《周敦颐：一位 11 世纪的中国学者生平》。正如艾士宏所说"要完全理解宋代思想，必须了解和确定那个时代的社会结构，了解各个思想潮流主要出现在哪个群体中，从哪里开始恢复旧秩序，以及这一运动的动机、地位和人物的特

---

① J. Percy Bruce, Chu Hsi and his masters: an introduction to Chu Hsi and the Sung School of Chinese Philosophy, PROBSTHAIN & CO., 41 Great Russell Street, London, W. C. 1923, 第 128 页。
② Alfred Forke, Geschichte der neueren chinesischen Philosophie, Cram, de Gruyter & Co·Hamburg, 1964, 第 56 页。

点"。① 整体而言，艾士宏的工作为周敦颐理学思想传播和研究提供了有价值的补充。

德国学者对《太极图说》《通书》论学要旨的概括与阐扬，反映周敦颐理学思想的价值以及这种价值对儒学交流的推动。德国学者将周敦颐作为孔孟之后，新儒家的代表人物，也揭示了周敦颐理学思想在异质文化背景、历史语境被赋予新的内涵，揭示中国哲学的典范文本及其开拓性意义。

濂溪先生在法国的历史地位。在欧洲周敦颐理学思想研究中，法语世界的濂溪学研究也是不可缺少的一部分。法国学者周毅卿在《周敦颐的新儒家道德哲学》中谈到周敦颐对儒家思想重新审视和更新。他认为"无极"概念本身看起来相当简单，却"是一个真正的超越形而上学的绝对原则，无法被任何确定性所约束"。② 周敦颐的经典名言"无极而太极"试图建立儒家绝对与道家或佛家绝对之间的合成。周毅卿认为周敦颐真正的创新是在儒、佛、道合流的形势下，对"无极""太极"思想进行熔铸改造。"'无极'是一个无法被归类的形而上学原则，逃脱了任何限定，是一个神创论的原则。"③ 法国汉学家纪尧姆·鲍狄埃在《中国哲学史》中谈道："人们已经把周敦颐作为中国近代哲学的创始人和大师了。"④ 鲍狄埃较为详细地介绍《太极图说》，包括"无极而太极"的问题，其中讲道："只有圣人才可以达到细微精神的统一，他完全可以与太极的实质与方式相统一。"⑤ 鲍狄埃对周敦颐理学思想的介绍值得称道。

濂溪先生在俄国的历史地位。俄国汉学家热衷于《性理精义》等满汉对照典籍，我们可以发现比丘林对周、程、张、朱等理学家不陌生。"在宋代哲学

① J. J. L. D, J. J. L. D., T'oung Pao, Second Series, Vol.33, Livr.1（1937）, pp.100—102.
②③ Chow Yih-Ching, La philosophie morale dans le néo-confucianisme（Tcheou Touen-yi）, Presses Universitaires de France, 1953, 第 12 页。
④ 任继愈:《国际汉学》第 5 辑, 大象出版社, 2000 年, 第 339 页。
⑤ 雅克·布罗斯, 耿昇译:《发现中国》, 山东画报出版社, 2002 年, 第 216 页。

家中，周敦颐是比丘林关注的对象。比丘林阐述了周敦颐的宇宙观及某些具体情节，对《太极图说》和《通书》作了翻译和编译。"① 俄罗斯汉学家瓦西里耶夫翻译了周敦颐《太极图说》的全文，摘译了《通书》的部分语句。他总结道："《易经》和《中庸》是新儒学的理论基础，……周敦颐著述中所阐述的思想与《中庸》《易经》关系密切。"② 俄国科学院院士 A. 卢基扬诺夫教授翻译《太极图说》和《通书》；在文学领域，卢基扬诺夫教授、黄立良哲学博士和诗人 B. 阿布拉缅科还将周敦颐写的三篇著名的散文《养心亭说》《爱莲说》和《拙赋》译成了俄文。周敦颐的《爱莲说》《拙赋》等诗文在俄国流传，对俄国学者了解我国宋元之际的文学有广泛而深入的影响，具有较好的文学研究价值。在某种程度上说，周敦颐理学思想在欧洲的流衍从一个侧面证明了其经典性，也为湖湘文化走出去提供了广阔的研究空间。

二、濂溪先生在美国的历史地位

伴随着儒家思想的传播，濂溪先生的影响于欧风美雨中日渐月染。陈荣捷是美籍华人学者，哲学史家，在美国从事儒学的教学与研究，默默耕耘，无日或忘。陈荣捷《中国哲学文献选编》中谈道："新儒学的渊源或可溯自较早期的儒者，但真正开拓新儒学之视野并决定其导向者为周敦颐，一般称其为新儒学之先驱。在他两篇短著里——《太极图说》与《通书》——为后期新儒学奠定了形上学与伦理学的模式。"③ 他也曾赋诗："海外教研四秩忙，攀缠墙外望升堂。写作唱传宁少睡，梦也周程朱陆王。"深契于儒学的陈荣捷称周敦颐

---

① 任继愈：《国际汉学》第 5 辑，大象出版社，2000 年，第 330 页。
② 赵春梅：《瓦西里耶夫与中国》，学苑出版社，2007 年，第 156—157 页。
③ （美）陈荣捷编著，杨儒宾译：《中国哲学文献选编》，北京联合出版公司，2018 年，第315 页。

是"开拓新儒学之视野并决定其导向者"①，此论断奠定濂溪先生在欧美文化界"新儒学先驱"的地位。

劳思光是当代汉语学术界最具影响力的哲学家之一，先后在美国哈佛大学及普林斯顿大学从事研究工作。他谈及周敦颐的历史地位时说："虽就系统内部说，二程朱熹均与周氏不同，但在大方向上，则除陆王一系外，几全受濂溪思想之影响。昔人每谓周氏为'承先启后'之大家。学者今倘知《中庸》《易传》并非孔孟之学，则'承先'二字，周氏未必能当之，然就'启后'而言，周说实开启此一思想路向，当之无愧也。"② 劳思光也认为濂溪先生有开启新儒学"思想路向"之功。

20 世纪末，美国学者加利亚·帕特·沙米尔（Galia Patt Shamir）在《儒家思想的"不解之谜"：以〈通书〉为例》中强调《通书》哲理在儒家思想框架之内所代表的新成就，同时揭示《通书》所提供的道德实践与形而上境界的动态关联。美国凯尼恩学院的阿德勒（Joseph A. Adler）教授在《重建儒家道统：朱熹对周敦颐的化用》中认为周敦颐开启中国儒学复兴的端倪，是宋明理学的开山之人。"经历了八百年佛教和道教主导的局面，自 12 世纪以来，周敦颐奠定新儒家思想的基本范式。他对这一传统做出了三项重要贡献：太极图、太极图说、《通书》。"③20 世纪末，美国极为重要的周敦颐研究专著是金邦洪的《周敦颐思想的研究》（A Study of ChouTun-i's Thought）。金邦洪认为周敦颐的太极学说是宋代儒家试图通过吸收其他两种哲学传统来为自己的道德学说提供形而上学基础的一个典范。周敦颐吸收了道家和佛家的哲学元素，从而为儒家思想

---

① （美）陈荣捷编著，杨儒宾译：《中国哲学文献选编》，北京联合出版公司，2018 年，第315 页。
② 劳思光：《新编中国哲学史》卷三上，生活·读书·新知三联书店，2015 年，第 116 页。
③ Adler·Joseph Alan, Reconstructing the Confucian Dao: ZhuXi's appropriation of Zhou Dunyi, State University of New York Press, 2014 年，第 3 页。

赋予了新质。学者们普遍认为周敦颐的思想为后来的新儒家思想的发展奠定了基础。

由此可见，濂溪先生在欧美的影响不可谓不大。濂溪思想南北东西的传播是极其深刻的国际性的中国文化运动。

第八章　郴州濂溪书院碑记和濂溪祠记简注

第一节　郴州濂溪祠记

《新建濂溪祠堂记》

宋　王湜

学校之设以明道也，自以课试程士，当急者反缓之，弊久矣，今为甚。端平丙申，湜始至，尝欲创精舍，仿石鼓、湘西旧规，不徒以文艺取问。一岁钱谷几何，则守常且不赡，奚暇？嘉熙己亥冬，帑粗有羡，适有田没于官者，请于郡，郡侯金华郑公端礼从之，遂捐金十万相其役，始得以伸初志。度地于成德堂之东偏，面直相国书堂。群山拱揖，淑气磅礴，藏修游息，于士为宜。将筑室待学子，为祠奉濂溪先生，而以二程朱张四先生配，以寓希濂之意。未落成，永嘉万君宇来为代，首以告。君，上庠名流也，欣然曰：亦吾志。明年冬，书来告成，且属记，辞不获。

湜窃惟濂溪先生两为邑于郴，历年多，设教之迹无所考。观其以一令论学郡守，李初平感动，有读书忘听，语二年卒有得于既老之后，则当时睹德而悟，闻风而兴者可见。郴人夙多忠信材德，至我朝又有儒宗作兴焉，故先生之道，四海同尊，而郴人之向慕尤至，此希濂之意所由寓也。先生上探洙泗千载之奥，下开伊洛百世之传，建图属书，远配羲易，有非后学所能骤窥者。吾党而希乎是，非躐等也。人之于道，未论到之浅深，先观所志之高下。志苟高，则循序而进，始见其弥高，终见其卓尔。美墙舆立，何往而非道？否则谓吾不能而自弃，谓力不足而自尽，虽日与圣贤居，亦本末如之何也已。此士之事莫先于尚志也。或谓：汉去古未远，士已有科举之累，居今之世而曰志古之道，非愚则诬。予谓不然。明道先生年十五六，闻濂溪论道，慨然有求道之志。肆能光昭师训，为斯文宗。若谢上蔡、杨龟山、游御史，则见而知之。胡文定、朱文公、吕成公，则闻而知之，而皆以科举进科举，虽非古，其谈仁义、述周孔、辨君子小人、论天下国家之安危治乱，亦岂能外斯道以为言？惟数君子求道之志先定，以其渊源之学，发为场屋之文，得之不得曰有命。达则道见于世，穷则道垂于书，科举岂能累之？人之为科举累者，以荣辱得丧龃龉其心胸耳。《通书》不云乎："见其大则心太，心太则无不足，无不足则富贵贫贱处之一也。"又曰："君子以道充为贵，身安为富，故常泰，无不足，而铢视轩冕，尘视金玉。"学者瞻其像，读其书，而诚有感于此，则内外宾主之分明，而其志立矣。志立则道可进，而先生之祠不徒立矣。湜不敏，固尝与郴之士群居而共讲焉。因复书之，以承方君之命。

淳祐二年长至日，从事郎、新道州州学教授王湜记。

此记作于宋理宗宋淳祐二年（1242），题为《新建濂溪祠堂记》。王湜，道州人，郴州、道州州学教授，惜不详其履历。作《新建濂溪祠堂记》时为道州州学教授。

《新建希濂书院记》

宋　陈兰孙

宝祐丙辰，始作希濂精舍于泮之左，示学者有本也。舍以"希濂"名，何居郴？濂溪遗化之邑。士希贤，贤希圣，书意也。先是，嘉熙己亥，教授王君湜尝即其地作濂溪祠，偪侧面墙，一席外皆它人地。越七年，余偶携束书来，每趋谒如旋蚁封。明年春，因请于太守王公镕曰：湖南诸老讲学之旧地，潭与衡，书院莫盛焉，郴虽穷，愿仿是意，辟精舍以便讲习。公慨然曰：可。顾地不改辟不可，乃捐屋之在官者，与民易厥居。既得地，复捐钱千缗，相其役。方抡材，公以忧去。

诸生谓：是不可中尽，相与殚虑，上其议于台，辍薄廪以给其费。乃画之堵，乃欂之橐，工以力授食，匠以日计庸，木石瓦甓，以乡物视值。度地面势，筑土叠石，为重门，为两庑，萦级而升，以达于堂。高明爽恺，为间者五，扁其中曰"聚奎"，四斋曰"立道"，曰"合德"，曰"得秀"，曰"修吉"。设讲书、司计位。新五先生祠，续未成，漕使章公清孙、宪使梁公膺，是其议，助各有差。于是群工悉力，不愆于素。经始于五月之丁巳，告成于十月之壬申。率诸生行释菜礼，为之规条，而上之计使者，以示程序。时太守史公曼卿始至，伟之，捐旧楮四千缗助之。余谓教养当兼备，乃会余力，节浮费，悉置田。又明年秋，作"君子亭""仰高台"，疏池而莲，通道而桂，以与郡泮接。前揖相国之书堂，后枕义陵之胜概。群峰献奇出其右，仙岭撷秀环其左。丞然来思，唶真泳涯。彬彬乎其盛矣。予将归，诸生固请记其事。

兰孙敢谂于众曰：三代衰微言绝，学校之意不明久矣。自汉唐及今，学不出科举之外。若仁义道德、修齐治平之学，殆将求十一于千百。此世教所以不古，精舍所繇作也。诸生其升斯堂，会斯境，毋摭而华，益培其实；毋遂而末，益反其本。天高地下，吾性刚柔；山峙川流，吾心动静；池莲草窗，吾乐意相关。辨必明，行必笃，穷之养，达之施，庶乎可以入圣贤之道，而希濂之名不徒立矣。不然，断编败册，朝吟暮诵之，以角得失绳尺间，则非作舍初意也。若出内有司，若黜陟有序，宜略弗书。诸生曰：唯。请退而笔其说。

此记作于宋理宗宝祐四年（1256），题为《新建希濂书院记》。陈兰孙，字季方，茶陵人，宋理宗淳祐十年（1250）庚戌科方逢辰榜进士，历任湘阴知县、户部左曹郎。咸淳中知潭州湘阴县，主管劝农营田公事、曾建会养堂以恤贫民，为贫民刊田亩，兼兵马监押、兼弓手寨兵军正、兼权安抚司干办公事。

《郴州濂溪祠记》

明 何孟春

吾郴在宋称军州，所隶有郴县焉。舂陵周濂溪先生，尝以南安军司理被荐为郴令，则郴县是也。先生又自郴改桂阳令，桂阳亦郴所隶县也。若洪、若江、若合、若虔、若永邵、若广中，列郡则并郴，又先生所历仕之地也。而永邵与郴视舂陵独为乡国。先生两令郴，则仕郴独久。史载先生为郴令，治绩尤著，则郴之感沾德化为独深。

呜呼！郴而专祠以祀先生，岂不宜也！宋宝祐中，郴有像先生于文庙偏者，续有辟之为精舍者，殷其人知务哉！然自绍兴之初，直阁向公舂建祠之后，凡先生历仕之地，嗣守人无不尸而祝之，争焉记朱紫阳以阐先生之学，以表尊奉意。而郴是时曾未闻，其距宝祐则迟于他处几何年矣。郴之祀先生，不获吾紫阳之记，吾后人已不能不驾恨其时。奈何入元以来，绍罹兵变，乃举精舍而复亡之。其址屋于民间，绾章符者莫之问焉，而奠先生于社，社祭徽乡先生，如之何其可也。

迄弘治甲寅秋，湖臬佥宪宜兴吴公淑，分巡南道，所过郡庠，咸入整饬。洎临郴，郴众庠生聚首计曰："礼崇圣贤，我辈素志。今遇明公注厝如此，复濂之祠斯其际乎！"乃共含语，面公欲吐，而公适讯及。遂为根出地，偿居民以官值，即其宅拟名书院，逐置先生神位其间，而诿郡守钱塘陈君常，以书院规模之弗度，罅漏之须完者部工修葺。郡守承令，夷荒拓地，饰陋为新，亭构养心，池开爱莲。冬季功迄以告公。公办香往谒祠，只回两阶，集众庠生谕之曰："先生之祠不已复乎？复之，则余与若郡守力也。若其亦思有以学于是焉，于先生之学有得焉，庶祠不为虚复。"众庠生拜诺。公少却睨左方，视郡守曰：此堪树碑，其砻石矣。乃走，伻属乡人何孟春为记。

此记作于明孝宗弘治七年（1494），载明万历《郴州志》卷十二，题为《濂溪祠记》。何孟春（1474—1536），字子元，湖南郴州人，明孝宗弘治六年（1493）进士，初任兵部主事，后升任员外郎、郎中，历任河南参政、太仆少卿、太仆卿、都察院右副都御史兼云南巡抚、兵部侍郎、吏部侍郎、吏部尚书。何孟春为官廉洁奉公、兴利除弊、革除陋规、直言敢谏。"大礼"议有上疏，经左顺门事件，辞官。嘉靖十五年（1536）于家中逝世，年六十二岁，隆庆初年，赠礼部尚书，谥文简。

祖父何俊为云南提学佥事，父亲何说为刑部郎中，何孟春幼异，为黎淳

（黎淳，明英宗天顺元年（1457）状元，官至南京礼部尚书，参与修撰《大明一统志》）所赏，李东阳读其文曰：表吾楚者此子矣。何孟春生平以气节自许，学问赅博，喜评议古今时事。有《何文简疏议》抨击弊政，文笔较为恣肆。有《余冬序录》评论君道、古今人品、各项杂事。诗歌创作平衍。有诗论《余冬诗话》，《四库全书总目》认为，"以讲学之见论文，已不能得文外之致，至以讲学之见论诗，益去之千里矣"。

《重建濂溪书院记》

清　谢允文

汉唐以来，凡为学者必有师专门名家，各尊师说。幼而学，壮而成，老而传，端序经纬，源源委委，禀承古昔，如此其不苟也。后世校学之法不讲，而先民辨志敬业之遗教不可以复考矣。至宋，道学之盛，直可上接三代。其时未有州县之学，先有书院之建。马贵与谓：州县之学，或作或辍，不免具文；乡党之学，士大夫所建，教养之规，往往过于州县。四书院外，石鼓、濂溪，其最著者也。予垂髫读《论》《孟》，即有慕于四子之学。去秋来判衡阳，一登石鼓书院，得瞻拜七贤堂。冬杪衔檄，摄篆郴阳，下车访濂溪书院，私心自抚。窃谓自得于先贤过化存神之地，少挹其遗风余韵，实深幸焉。及问其遗址，在城南古郴县左，后迁徙不一，明弘治间移复于此。前有莲池，中有君子亭，毁于明末寇乱，今一望而为黄茆白苇矣。噫，可叹也！其读书堂，距城三十里，在鱼鲜山。秦淮海游此，谓其形胜类华山之阴者，今益不可复问矣。考元公景祐间移郴令，劝农桑，兴学校，以道学倡士，士皆从化。寻调桂阳，康定间复知郴州军。公于郴阳，盖三至焉。其时二程来从受业，盛矣哉！

士子学古入官，教养为先。养而不能教，是慈母之徒能食其子也。先生之学，上探洙泗，下开伊洛，而其教人，在于主静。传之者，为豫章为延平。主静者，养气之功也。故程子见人静坐，便称其善学。人禀是气以生，心体流行而有条理者，即性也。流行而不失其序，即是理也。理不可见，见之于气；性不可见，见之于心。心即气也。心失其养，则狂澜横溢流行，而失其序矣。而流行之中，必有主宰。主宰常存，则血气化为义理；失其主宰，则义理化为血气。孟子说养气，先知言。其诐淫邪遁，为一时立言之辈而破其学术也。诐辞危险之辞，蔽于名实者，公孙龙之家也。淫辞泛滥，援引偶然，无所归宿者，谈天衍之家也。邪辞邪僻之辞，远离正道，鬼谷之家也。遁辞不主一说，不知其尚口乃穷者，淳于髡之家也。是皆杨墨之流也。杨墨之迹不息，孔子之道不著，此朱子言孟子虽不得志于时，而君臣父子之道赖以不坠，是亦一治也。昌黎韩文公谓其功不在禹下。然自周末至唐，千有二百年，而得昌黎。其《原道》《原性》之书，后儒谓功不在孟子下。夫亦以养气而得知言也。

　　郴虽僻壤，为斗绝天堑之疆。山川灵秀，碧崖银瀑，蜿蜒从空造化。吉祥之气，与国家休明之运。磅礴结轖，而钟美于人物，必有奇绝殊尤者，出于其间，如文公云者。文公于贞元间两过郴阳，逗遛吟咏，流传至今。前有祀在州学，后又立于北湖上，毁于元末。明正统间重建，又毁于明末。当时于孟缩赠言，谓孟年甚少，礼甚度，文一编甚距，尽其书无所不有，其所偕尽善人长者，是郴前此未尝无贤人也。今天下月蟾日域，栈山梓海，禀朔向化。而且极尊崇文教，以重化源。又诏天下缮葺前代先贤祠宇，则是举也，虽甑釜生尘，能诿而缓诸？遂即于旧址，虑材鸠工，为堂五楹，左右为房，广六十尺，深三十尺。左右两楹为廊，广如之深，杀其二。前为门二楹。堂中设韩文公、周元公两先生木主。二公崇祀于春秋有年，今照往例丁日祭，文庙后设为专祭，复罄橐，于左傍拓地九弓，又石臣朱生捐地三弓，次第落成。其役以二月始，以五月竣。先是开义学于正月，借开元僧寮，延师设馆。兹迁入堂庑，誉髦斯士，藏修游息，学植以深其根，养气以充其志，其功则记览讲贯，其文则布帛菽粟。异日骧首皇路，崇教化，明道术，而其余绪，则用以藻绘典册，鼓吹休明，斯无负朝廷作人之雅化，而不愧先贤过化存神之遗风余韵，诚深幸焉！予自数年以来，南北奔驰，学殖荒落，对兹多士，而中心痒痒焉。欲有所告，非敢曰我有子弟而子产教之也。谨勒诸石。

康熙三十五年岁在柔兆困敦，蒲月上澣毂旦，湖广衡州府通判兼摄直隶郴州事，古董后学谢允文撰。

此记作于清康熙三十五年（1696），载清嘉庆《郴州总志》卷三十五，题为《重建濂溪书院记》。"景祐间移郴令"应为"庆历间移郴令"。"康定间复知郴州军"应为"熙宁间复知郴州军"。

谢允文，浙江人，湖广衡州府通判。清雍正《宁波府志》卷二十有传，谢允文，字有声，监生，康熙三十四年，由光禄寺典簿，捐升湖广衡州府通判，爱民恤士，多留心文教，捐俸置田，以供廪饩。清康熙三十六年摄篆郴州，邑为宋儒周濂溪旧治，祠宇久圮，重建书院，置产赡之。前任刘某遗孤，贫甚不能归，资助之，为之授室。邑中宦裔李生、王生窭不能婚，为之完。

《郴州重建濂溪书院记》

清　王喆生

自古贤有司，未有不以兴起教化、扶进人才为事者。近世吏术少变，号循良者别有事事，而斯道不讲久矣。余于郴州书院之重建，不能无慨慕焉。郴为楚边郡，地稍僻，然旧志多所纪。唐韩文公贬阳山令过此，州人慕之，为立祠。宋周元公三仕郴阳，故建书院于州学。历世久远，祠与院皆废，即旧址无有存者。

康熙乙亥秋，古董谢公慎斋，除判衡州，不两月，来摄郴篆。下车之始，设义学。集生徒数十人，择士之有学行者，为之师。既而访得遗迹，度地鸠工，重建书院于州城之南，并祀二贤，即命诸生读书习礼于其中。余适游岭南，往来于此。有生周成德率其徒李宗白来见，具言谢公所以兴起教化、扶进人才之事。余闻之，敛容起敬。越一日，登其堂，瞻拜二贤，见夫庭斋宽静，几筵肃穆，诸生摄衣请见，彬彬皆有礼，余为之叹息，低徊不能去。今天下需材急矣，省郡州县皆有学，学皆有官，所以育材者甚备。名存而实忘，师道之不立，士虽有志，其何法焉？且夫前贤者，后贤之望也。俎豆废寙，简编零落，彼后生小子，目不识先儒为何等，而欲其振兴于无因之地，岂不难哉！然则谢公官郡司马，位非师儒，其摄篆也，又不久以去，而独能以扶进人材为事，又即以崇奉先儒之典，为兴起后学之藉，复捐买田亩，俾修脯膏火有资，其功不诚伟，而其人不诚贤矣乎！

余因进周生而告之曰：修废举坠，以彰前而启后者，良司牧之事也；敦本励实，以崇体而达用者，士君子之事也。谢大夫意良厚，不可以负。子为诸生师，其务倡以实学，率以至行，必如韩子之辟邪崇正，直声振于朝野，而后可以读《原性》《原道》之书。必如周子之静处，动直默契道源，而后可以精求乎《通书》《太极图说》之奥。处为大儒，出为名臣。郴虽僻小，于诸君有厚望焉，毋徒以帖括举业之文，导诸生以取富贵而已也。生唯唯。予退而书为记。

时康熙三十五年岁次丙子，仲秋月穀旦，崑山后学王喆生谨撰。

此记作于清康熙三十五年（1696），载清嘉庆《郴州总志》卷三十五，题为《郴州重建濂溪书院记》。王喆生，字醇叔，崑山人，少孤，母朱氏抚之成，从师崑山朱用纯，读性理书，康熙二十一年（1682）进士，授翰林编修，充会试同考官，张伯行称为精深博大，卒年八十一。

第二节　桂阳濂溪祠记

《桂阳濂溪祠记》

南宋　周思诚

濂溪周先生去孔氏千五百余年，一旦复振洙泗坠绪，阐明斯道之所以教，宪章诸后，使百世而下，闻之者犹足以释蒙启蔽。庆历间，尝宰桂阳，去今仅百八十年。而县屡经盗火，先生流风遗迹，乃仿佛无复存焉。县西五里，有山环合，林木茂翳，而溪流清泻，萦纡其间，土人号其乡为予乐，岂亦因先生而名之欤？思诚窃记程明道先生有"过前川而予心乐"之句，盖明道尝从先生游也，今读其诗，亦可想见先生之迹矣。邑之士尚能记盗火前，县厅有木匦一，其高四尺，其阔视其高加尺焉，以贮官文书，其上镂"庆历四年置，桂阳县令周"凡十字，而书押于下，实先生时旧物，然煨烬亦久矣。

嘉定十三年六月，思诚叨令兹邑，入境诣学，谓学必有先生祠，乃巍然独存大成殿，其门庑遗址尽没于蒿莱，惟一厅一寝室，傍无他屋，欲求拜先生之遗像，而竟莫知所向，怅然为之不宁。适县主簿萧允恭以修建县学请于上司，好义者捐金为之助。簿因悉力经营，未几告成。思诚遂合一邑之士，课试于中，而日廪之，凡三十余员，分隶六斋，挟册吟咏，多能读书，通道德性命之说，非如他邦举子，束此书于高阁，谓非时文所急也。乃知是邦之士，沐先生之泽，洽于其心久矣。遂于大成殿右庑之西南，立祠以祀先生。又思县之正堂，先生昔尝居之，因牓其中间曰濂溪堂，俾得伸其景仰。别创屋三间于东边，牓曰光风堂，亦祀先生像于其中。其旁二间，则以为政暇读书之所，庶几朝夕如见先生。于是县学斋皆有先生之祠，阖邑士民惘不肃然起敬。

嘉定十五年六月吉日，思诚率诸生释菜于先生之祠，礼毕乃告之曰："先生之道具于人心，先生之训垂于图典，夫岂远乎哉。故曰志伊尹之所志，学颜子之所学。夫志，心之所之也；学，所以效先觉也。实其心之所求，而以希圣希贤为效力之地，使穷不失义，达不离道，则尧舜伊周孔颜相传之旨，岂外是哉。盖实胜为善，名胜为耻。君子务实胜，故曰休；小人则伪耳，故曰忧。先生所以为万世训者，可谓深切而著明矣。二三子能事斯语，无流于口耳之伪，则斯道将大明于世也乎。"言未竟，诸生皆懔然如有感，乃合辞而请曰："愿识之，以谂后来。"思诚不敢辞，敬叙次立祠之颠末，与所诵先生格言之意，以励诸生者，俾镵于石。

此记作于宋宁宗嘉定十五年（1222），载清嘉庆《郴州总志》卷二十六、同治《桂阳县志》卷二十题为《濂溪祠记》。"庆历四年置，桂阳县令周"应为"皇祐四年置，桂阳县令周"。

周思诚，字纯夫，号敬斋，江西临川人。嘉定十三年（1220）任桂阳（今汝城）县令。宋以前桂阳县无城池，侍郎周思诚为令，始筑城，周一百六十丈、高二丈，仅容县治分司二署。崇重濂溪正学，聿兴文教，民歌思之。历官侍郎入通志。

《重修濂溪阁记》

明 刘节

濂溪先生周元公，宋大儒也。初为分宁主簿，调南安司理参军，移郴令，又为桂阳令，徙知南昌。去郴，人立祠学傍祀之。桂阳至洪武六年，始建阁县厅之东，阁前为堂，堂下为池，肖先生像，春秋祀焉。岁久湮废，记亦无考。正德初，始谋改祠废庙，又议江口创为书院，俱不终事。历八十年，祀享大儒之典，宁忍使之荒废哉？

嘉靖丙午年，吾郡人刘子翔令兹邑，深以获继大贤之后为幸，亟图兴复，捐俸为倡，鸠工市材，力不劳民，财不费官。重屋为阁，立公木主祀于其上。树栋为堂，堂深而静。凿泉为池，池浚而洁。旧观具存。考元公生宋五星聚奎之后，天地储精，光岳元气。上探洙泗千载之奥，下开伊洛百世之传，画图著书。钩元阐秘，有功于圣道大矣！黄鲁直氏谓其"廉于取名而锐于求志，薄于徼福而厚于得民，菲于奉身而燕及茕嫠，陋于希世而尚友千古"，至今谓之知元公者，传谓移令桂阳，治绩尤著，殆可征矣。后世师之宗之，建阁祀之，岂直如他郡邑名宦之祠之比哉！

阁成，桂阳人乡进士范子永宇、永官详述重修之功，征言为记。盖绍乃父方伯平日惓惓之心，为一方增重也，节也，鄙劣，仰止先生，于吾郡道源书院，凤矣表贤垂教，敢以不文辞兹役也。经始于是岁孟春朔日，仲秋望日落成。兴废举坠，锐志殚虑，刘尹也。相义者，邹教谕文振，魏训导宗仪。董工者，典史周襕，邑义士朱孔韶、朱永淳、朱显耀，而邑学弟子朱昂、陈志述辈，咸与劳焉。用得附书于末，勒之贞珉，以昭来世云。

此记作于明嘉靖二十五年（1546），载同治《桂阳县志》卷二十、民国《汝城县志》十七卷。刘节，字介夫，大庾人，弘治十八年（1505）进士，历任浙江左布政，刑部右侍郎。好贤礼士，治水患，足廪食，宽马政，不屑以俗吏自居。

《濂溪书院记》

明　罗洪先

　　县于丞尉稍尊，自州郡视之，皆下秩也。桂阳有邑以来凡几令？令以治绩闻者凡几人？至于今独称濂溪先生，以今揆之，将来大都可逆睹矣。先生三为令。世所传答李初平语，病且死，箧无余钱，皆在郴与南昌时。其令桂阳四年，未闻有甚奇伟不常之事，部使者以治绩荐，要之当不异于郴与南昌时也。然世之尊先生者，类以为孔孟以后一人，其追而祀之，盖又不独桂阳。自孔孟至于今，天下之善为令与为吏，而上称良吏者何限，较其治绩亦或有过之者，乃独先生一人是尊。呜呼！兹非有甚异于人，而亦非人之所甚难，其亦安能致之。

　　尝闻先生之学，以主静为要。言乎其静，举天下之事物概于其心，一无所欲也。夫耳目之交虽至细微，猝然遇之，犹或足以动其纷扰，而况举天下之事物哉。夫事物之来，固未尝纷扰也，而往往以纷扰应之者，为其未尝有所主也。不为主而为役，则小大易。小大易则盈耳目者无不可欲；奔驰众欲之中，胶胶辕辕，日亦不足，如是欿然馁矣。以其欿然而视一无可欲之心，其难易当何如哉！盖一物无欲易，物物无欲难；一念无欲易，念念无欲难；有所制而无欲者易，莫之御而无欲者难。此非自足而能为事物之主者乎？是故止而不为者，存而不存谓之虚，虚则明，明则通，而实未尝有所静也；出而不染者，应而不应谓之直，直则公，公则溥，而实未尝有所动也。是道也，天地日月四时鬼神且不能违，而况于人乎！是故在身则裕乎身，在邑则善乎邑，在郡则优乎郡，行之天下，归其仁，传之万

世，报其德，是所谓人极之立，未可责事以为功，撰言以为誉者也。宜先
生之常尊欤？非尊先生也，道固自尊，人自莫得而与也。

先生去桂阳，士人思之。于署之傍，坎其洼者以为池；近郊之右，覆
其皂者以为亭。复取"爱莲""予乐"两言以为名，尝若先生往来游息未
忘也。已而即亭为祠，设像释奠，典守有秩，岁久就圮。嘉靖己酉，知县
刘君翔病其外远，改筑池上，骨隶伺窃，嚣突弗处。癸丑，宪使潘公子正
廉之返其故处。明年甲寅，督学宪使林公懋和采诸生朱孔堂等议，行县加
饰。于是知县徐君兆先实勤咨度起废增美。讲堂学舍，次第就绪，将群诸
生诵习其中，遂命孔堂征记于予。予因是有感焉，知位不在大，则贱可使
贵；知学圣有要，则愚可使贤；知流风有自，则身可使存；知见大忘小，
则物可使化；知心能有主，则欲可使无；知无欲常尊，则懦可使立。虽
然，一无所欲之心，奚必先生有之？即纷扰于事矣，抑亦有漠然无欲，泊
然无味之时，知所择而主焉。回视向之纷扰，未始有物以梗之，皆吾之自
惑也。故曰：至易而行难，果无难焉，则先生可使复见于今日。

此记作于明嘉靖三十三年（1554），载明万历《郴州志》卷之十三，清嘉
庆《郴州总志》卷之三十五，清同治《桂阳县志》卷二十、清光绪《湖南通
志》卷七十。罗洪先（1504—1564），字达夫，号念庵，江西吉水人。明嘉靖
八年（1529）乙丑科状元，官至翰林院编修。

《重修濂溪书院记》

清　高佑釲

孔门高弟七十二人，俱不能得位以行其志，惟子路、子游、子夏、子
贱、巫马期、季子皋诸贤，仅以邑宰小试其用。然学道爱人，一言乃千

古，为治之准，后世莫易焉。孟子没而圣道寝衰，两程夫子出，续千四百年不传之绪，传及朱子，使圣学复昭而治术以正，皆濂溪先生承先启后之功也。先生得蕴奥于遗经，以穷理尽性之旨，昭示来学。其阐图著述若《太极》《通书》，皆以发明精义，上继孔孟之传，下开程朱之学，修己治人实本乎此。然先生遭盛时不为苟禄，一生仕宦都在州邑，未尝一日坐论庙堂，故其经纶设施亦未尽展布。史官黄鲁直称其"人品甚高，胸怀洒落，如光风霁月。锐于求志厚于得民"。朱子谓其"博学力行，遇事刚果，为政精密严恕，务尽道理"。南轩张氏亦谓"先生仕不大显于时，其泽不得究施，然学者考论师友渊源，必本先生。"是先生遗泽，足使人仰止景行，况昔时过化之地哉！

先生令桂阳，在宋仁宗庆历元年。先是景祐中，先生尝为主簿，年弱冠即能辨分宁狱，邑人叹为老吏不如。及为南安司理参军，通判程伯温先生珦，知其为学而与之友，因命二子颢颐从受业。转运使王逵入人死罪，先生争之不得，欲弃官，逵亦感悟，囚得不死，且贤先生而荐之。移郴令，重农劝学。寻调桂阳令，风节慈爱，吏治彰彰。后改大理寺丞、知南昌县，有神君之号。大姓黠吏皆相戒，以污善政为耻。其在合州，一郡之事，皆决于先生。迁国子博士，判虔州，洁己爱民。时赵抃守虔，叹知先生之晚。后以尚书虞部员外郎判永州，士率其教，吏畏其威，民怀其德，不期月大治。熙宁元年，先生知郴州军。赵抃及吕公著荐为广南东路转运司判官。三年，迁虞部郎中、提点广东刑狱。因疾求知南康军，且爱庐山之胜，移居莲花峰下。前有溪流，合于溢江，因取道州故居濂溪以名之。先生既老，二程子再往问学焉。比赵清献再镇成都，荐起先生，而先生已不逮矣。嘉定庚辰，赐谥元公。淳祐初，封汝南伯，从祀孔子庙。元祐间，封道国公。明景泰七年，官其十二世孙冕为翰林院五经博士，世袭。嘉靖九年，诏称先生位号为先儒周子。先生浮沉仕路，几四十年，前后凡十三转官，所在多仁政。令桂阳阅四载，时二程子亦来从学。郴守李初平知先生贤，问之曰："吾欲读书何如？"先生对曰："公老矣，无及也，某请得为公言之。"初平遂日听先生语，盖二年而有得，大抵皆长育人才、纲纪世道、倡绝学以正人心、崇教化而厚风俗之旨也。

先生既去，桂阳士民思之不忘。宁宗嘉定十三年，邑令周思诚立先生祠，于儒学大成殿右庑西南，复建光风堂，于县之东。岁久并圮。理宗宝祐间，邑簿李劲请于邑令黄遂，又建祠学宫前，颜曰"希濂堂"，以祀先生，而合祀邵、程、张、朱诸子，名"六君子祠"。明太祖洪武六年癸丑，邑令李原，复建濂溪阁于县厅之东，肖像祀之。阁前为堂，堂下有池，即先生所凿爱莲池遗址也。永乐间毁于寇。成化中，邑令桂显，即旧爱莲池浚深之，仍构楼于上，且迎学中所设先生像而祀之。正德间，邑人御史范辂，白于巡按毛伯温，发白金六十两，属邑令陈德本，改建于县西南桂枝岭之麓。县西五里旧有予乐湾，相传程子从先生游此，有"时人不识予心乐"之句，后人因以名其乡，且筑予乐亭为祠，是先生所凭依也。久而复圮。嘉靖丙午，邑令刘翔，以其远在郭外，仍筑迁于爱莲池上。岁癸丑，兵使潘子正，行县按视，复建于桂枝岭，每岁春秋、仲月、上丁之次日祭之。明年甲寅，邑令徐兆先，奉督学林懋和檄，增构讲堂学舍，名濂溪书院。吉水罗洪先为之记。国朝顺治辛卯，为红寇所毁。康熙乙巳，会上官檄修义学，邑令黄应庚，就桂枝岭故址筑室三楹，仍以书院名。其右旧有大士庵，亦遭焚毁，守僧请命于主者，迁佛像供祠中。庚戌冬，盛君篎仕桂阳，蠲俸庀材，命僧别建大士庵，迁去佛像，特置先生木主，奉于中堂，而专祀焉。而属佑钿记之。

佑钿尝读先生所著《拙赋》，有云"天下拙，刑政彻，上安下顺，风清弊绝"，其《爱莲说》则云"中通外直，不蔓不枝，香远益清，亭亭净植"。先生又尝谓其友潘延之曰："可仕可止，古人无所必。束发为学，将有以设施，泽于斯民，必不得已，正未晚也。"迄今诵其言，以思其学术治行，俱灿然如在目中。宜其去桂阳六百三十年，能使后人思之，愈久而愈深，岂非学道爱人之明效耶！今盛君当兵火凋敝之余，惓惓以学宫书院为急务，可谓知为政之本矣。将使桂阳之人士，过先生之祠者，悚然知敬，相与勉为忠孝，而耻为浮薄，日讲习于道德性命之说，以渐劘乎仁义，岂不彬彬乎圣人之徒，而先生之风流遗韵，历久弥光也哉！

此记作于清康熙九年（1670），载同治《桂阳县志》卷之二十、民国《汝城县志》十七卷。"先生令桂阳，在宋仁宗庆历元年"应为"先生令桂阳，在宋仁宗皇祐二年"。

高佑釲，清代嘉兴人。字念祖。贡生，考授州判。父承埏尝辑《自靖录》，佑釲续成之。博闻强记，尤谙隆庆、万历以来旧事。有《怀寓堂诗》。

《重修濂溪祠记》

清　邹杰

桂岭邑八景之一，明正德间迁濂溪夫子祠于麓以踞其胜。嘉靖甲寅，邑令徐公即祠所增置学舍，延师训士，计祠田五十五工半，内给八工与庙典。迨我朝定鼎，宰斯土者，盛董两侯协力经营，获睹旧规。至乾隆己巳，设朝阳书院于城东北吉冲，而濂溪祠学废。其后祠田亦归县管，祠与学分，而守祠一僧人矣。乾隆岁庚寅，邑初建考棚，黄陂胡公命以余资重加修造，规制坚朴，内外整齐。客岁之冬又复毁坏，守祠僧逃，仅留空宇。邑老成何允纬等目击心伤，自备资斧，刻期葳事，并查有僧私售之田，于北门外西障坿上，清出一坿六工，此在五十五工半之外者，不能悉其原委。守祠之田仅存，惟此招僧耕管，禁其另佃，以杜侵失而垂永久。夫祠非僧无以守，僧非田无以养。有僧有田，非邑君子随时清理，则田失而僧逃，僧逃而祠随以毁。前日之事彰彰矣，敢以告后之君子。

按义学祠田五十五工半，凌县主详奉批准，于乾隆二十三年为始，复归县管。除拨给濂溪祠、先农坛奉祠香灯，僧人田十工，自耕自赡，不行纳租外，实存租五十五石四斗。内给八石，与学礼生准折膏火。又给四石，与朔望礼生准折饭食。外实存租谷四十三石四斗，每年官收易银若干，每岁奉文扣除修葺祠宇银二两，并完正饷银二两七钱零七厘二毫，余银尽归义学，以为馆师束修等项。又康熙间，详拨育婴堂内租谷三十六石三斗入义学，内除二十石与馆师准折膏火饩廪，给四石与看守义学之人，给三十三斗三升与礼书存积为三年乡试誊录盘费，每年馆师束修额以二十两为率，至进馆聘金与奖赏生童月课纸笔，原无定额，听本县给发。乾隆六十年，前任邑侯白公以义学束脩菲薄，每年给谷六十石与馆师为束修膏火之资，后任照结。

此记作于清乾隆六十年（1795），载同治《桂阳县志》卷二十。邹杰，新化举人，清教谕、任教谕十年。公廉律己，诸生敬仰。后选调安徽歙县令，劳瘁卒于官。

《西关乡学濂溪书院记》

清 范毓洙

古者造士自乡始，大司徒以乡三物教万民，分寄其权于闾胥、族师、党正、州长、乡大夫，而举其贤者能者，升之于选造，故家塾、党庠、州序与国学相表里。按《通考》，宋初有郡国乡党之学，而无州县学。庆历四年，始诏州县立之。然观马端临之论，谓州县学有司奉诏旨所建也，故或作或辍，不免具文。乡党之学，贤士大夫留意斯文者所建也。故前规后随，皆务兴起。其田土之锡，教养之规，往往过于州县。由斯而谈，则欲以妙简师儒，严立程课，使士皆得以成材，而无戾于古先哲王之训，以仰答圣天子兴贤育材之至意，洵非乡学不为功。吾桂于郴为属县，踞上游之巅。自濂溪周子弦歌斯土，开阐理蕴，提倡宗风，洛阳程子折节来学，遂为大儒过化之区，发蒙振稚，人皆知乎学问，文章、德行、仕宦、科名，彪炳于一时者，史不绝书，何其盛与！我国家重熙累洽，加意作人，文教覃敷，暨讫中外。邑人士益复云蒸霞蔚，争自濯磨。但旧有朝阳书院，今以就圮，主院者恒假馆于外，而又无乡学之建，得以群萃州处，考校其术艺，是以才品优劣，悬决于有司之目，而父兄师长，无从第分其甲乙，岂不重可惜哉。

岁甲子，县中诸同志谋建立乡学，兼营束修膏火之费，以便后之学者。因设立捐籍，随所乐输，以襄厥事。卜地于西城外，周子当年吟弄处，与其祠堂，隔水一溪。计工三万有奇，计费三千有奇。讲堂斋舍，轩豁明爽，倚窗而望，则夫云淡风轻之景，光风霁月之怀，仿佛斯在。因榜其额曰濂溪书院，志渊源所自来也，而属余为之记。余曰：周子不云乎？"志伊尹之所志，学颜子之所学。"后之学者果能志其志而学其学，安在不可希踪古人乎？夫学无乡国，一也。升之司徒者，即一乡之秀；升之大学者，即选士之秀。且菁莪布化，而寄其情于在阿在沚在陵，则知无人不可教，即无地不可学。故惟学之制为最公，公故可以分，可以合，可以乡国，可以天下，初无彼此异同之见存其中也。然则"明则通，公则溥"，明通公溥，吾仍愿以周子之说为邑中贤士大夫进陈之。

此记为迁于现址之记，有碑镶于堂前，载清同治《桂阳县志》卷二十，题为《关西乡学濂溪书院碑记》，作于清嘉庆十一年（1806），范毓洙，益道范家人，嘉庆九年（1804）甲子科，钦赐翰林。石碑仍存，镶在汝城濂溪书院石阶右侧墙壁，左下角残。题为"濂溪书院记"，有署款：钦赐翰林院（一行），邑（一行），嘉庆十一年（一行）。

第三节　桂东濂溪祠记

《濂溪书院记》

清　洪钟

人材之兴，关乎培植。必广为造就之地，俾都人士以时肄业其中，涵育熏陶，相为师友，习而安焉，不见异而迁焉，而人材乃蒸蒸日上。桂邑虽属山城，实为文学区。余奉命承乏兹土，每当会文课士，所遇多瑰琦卓磊士，亟思所以造就之。而义学旧建于东门外，败屋数椽，几不容膝，以故野处多匿秀，而就学者寥寥。夫设学校以广人材，宰职也。宰以簿书鞅掌，怀是心而力不逮，盖未尝不抚膺叹也。今岁夏，邑绅胡公讳朝震、朝北勤昆季诣余署，慨然以创建义学请，余心窃嘉之。退越月，爰解囊金，于东门城内购买学宫之左地，筮吉兴工，外列屏墙，开院门，由头门以入，沙墀宽敞，历阶而升，左右中各三门，门以内砌甬道，由甬道而登。廓其中为讲堂，堂下两边为回廊，可容数百人。讲堂之后为濂溪祠，崇理学也。祠上构楼为魁星阁，启文运也。祠前引泉凿石，为爱莲池，池上为君子亭，沿祠左右达讲堂两傍，各构精舍数十间，明窗净几，为士人肄业所。藏书数千卷，以备参考。凡庖湢席榻诸器用，无不备具，巍然焕然，为邑大观。且捐租二百石，以作士人膏火束脩资，卓哉高义，堪与古人竟爽矣。落成之日，予题曰"濂溪书院"。

以桂东向为先生施化之境，流风余韵，至今犹存。设主于祠，使多士日对理学名宗，自知溯本穷源，不徒寻章摘句掇藻撷华，为弋取功名计，则所造当必有深焉者。间尝旷览流俗，往往崇异教，创梵宇，饰灵宫，谓是善果所在，可以阶福。至事关文教，则淡漠视之。岂若胡绅之昆季，挥三千余金，为吾道增色，非圣人之徒而能若是乎！朝廷雅意作人，各省书院多出帑金修举，而各上宪更留心奉宣，不惜捐助，以昭盛典。今胡绅昆季身处草野，而能仰体此意，振兴一隅，使宰斯土者不烦丝力，坐观厥成。继自今案牍余闲，萃邑中名流，相与讲业论文，从容揖让于其间，斯亦为宰者所畅然满志也。胡绅堦庭玉树森立，或司铎岳阳，或宦游究豫，余俱驰誉青琐，兹复以庭训之严，培植乡城人士。将来跄跄济济，云蒸霞蔚，各出所学，以鼓吹休明，羽仪盛世，试为溯厥由来，数君子之功，其留余于后者不浅。余嘉其义，为申详上宪，俱大加奖劝。爰综其事，以镌诸石俾，与岳麓、嵩阳、应天、白鹿，并志不朽。其义学田之疆界，载于记后。

此记作于清乾隆二十一年（1756）载同治《桂东县志》卷十七。洪钟，公安进士，桂东知县。

《新建濂溪书院记》

清　刘华邦

桂东城内旧有濂溪书院，在学宫左，中设先生位。余下车，谒夫子庙，礼成，次谒先生，因讲学焉，见斋舍狭少，书声寥寥，盖前逼于试院，地窄不能扩室宇，又膏火不足资寒素，故鲜怀铅握椠、忍饥坐斗室者。予愀然曰：此非所以祀濂溪也，且非所以居学者。议改建之，佥曰：善。乃卜基城南门外之三台山，正位拱辰门，外为爱莲池，循两廊而上，斋舍鳞次，又进为讲堂，又进为濂溪先生座，两厢山长居焉，最后为圃，杂莳松竹楩楠之属，旁为屋以处厨人小史。院东西几榻庖湢皆具，此真朱子所谓燕闲清旷之地也，与前霄壤矣。又劝捐田租千石，钱三千缗，俾每岁修脯膏火有所出，为书院计久远焉。

工竣，送诸生肄业其中，而告之曰：今亦知书院之所由名乎？夫吾儒操尺寸柄，有所建树，一旦受代去，有名其陂池隄桥者，甘棠勿翦之思也，不则斩蒿莱、筑书室数楹，四方云从雨集，至山颓木坏，回忆吟风弄月处，犹以其名书榜题额者，高山仰止，亦往往有之。独濂溪一莅郴，一莅桂阳，未尝莅任斯土，斯何以名耶？盖大圣大贤不世出，必来吾里、官吾土者，始从而师事焉，为学无日矣。邑人其知所学哉！

虽然，濂溪之作《图说》也，曰："君子修之吉，小人悖之凶。"其作《通书》也，曰："志伊尹之志，学颜子之学。"诸生读《图说》，必严君子、小人之辨；读《通书》，必造伊尹、颜子之大。且必知《图说》《通书》相为表里，而后道德、文章、经济合为一途。是则濂溪之学也，是则余今日改建书院之意也，诸生勉乎哉！若夫绝去根本，猎取声华，纵幸邀科第，亦周子所不取也。诸生韪余言，三肃而退。既以告学者，因援笔记之。

此记作于同治五年（1866），载同治《桂东县志》卷十七。刘华邦，江西太和人，进士，历任桂东知县、江华知县，作《新建濂溪书院记》时为桂东知县。

第四节　永兴濂溪祠记

《新建濂溪祠记》

清　陈祖书

郡志志载濂溪讲堂在县署东偏，宋周元公过此讲学之所。噫！所讲何学哉？夫公一过客耳，邑一传舍耳，而汲汲于讲学，是公心乎兹邑也。公既往而汲汲于建堂，是邑人心乎公也。阅世既久，遗意遂湮，一变而为行台，再变而为捕署，茫茫古迹，几不复志，欲问当年讲座宏开，谆谆提命，虽山谷遗叟，好谈故事，究莫识其口泽之所存，致令怀古者摩挲残碣，凭吊荒烟，怅然于人往风微，空劳想象耳。噫！所讲何学哉？岁丙寅，邑人思公德谋所以立祠，采得卢姓库质地，遂鬻之。其前建为大门，进为回廊，又进为官厅，中设元公神主位。又进为后厅，最后为小园，栽花种蔬，望江楼在焉。右公廨，左舍馆，则照旧宅补修，以便务公者。祠既成，诹吉迎主入座。

或曰：安陵书院既有景贤祠，以祀韩、周二公矣，兹毋乃赘乎？然景贤祠，兼之也；濂溪祠，专之也。夫古贤屐齿所经，山川增色，后人犹深景慕，况讲学于兹者乎？前人堂之，后人祠之，皆动于天而不能自已者，特未知公之所讲何学为可憾也。虽然，可憾也。严君子小人之辨，我于《图说》见公焉；定伊尹颜渊之程，我于《通书》见公焉。所学在是，则所讲亦在是。士果有志于斯，则得矣。苟徒陈俎豆，荐馨香，衣冠百拜，跄跄跻跻，岂足为公重、为祠光哉？愿共勉之！是为记。

时同治六年仲夏月也。

此记作于同治六年（1867），载光绪《永兴县志》卷四十九。陈祖书，庠生，封奉直大夫，妻马氏封宜人。陈祖书父母、本人、妻子有敕命五道。敕命有言：赋质纯良、持身格谨。

参考文献

（一）周敦颐研究学术著作

［1］（宋）周敦颐：《元公周先生濂溪集》，岳麓书社，2006年。

［2］（宋）周敦颐，陈克明点校：《周敦颐集》，中华书局，1990年。

［3］（宋）周敦颐：《周子全书》，上海商务印书馆万有文库本，1937年。

［4］许毓峰：《宋周濂溪先生惇颐年谱》，台湾商务印书馆，1986年。

［5］梁绍辉：《周敦颐评传》，南京大学出版社，1994年。

［6］梁绍辉：《太极图说通书义解》，海南出版社，1991年。

［7］粟品孝：《历代周敦颐文集序跋目录汇编》，上海古籍出版社，2020年。

［8］金生杨：《宋周濂溪全编》，北京燕山出版社，2021年。

（二）征引相关文献

［9］（汉）郑玄注，（唐）孔颖达正义，吕友仁整理：《礼记正义》，上海古籍出版社，2008年。

［10］（汉）郑玄注，（唐）贾公彦疏，王辉整理：《仪礼注疏》，上海古籍

出版社，2008 年。

［11］（汉）郑玄注，（唐）贾公彦疏，彭林整理：《周礼注疏》，上海古籍出版社，2010 年。

［12］（周）左丘明著，杨伯峻注：《春秋左传注》修订本，中华书局，2017 年。

［13］（清）阮元校刻：《十三经注疏》，中华书局，2009 年。

［14］（三国吴）韦昭注，徐元诰集解：《国语集解》，中华书局，2002 年。

［15］（清）王聘珍撰，王文锦点校：《大戴礼记解诂》，中华书局，1983 年。

［16］梁运华校点：《管子》，辽宁教育出版社，1997 年。

［17］（三国魏）王弼《道德经注》，楼宇烈《王弼集校释》本，中华书局，1980 年。

［18］（三国魏）王肃：《孔子家语》，中华书局，2009 年。

［19］（晋）葛洪：《抱朴子》，上海古籍出版社，1990 年。

［20］（元）脱脱：《宋史》，中华书局，1977 年。

［21］（清）张廷玉：《明史》，岳麓书社，1996 年。

（三）历代文献

［22］（唐）韩愈著，马其昶校注，马茂元整理：《韩昌黎文集校注》，上海古籍出版社，2021 年。

［23］（宋）李焘：《续资治通鉴长编》，中华书局，1995 年。

［24］（宋）马端临：《文献通考》，中华书局，2006 年。

［25］（宋）陈邦瞻：《宋史纪事本末》，明万历刻本。

［26］（宋）王应麟、玉海明修：《玉海》，元至元六年庆元路儒学刻本。

［27］（宋）程颢、程颐著，王孝鱼点校：《二程集》，中华书局，1981 年。

［28］（宋）程颢、程颐：《二程遗书》，潘富恩导读，上海古籍出版社，2020年。

［29］（宋）程颢、程颐、李吁、吕大临辑录：《程氏遗书》，华东师范大学出版社，2010年。

［30］（宋）朱熹：《朱子全书》，上海古籍出版社、安徽教育出版社，2002年。

［31］（宋）朱熹：《朱子全书》，康熙五十二年武英殿刻本。

［32］（宋）朱熹：《四书集注》，岳麓书社，1987年。

［33］（宋）谢良佐撰，朱熹辑：《上蔡语录》，清同治五年福州正谊堂刻本。

［34］（宋）张栻、杨世文点校：《张栻集》，中华书局，2015年。

［35］（宋）洪迈著，孔凡礼点校：《容斋随笔》，中华书局，2005年。

［36］（宋）赵公豫：《燕堂诗稿》，四库全书本。

［37］（明）王阳明：《王阳明全集》，上海籍出版社，2011年。

［38］（明）曹端，王秉伦点校：《曹端集》，中华书局，2003年。

［39］（清）朱彝尊：《曝书亭全集》，吉林文史出版社，2009。

［40］（清）黄宗羲著，全祖望补修：《宋元学案》，中华书局，1986年。

［41］（清）黄宗羲：《明儒学案》，中华书局，2008年。

［42］（清）黄宗羲：《明儒学案》，清乾隆四年郑氏补刻本。

［43］沈善洪主编：《黄宗羲全集》第七册，浙江古籍出版社。

［44］（清）王夫之：《船山遗书》第六卷，北京出版社，1999年。

［45］（清）王夫之：《船山全书》第十六册，岳麓书社，1996年。

［46］（清）曾国藩：《曾国藩全集》，河北人民出版社，2016年。

［47］（清）皮锡瑞，周春健校注：《经学通论》，华夏出版社，2021年。

［48］（清）赵新：《周易述》，清光绪八年还砚斋全集本。

［49］（清）刘熙载：《艺概》，上海古籍出版社，1978 年。

（四）历代方志

［50］（宋）祝穆撰，祝洙增订，施和金点校：《方舆胜览》，中华书局，2003 年。

［51］（宋）王象之：《舆地纪胜》，清道光二十九年惧盈斋刻本。

［52］（明）曹学佺：《蜀中广记》卷十八，四库全书本。

［53］（明）薛刚纂修，吴廷举续修：（嘉靖)《湖广图经志书》，日本藏中国罕见地方志丛刊，书目文献出版社。

［54］（清）卞宝第、李瀚章修，曾国荃、郭嵩焘纂：（光绪)《湖南通志》，光绪十一年刻本。

［55］（明）董天锡纂修：（嘉靖)《赣州府志》卷八，明嘉靖刻本。

［56］（明）史朝富纂修：（隆庆)《永州府志》，明隆庆五年刻本。

［57］（明）胡汉纂修：（万历)《郴州志》，天一阁藏明代方志选刊影印本，上海古籍书店，1962 年。

［58］（清）陈邦器修，李嗣泌、刘带蕙纂：（康熙)《郴州总志》，清康熙五十八年增刻本。

［59］（清）谢仲元修，何全吉纂：（乾隆)《郴州总志》，乾隆三十七年刻本。

［60］（清）朱偓修，陈昭谋纂：（嘉庆)《郴州总志》，岳麓书社，2010 年。

［61］（清）张元惠修，黄如毂纂：（嘉庆)《道州志》卷七，清嘉庆二十五年刻本。

［62］（清）朱偓修，陈昭谋纂：（嘉庆)《郴州总志》，岳麓书社影印嘉庆二十五年刻本，2010 年。

［63］（清）吕恩湛修，宗绩辰纂：（道光）《永州府志》，清道光八年刻本。

［64］（清）钱绍文修，孙光燮纂：（同治）《桂阳县志》，同治六年刻本。

［65］（清）魏瀛修，鲁琪光、钟音鸿纂：（同治）《赣州府志》卷六十五，清同治十二年刻本。

［66］（清）蓝煦修，曹征甲纂修：（同治）《星子县志》卷十二，同治十年刻本。

［67］（清）颜寿芝修，何载仁纂：（同治）《雩都县志》，清同治十三年刻本。

［68］（清）刘华邦修，郭歧勋等纂：（同治）《桂东县志》，清同治五年刻本。

［69］（清）李镜蓉、盛赓修，許清源、洪廷揆纂：（光绪）《道州志》卷七，光绪三年刻本。

［70］（清）吕凤藻修，李献君纂：（光绪）《永兴县志》，清光绪九年（1883）刻本。

［71］陈必闻修，范大湞纂：（民国）《汝城县志》，民国二十一年刻本。

（五）历代文集

［72］四川大学古籍所编：《宋集珍本丛刊》，线装书局，2004年。

［73］（宋）吕祖谦编，齐治平点校：《宋文鉴》，中华书局，1992年。

［74］北京大学古文献研究所编：《全宋诗》，北京大学出版社，1992年。

［75］曾枣庄、刘琳主编：《全宋文》，上海辞书出版社，2006年。

［76］曾枣庄主编：《宋代序跋全编》，齐鲁书社，2015年。

［77］（清）庄仲方编：《南宋文范》，清光绪十四年江苏书局刻本。

［78］李修生主编：《全元文》，江苏古籍出版社，1998年。

［79］（明）贺复征辑：《文章辨体汇选》，四库全书本。

［80］（清）汪森：《粤西文载》卷六十三，影印文渊阁《四库全书》，台湾商务印书馆，1986 年。

（六）相关研究学术著作

［81］吕思勉：《理学纲要》，江西教育出版社，2018 年。

［82］钱基博：《钱基博自述》，安徽文艺出版社，2013 年。

［83］李源澄：《经学通论》，文听阁图书有限公司，2008 年。

［84］劳思光：《新编中国哲学史》，生活·读书·新知三联书店，2015 年。

［85］葛兆光：《中国思想史》，复旦大学出版社，2013 年。

［86］郭彧：《易经译注》，中华书局，2006 年。

［87］郭彧译注：《周易》，中华书局，2006 年。

［88］郑万耕：《易学与哲学》，上海科学技术文献出版社，2013 年。

［89］刘康德：《老子直解》，复旦大学出版社，1997 年。

［90］邓洪波：《中国书院史（增订版）》，武汉大学出版社，2012 年。

［91］倪春军：《宋代学记文研究》，复旦大学出版社，2021 年。

［92］张京华译注：《近思录新译》，三民书局，2005 年。

［93］张京华等：《濂溪书院国学经典导读》，中南大学出版社，2019 年。

［94］陈乐民：《欧洲与中国》，生活·读书·新知三联书店，2014 年。

［95］赵春梅：《瓦西里耶夫与中国》，学苑出版社，2007 年。

［96］欧阳海波：《理学思想与人文汝城》，湖南大学出版社，2013 年。

（七）海外相关文献

［97］（美）陈荣捷编著，杨儒宾译：《中国哲学文献选编》，江苏教育出版

社，2006年。

[98]（美）陈荣捷：《中国哲学文献选编》，北京联合出版公司，2018年。

[99]（日）吾妻重二：《朱子学的新研究——近世士大夫思想的展开》，商务印书馆，2017年。

[100]（法）李明著，郭强、龙云、李伟译：《中国近事报道（1687—1692）》，大象出版社，2004年。

[101]（英）葛瑞汉著，程德祥等译：《中国的两位哲学家：二程兄弟的新儒学》，大象出版社，1999年。

[102]雅克·布罗斯著，耿昇译：《发现中国》，山东画报出版社，2002年。

[103] J. Percy Bruce, Chu Hsi and his masters: an introduction to Chu Hsi and the Sung School of Chinese Philosophy, PROBSTHAIN & CO., 41 Great Russell Street, London, W. C. 1923.

[104] Alfred Forke, Geschichte der neueren chinesischen Philosophie, Cram, de Gruyter & Co·Hamburg, 1964.

[105] Chow Yih-Ching, La philosophie morale dans le néo-confucianisme（Tcheou Touen-yi）, Presses Universitaires de France, 1953.

[106] Adler·Joseph Alan, Reconstructing the Confucian Dao：Zhu Xi's appropriation of Zhou Dunyi, State University of New York Press 2014年。

（八）工具书

[107]徐中舒：《甲骨文字典》，四川辞书出版社，1998年。

[108]曾枣庄：《中国文学家大辞典》宋代卷，中华书局，2004年。

后　记

　　郴州居湘南之隅，历史文化资源十分丰富。周敦颐在郴州历史中有过化之功、影响深远。郴州珍藏周敦颐"三仕郴阳"的历史资源，《宋史·道学传》说："宋濂溪周子三治郴，以大儒学术发为政事"；郴州珍存"周程授受"的故事，清湖广衡州府通判谢允文《重建濂溪书院记》说："公于郴阳，盖三至焉。其时二程来从受业，盛矣哉！"郴州珍视周敦颐"木匦贮官文"的事迹，清代邓显鹤《周敦颐年谱》记载："桂阳县厅置木匦一。高四尺，阔视其高加尺焉，以贮官文书，上镂'皇祐四年置，桂阳县令周'十字，而书押于下。"周敦颐的流风余韵影响深远，明代郴州府学教授曾廷珂《天飞山莲池诗》说："质素香偏远，源深流自悠。濂溪独钟爱，续后孰相传？"郴州建有多所濂溪书院，清翰林编修王喆生《郴州重建濂溪书院记》说："宋周元公三仕郴阳，故建书院于州学。"

　　周敦颐开启了湖湘学术的精神传统，"三仕郴阳"后对郴州思想文化产生深远影响，是郴州哲学社会科学的重要课题。周敦颐研究应当作为地区发展的主要特色、第一品牌。"周敦颐与郴州"也理应成为郴州人研究和看待周敦颐的第一个问题。

2022年3月，张京华教授着手筹备湘南学院周敦颐研究院。短短半年时间，周敦颐研究院（附设周敦颐纪念馆）就成为郴州地区研究、纪念、展示、传承濂溪文化的唯一平台。我也有幸加入了研究团队。2022年9月1日，张京华教授问我是否能写"周敦颐在郴州"的文章。于是，我以此为题申报学术项目，开展研究。这也是"周敦颐与郴州"一书的研究起点。本书经过多次修改，从材料搜集、主题选择到结构布局，都得到张京华教授的悉心指导和深切关怀。感怀之情，始终铭记在心。周欣老师也在本书写作过程中鼎力相助，不辞辛劳，给了我很多灵感和教益。周敦颐研究院老师们一贯以来的关怀和鼓励，让我倍感温暖。感念之余，愿以"苟日新、日日新、又日新"自勉，用以纪念这一段时光流年。

彭　欢

2024年7月于湘南学院周敦颐研究院

图书在版编目(CIP)数据

周敦颐与郴州 ：濂溪理学研究新论 / 彭欢著.
上海 ：上海三联书店，2024. 10. --（周敦颐理学研究
丛书）. -- ISBN 978 - 7 - 5426 - 8689 - 3

Ⅰ. B244.25

中国国家版本馆 CIP 数据核字第 2024RV3582 号

周敦颐与郴州:濂溪理学研究新论

著　　者 / 彭　欢

责任编辑 / 张静乔
装帧设计 / 徐　徐
监　　制 / 姚　军
责任校对 / 王凌霄

出版发行 / 上海三联书店
　　　　　（200041）中国上海市静安区威海路 755 号 30 楼
邮　　箱 / sdxsanlian@sina.com
联系电话 / 编辑部：021 - 22895517
　　　　　　发行部：021 - 22895559
印　　刷 / 上海惠敦印务科技有限公司

版　　次 / 2024 年 10 月第 1 版
印　　次 / 2024 年 10 月第 1 次印刷
开　　本 / 710 mm×1000 mm　1/16
字　　数 / 240 千字
印　　张 / 18.25
书　　号 / ISBN 978 - 7 - 5426 - 8689 - 3/B·923
定　　价 / 88.00 元

敬启读者,如发现本书有印装质量问题,请与印刷厂联系 13917066329